权力的忍者
司马懿

QUANLI DE
RENZHE
SIMAYI

李根

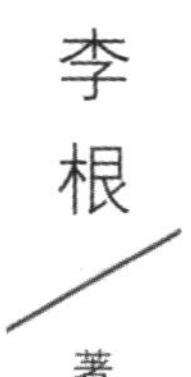

著

中国铁道出版社有限公司
CHINA RAILWAY PUBLISHING HOUSE CO., LTD.

图书在版编目（CIP）数据

权力的忍者：司马懿 / 李根著. —北京：中国铁道出版社，2017.9（2021. 9重印）
ISBN 978-7-113-23425-6

Ⅰ. ①权… Ⅱ. ①李… Ⅲ. ①司马懿（179—251）-传记
Ⅳ. ① K827=361

中国版本图书馆 CIP 数据核字（2017）第 160362 号

书　　名：权力的忍者：司马懿
作　　者：李　根

责任编辑：田　军　奚　源　　　电　　话：（010）83545974
装帧设计：闰江文化　　　　　　电子信箱：tiedaolt@163.com
责任印制：赵星辰

出版发行：中国铁道出版社有限公司（北京市西城区右安门西街 8 号，100054）
印　　刷：三河市燕春印务有限公司
版　　次：2017 年 9 月第 1 版　2021 年 9 月第 2 次印刷
开　　本：710mm×1000mm　1/16　印张：16　字数：200 千
书　　号：ISBN 978-7-113-23425-6
定　　价：46. 00元

序

三国是我国历史上的一个特殊阶段，此前不曾有过三国，后来更不曾有过三国。这是一个英雄的年代，也是一个传奇的年代，更是一个残酷的年代。多少英才横空出世，转眼间又淹没在了历史的大浪之中。

人往高处走，水往低处流，每个人都想奔个好前程，但并不是人人都能如愿。在为自己的明天拼搏玩命时，不仅需要勇气，更需要权谋，只有善于利用权谋的人才能脱颖而出成为佼佼者。若想在长达几十年的战乱争斗中自立山头，站稳脚跟，没有两把刷子是行不通的。且看，刘备用他的出身和眼泪收买人心；曹操善于用人，懂得把握大势，成为三国最强的一个；孙权家底丰厚，不用怎么费力就能占据一方。本书主人公司马懿是如何杀出一条血路成为最后的赢家呢？热闹的三国为何最终属于沉默的司马懿呢？

纵观司马懿坎坷的一生，都充满了惊心动魄的打拼，不仅为了活命打拼，更为了事业和人生打拼。大多数时候他不能说自己想说的话，不能做自己想做的事，几番沉浮后，终于把曹魏的权柄紧紧地握在了自己的手中，他无疑是三国最大的赢家。

毫无疑问，不管是在政治军事上，还是在为人处世中，司马懿都靠自己顽强的打拼取得了绝对的成功。当然，他的这种成功绝非偶然，与他一生的低调不无关系。司马懿一直把自己看做是一个普通人，凭借超人的坚忍，从底层爬起，通过不断完善、挣扎和拼搏，击败了三国所有英雄，取得了属于自己的辉煌。

司马懿数十年如一日的隐忍让人唏嘘不已；司马懿的成功更让无数人都羡慕不已。其实，他的成功路是可以复制的，那就是无论你处于人生的何种时期，不管是在高峰，还是在低谷，都要怀揣一颗低调之心，向着自己既定的目标前进，就一定会有所成就。

除了隐忍，司马懿无与伦比的沉默和计谋也堪称一绝，他凭借自己高超的演技，在曹操身边潜伏了几十年，任由曹操差遣，用装弱、装傻、装病等种种手段把自己的野心遮掩得严严实实，蒙骗过了对方的眼睛，在英雄辈出的年代笑到最后。

本书依据史料展现了司马懿从布衣到权倾一时的传奇一生，对他生命历程中的每一个过程和细节都做了详细的描述，本着尊重历史的原则，用生动、幽默的语言还原了一个真实的司马懿。另外还对三国时期相关的历史大事进行了叙述和解读。

历史就是历史，任何矫情和掩饰都是徒劳的。如果我笔下的司马懿能对读者朋友们有一些启发，便知足了。让我们推开锈迹斑斑的历史之门，一起走进独属于司马懿的世界吧。

目录

【第一章】

在乱世的夹缝中生存，我的青春我做主

拼爹的年代

故事的开始十分平常，没有什么大波澜。

在一千八百多年前，即公元179年，在河内郡温县孝敬里（今河南温县），一个小男孩诞生了，他就是司马懿，在家里排行老二，字仲达。

司马家族又添一位公子，家中上下一片喜庆，恭喜之声不绝于耳。不过，谁也想不到在七十年后，乱世三国将因这个襁褓中的小男孩而终结，而且他将在中国的历史舞台中央享有最好的灯光和机位，拥有最多的特写和对白，并留下浓重的一笔。

一般来说，平常人家生个孩子是很难被世人记住的，司马懿的出生之所以被人们记住是因为他有不平凡的一生，他的名字被牢牢刻在了史籍上，也永远存活在人们心中。

司马懿的出身不错，他的家族在当时有资格被称为“世家”：他的高祖父司马钧在东汉安帝时为征西将军，曾祖父司马量为豫章太守，祖父司马儁为颍川太守，父亲司马防为京兆尹（相当于今日首都的市长）。

可见，司马懿是一个典型的官二代，在与别人侃大山吹牛时可以掰扯到祖上三四代，这是相当有谈资的。

司马懿出生后，司马防接连生儿育女，前后共生有八个儿子，依次为司马朗、司马懿、司马孚、司马馗、司马恂、司马进、司马通、司马敏，都是有名气的人物，因每人的字中都有“达”字，故时号“八达”。

有这么多兄弟陪着，司马懿的童年一定不缺少快乐。就是孩童间打架，相信司马懿也不会吃亏，这兄弟八人单单往那里一站，就让人抖三抖，还有哪个小孩敢说个不字？

都说，严师出高徒，司马防就是一位严父，他对待儿子非常严格，即使儿子弱冠成人后，也要求“不命曰进不敢进，不命曰坐不敢坐，不指有所问不敢言”。有这样一位严父，想不进步都难，所以，司马家的八个儿子个个都出类拔萃就不足为怪了。

我们小时候都有丰富多彩的梦想，对自己的未来也满怀信心，有的想当科学家，有的想做人民教师，有的想当工人，甚至还有人想做小卖店老板等等。只是当我们长大后，才发现并不是想什么就能做什么的，想当科学家的结果当了工人，想当老师的结果做了小卖店老板。反正现实并不遂人愿。儿时的理想虽然没能实现，但会深埋在我们内心的某个角落，被永久珍藏，在某一天被我们翻开的时候，还会被感动一番。

在司马懿那个年代，没有这么多职业可以选择，他们的目标只有两个——读书和做官。正所谓，万般皆下品，唯有读书高。而读书的终极目标几乎可以和做官画等号，即学而优则仕。所以，司马懿的首要任务就是读好书，将来做个大官。

就如同现在的清华北大是莘莘学子向往的理想学府一样，当时的洛阳太学是读书人的理想学堂。

洛阳太学从西汉到北朝历经数百年，它是屹立在世界东方的第一所国立中央大学，对后世产生了深远的影响，可谓是中国教育史上的一朵奇葩。

太学自西汉武帝草创，立五经博士，开弟子员，其在学人数，至西汉末仿孔子弟子三千，太学也设员三千。东汉初年，开国君主刘秀斥巨资在首都洛阳皇宫外八里处兴建规模可观的太学。最初有几千人，后来规模扩大，人数激增到三万多人。这样一来，洛阳太学不仅在当时的中国，就是在全世界也是规模最大、师资力量最雄厚的高等学府。

虎父无犬子，司马朗在十二岁应童子试的时候，凭实力被洛阳太学录取了。小小年纪就成为洛阳太学为数不多的特招生，可以冠以“神童”的名号了。能成为洛阳太学的学生，就意味着一条腿已经迈上了仕途，司马朗占有年纪方面的优势，所以他的仕途必将大红大紫，前途无量。大家都来恭贺司马防有这样出色的儿子，司马防自然是喜上眉梢、乐不可支。

司马朗比司马懿大八岁，在司马懿眼中，司马朗不仅仅是兄长那么简单，更是他的玩伴兼保镖。可以说，别人都满脸堆笑，司马懿却无比苦恼，就差哭了。

“哥，以后谁陪我玩？”

“弟，哥在洛阳太学等你来玩。”

虽然司马懿对洛阳太学还比较陌生，但他的脑海里却深深地印上了这四个字，因为在那个地方有他的哥哥。

当无比荣耀的司马朗背起行囊去首都洛阳上太学时，父老乡亲们为他举行的欢送会深深地刻在了司马懿的脑海中，他暗暗下定决心，一定要像哥哥一样，让乡亲们也为自己鼓掌，让这样的场面为自己重演。

榜样的力量是无穷的，有了这样的哥哥，司马懿自然不能懈怠，他梦想着有朝一日能够超越自己的哥哥，也成为洛阳太学的一分子。

有理想是好的，否则只能浑浑噩噩地活着，如行尸走肉一般毫无意义，等到了死去的那一天，都没有一件值得回忆的事情发生过，这是多么可悲啊。一代名相李斯如果没有喊出那句著名台词：人之贤不肖譬如鼠矣，在所自处耳。也许到死他也只是一名上蔡郡的小小公务员。所以，只要心中的信念不灭，追求理想的脚步不停，自会有成功的一天到来。

两汉时期，知识普及程度不高，能认得几个大字的人不多，大多数家长都是文盲。在入私塾上小学之前，家长想教孩子认字学知识都是个梦想而已，只好任由孩子在土里爬泥中滚。

相对来说，司马懿无疑是幸运的，因为他有一个当官并博学的父亲。在父亲的影响下，司马懿逐步养成了沉稳的性格，俨然成了一个小大人。

都说现在是一个拼爹的年代，不可否认，优越的家境无疑对一个人的成长会起到不可估量的作用，会让你少走很多弯路，也不用担心毕业即失业的问题。

如今，只要有一点儿姿色的姑娘都追求高富帅，一度引起人们的鄙视。其实这也无可厚非，嫁一个高富帅，可以少奋斗几十年就可以过上优越的生活。这个社会很现实，我们不得不用现实的眼光来看待这个世界，谁也不要说谁的选择不对。

有些扯远了，还说司马懿，如果他生在一个普通农家，从小没有受过良好的教育，他还能扮演终结三国乱世的司马懿角色吗？这个问题无从回答，毕竟历史不能假设，发生了的不可能重演。如果可以选择的话，我相信大多数人会选择不能，即使能，司马懿也得多奋斗几十年。

眼看就要到了入私塾的年纪了，就像所有入学前的学龄儿童一样，司马懿对自己即将开始的学习生涯充满了好奇和期待。但是突发的一场起义差点断送了司马懿的学习生涯。

这就是公元 184 年春天由张角带领全国数十万信徒发起的“黄巾起义”。面对各地此起彼伏的起义军，朝廷调动帝国军队进行镇压。但黄巾军的人数实在是太多了，仅靠正规军已经难以应付纷乱的局面。

于是，借着镇压起义军的东风，曹操、孙坚、刘备们的机会来了。曹操被征拜骑都尉，孙坚被举荐为佐军司马，刘备被任命为安喜县尉。他们三人借此机会大力发展自己的武装力量，为日后争夺天下奠定了坚实的基础。

在各方势力的围追堵截下，黄巾起义很快就被镇压下去了。司马懿终于可以安稳地读书了，一晃五年时间过去了，司马懿已经掌握了汉朝一般小男孩必备的基础文化知识。

还有一件让他非常兴奋的事情是，大哥司马朗从洛阳太学毕业了，作为名牌大学的毕业生，暂时待业在家辅导弟弟的功课。又能与大哥朝夕相处，司马懿非常高兴。大哥司马朗经常给他讲外面的奇闻异事，司马懿也借此了解到外面的世界原来那么大。

如果没有什么意外的话，小司马懿在父亲的严格要求下和母亲的疼爱中将幸福健康地成长，可惜这个世界充满了意外。尤其是在东汉末期，突如其来的变化让人防不胜防。

容不下一张书桌的天下

有人的地方就有江湖，在朝堂之上，在这个为了权力利益不惜刀剑相向的地方，人的贪婪和自私被表现得淋漓尽致。

东汉末年，天下纷争，外戚与宦官交替专权。当外戚强大到威胁皇权时，皇帝便依靠宦官除掉外戚势力；当宦官得势后，又飞扬跋扈，卖官鬻爵，欺压良善。结果，政治越来越腐败，民不聊生，怨声载道。

黄巾起义就是在这种情况下爆发的，虽然最终被镇压了，但朝廷允许地方州府私人养兵镇压的措施，大大削弱了中央对地方的控制力。

本来朝中外戚和宦官两股势力争斗就够闹心的了，现在再加上新兴的州府长官地方势力，集地方财政军事权力于一身，拥兵自重，割据一方。这让本来就成了一锅粥的东汉政府乱上加乱，危机进一步加深了。

此时，外戚与宦官的争斗已经发展到白热化阶段。

外戚的代表人物是何进，他本来是一个杀猪的屠夫，只因为妹妹当了太后，他就摇身一变成了帝国发号施令的一号人物。

宦官的代表人物是张让、赵忠，他们势力强大，与外戚分庭抗礼。当时，有一个让人闻风丧胆的组合——十常侍，指东汉灵帝时操纵政权的张让、赵忠、夏恽、郭胜、孙璋、毕岚、栗嵩、段珪、高望、张恭、韩悝、宋典等十二个宦官。他们的父兄子弟遍布天下，横行乡里，祸害百姓，无官敢管，在社会上造成了非常恶劣的影响。

另外，还有代表世族利益的袁绍、袁术和代表寒族利益的曹操暂时与外戚联合，共同对抗势力最大的宦官。

汉灵帝尊信张让，称呼他为“阿父”。在宦官势力控制下的朝政越来越腐败，以致天下人心思乱，盗贼蜂起。毫无疑问，宦官们已经成为了众矢之的。

为了除掉这股气焰嚣张的宦官恶势力，袁绍给何进出了一条妙计：召西北的军官董卓进京，以武力消灭宦官。

袁绍，汝南汝阳（今河南商水南）人，出身名门望族，自曾祖父起四代有五人位居三公，自己后也居三公之上，其家族因此有“四世三公”之称，

门生故吏遍布天下。袁绍从少就喜结交当时上层社会的豪爽之士，文武双全，英气勃发。他官至大将军、太尉，领冀州牧，持节总督幽、青、并、冀四州，封邺侯，是东汉西园八校尉之一。可见袁绍不仅有背景，而且也有能力，是三国时代前期势力最强的诸侯。

单靠外戚的势力还不足以彻底打垮宦官，只好借助外援来重掌朝政了。袁绍的威望很高，他的提议又有一定的道理，所以何进采纳了。

董卓，陇西临洮（今甘肃省岷县）人。东汉末年少帝、献帝时的权臣，西凉军阀，官至太师、郿侯。他性粗猛而有谋断，为人残忍嗜杀。让这样的军阀进京对付宦官，难道不是引狼入室吗?

可惜，袁绍和何进只想着如何对付宦官，却没想到手握刀枪的军阀比体格不健全的宦官更可怕。

本以为有董卓的西凉兵撑腰应该是万无一失的，不曾想却走漏了除掉宦官的消息，结果宦官们先下手为强，诱杀了何进，外戚势力从此一蹶不振。

眼见宦官们如此嚣张，袁绍急眼了，他率军尽诛宦官几千人。张让见大势已去，只能投身黄河而死。这下好了，主持朝政的担子落在了袁绍身上，这是他求之不得的。

本以为事情就此尘埃落地，但在多事之秋，想谋取一方安定，那是一种奢望。不出所料，一波刚刚平息，接着波澜又起。

刚刚经过一场血腥屠杀的洛阳城又迎来了一拨风尘仆仆的军队。来者不是别人，正是上个月受到召唤的董卓西凉军。

本来宦官们已经被解决了，你董卓从哪里来就再回哪里去，这洛阳没你什么事儿了。但请神容易送神难，董卓大军铁定不会空手而回的。果然，董卓把大刀往桌子上一砍，来了这么一句：老子不走了。

就这样，袁绍等人被赶出了洛阳城，而京师被董卓一人独霸了。

谁也不愿意白忙乎一场，把到手的胜利果实拱手让给别人。

袁绍感觉很憋屈，心中自然是万分不甘。于是，他逃奔到冀州，自号车骑将军，组织起地方军队，打着“保护皇帝、诛锄国贼”的名号讨伐董卓，“十八路诸侯讨董卓”的好戏就这样上演了。

大战一触即发，中华大地又要遭受一次浩劫了。

大家都纷纷避难，一些刁民和散兵游勇开始趁火打劫，多地发生了打砸抢事件，司马懿的家乡温县也被洗劫一番。

为了安全起见，司马朗携全家进京投靠老爹。

此时，十一岁的司马懿只想安安静静地读书，但天下之大已经容不下一张平静的书桌了。从此，他开始了颠沛流离的生活。

有钱能使鬼推磨

虽然钱不是万能的，但没钱是万万不行的。有钱能使鬼推磨，自古以来都是如此。史上最高明的生意人吕不韦就把手中的金钱投资在异人身上，结果一个华丽的转身，从商人做到了相国，成了大秦帝国一人之下万人之上的炙手可热的人物。

虽然我们不推崇金钱至上，但没钱的日子你会怎么过？你又能怎么过？钱虽然是身外之物，但在有生之年，多数人都乐意做一个有钱人。钱不仅能让你过上优越的生活，还能在关键时刻救你的命。

这不，司马懿的大哥司马朗即将面对这个问题。

本以为京城洛阳会安全一些，但在乱世想要寻找一寸安全之地，那不是一般的难。当司马朗携全家到达洛阳后，才发现洛阳的情形也好不到哪里去。

以袁绍为盟主的讨伐董卓的十八路诸侯大军对洛阳虎视眈眈，随时都有可能燃起战火。一旦开战，洛阳百姓必定要遭殃，司马朗非常后悔选择进京投靠老爹。既然如此那就继续找地方逃吧。就在此时，董卓的一纸命令把司马朗一家堵在了洛阳。

原来，面对逼近的讨伐大军，董卓决定挟持汉献帝西都长安，满朝的文武大臣自然一个也不能少，都要一起搬迁到长安去。

你袁绍不是想要洛阳吗？好，我就把一座空城留给你。

董卓在临行前强行劫走洛阳的金珠宝器、文物图书，并且焚烧宫庙、官府和居家，还胁迫洛阳几百万居民一起西行，致使洛阳周围二百里内荒芜凋敝，不再有人烟。

对于洛阳以及洛阳周边的百姓来说这是一场特大浩劫，虽然两军还没有交战，就被董卓狠狠地洗劫了一番。

再看司马懿一家，他们逃过这场浩劫了吗？因为有司马朗在，他们是幸运的。

本来，司马防也是被搬迁的对象，但他觉得跟着董卓颠沛流离不会有什么好下场，相对来说，还是老家比较安全一些。毕竟，金窝银窝不如自己的狗窝。于是，他让大儿子司马朗护送全家老小回老家。

与董卓的命令背道而驰，这行得通吗？毕竟，这是在人家的地盘上，全家老小这么大的目标能顺利突破董卓的眼线，安全回到老家吗？

这是司马朗最为忧心的问题，虽然他是神童，是洛阳太学的高材生，但这几乎是一个不可能完成的任务，但为了司马家，他还是要拼死一搏。

如果是司马朗一个人，事情就好办多了，但全家老小几十号人玩失踪，难度就增大了。事情的发展没有什么悬念，密探把司马朗要出京的事情捅到了董卓处。

怒了，公然违抗我的命令，把我当空气啊。

董卓大怒，必须要刹住这股歪风邪气，他决定亲自审问，来个杀鸡给猴看。

司马朗一行被押解归案后，董卓黑着脸出现在他的面前。

当看到年轻俊俏、气度不凡的司马朗后，董卓埋藏在心底的琴弦被拨动了，他的内心无限酸楚。因为司马朗让他想起了自己死去的儿子。

董卓本来动了杀心，但此时他却变得无比慈祥起来。

“公子今年几岁了？”

司马朗本来已经做好了死的准备，董卓的发问让他一时摸不着头脑，不过，他还是不卑不亢地回答：“虚度十九。”

听到这个回答，董卓哭的心都有了。因为他的儿子如果能活到现在，也是这个年纪啊，肯定也是一表人才。老天爷夺走了我的儿子，却让我遇到了和我儿子年纪相仿的司马朗，这算不算是一种补偿呢？

董卓有些情不自禁了，他拍了拍司马朗的后背说：“你与我死去的儿子同岁，我那些手下差点儿杀了你啊！”（卿与吾亡儿同岁，几大相负。）

司马朗乐了，因为他知道自己的人身安全有保障了，这要多谢董卓那死去的儿子啊。

机会就在眼前，若想活命就要牢牢抓住不放，于是，司马朗开始狂拍马屁。他先夸董卓品德高尚（高世之德），是治世的一把好手；接着指出董卓在迁都时搞恐怖活动（四关设禁，重加刑戮），大损他光明磊落、英明神武的形象；最后，称如今四处交战，天下动荡，百姓不能安居乐业，希望董卓能考虑一下这些事情，就一定能成为伊尹、周公一样的人物（愿明公鉴观往事，少加三思，即荣名并于日月，伊、周不足侔也。）

司马朗不愧是才子，他凭三寸之舌把董卓说得晕晕乎乎、云里雾里。

董卓一个劲儿地点头，并说："你的话很有道理，我也体会到这一点了。"（吾亦悟之，卿言有意。）

就这样，司马朗一行人被放了，而董卓依旧干着他的西迁工作。

虽然活下来了，但还没有获得自由，被强制搬迁是迟早的事。一定要尽快离开洛阳城，逃离董卓的魔爪。在这里要问一下了，司马朗为何一定要选择离开呢？一来，他要完成父亲交给的任务；二来，他也认识到董卓多行不义，是只垃圾股，完蛋是迟早的事，离他越远越好。

看着面前紧紧关闭的城门，司马朗琢磨着如何才能出去，逃离这是非之地呢？

两手空空求人办事肯定不会达到预期的目的，中国历来都奉行送礼，送的礼越大，办成事儿的几率就越高。司马朗决定送一份大礼，实现出城的目的。

这份大礼就是司马家族累世经营的全部财产，全部送人是不是可惜了呢？司马朗会告诉你不可惜，钱财乃身外之物，没了可以再赚。只要能活着离开洛阳，他完全有能力靠世家的号召力继续积累家产。

关键是要活着离开，这才是头等大事。

有钱好办事，只要礼送到位了，什么事都可以谈。

董卓身边能说得上话的人收到这份巨额财产后，本来戒备森严的洛阳城连一只鸟儿也飞不出去，结果司马朗一行却轻而易举地逃出洛阳城回到了温县。

总算到达了目的地，该喘口气了，但司马朗敏锐地发现，他们是从一个火坑跳到了另一个火坑，因为温县也并不是十足的安全之地。

从地图上可以看到，若想进攻洛阳就必须攻下洛阳东面的成皋，而温县正好坐落在洛阳和成皋之间。一旦开战必将被战火波及，意想不到的灾祸就会从天而降。

所以，司马朗把族人父老都召集起来，希望大家一起逃到黎阳暂避，因为在黎阳屯扎的军队首领赵威孙是司马家族的姻亲，自然会保护司马家族的父老乡亲。但父老乡亲们却否决了司马朗的建议，只有同县的赵咨响应，愿意带着家属一同与司马朗前往。无奈之下，司马朗只好带着全家与赵咨一家东行到黎阳。

有时候，真理真的掌握在少数人的手中，这一次，司马朗的判断是正确的，但他却没有能力说服父老乡亲，只好眼睁睁地看着事态越来越恶化。

几十万诸侯军打不着董卓，只好驻扎在成皋一带，因为不能统一号令，兵勇如同土匪般四处抢劫杀戮，结果，温县死了一半人，比董卓军杀的人还多。

而董卓也好不到那里去，最终在他的干儿子吕布和朝臣王允的合谋下死于非命。董卓一死，西凉军群龙无首，起了内讧。而老爷子司马防没有音讯，生死未卜。

再看，在黎阳的司马懿。

虽然外面已经闹得鸡飞狗跳，你死我活，但黎阳的兵丁以自保为最高原则，只要人不犯我，我便不犯人，所以，为司马懿赢得了难得的五年太平岁月。

在这五年中，司马懿不仅继续读书习字，而且还与军人们一起骑马射箭，学习了兵法战术，为以后的军事生涯奠定了坚实的基础。

司马懿十六岁时，曹操和吕布在黎阳附近的濮阳打了一场大仗，黎阳也不再安定了。司马朗便再次带领全家老小回到河内温县的老家。不巧，赶上了大饥荒，人吃人的惨剧随处可见。虽然司马家族是温县的地方大族，但大部分钱财已经花在了从洛阳出逃的买路上。再说，有钱也很难买到吃的，不过，瘦死的骆驼比马大，虽然司马家族一度面临困境，但好歹还是挺过来了。

如果是太平盛世，高材生司马朗肯定是抢手货，早高就了。但在这多事之秋，他与父亲中断联系达七年之久，只能独立担负起收恤宗族、抚育诸弟的责任，这一度让他有些郁闷。

不过，能和家人朝夕相处，这也是很美的一件事。再说，如果没有司马朗兢兢业业地照顾这一家老小，真不敢想象在这兵荒马乱的年月，这一家老小能否安然无恙。所以，对于司马家，司马朗无疑扮演了救世主的角色。

君子之交淡如水

时光如梭，转眼间司马懿已经长成一个大小伙子了，一米九的大个儿，往往给人一种鹤立鸡群的感觉。在司马朗的教育下，司马懿兄弟虽然身处危亡之中，却博涉经史，箪食瓢饮，而披阅不倦。

看一个人交往的朋友，就知道这个人的为人如何。在司马懿身边，除了兄长司马朗外，还有一个人对他造成了很大的影响。

此人姓胡名昭，字孔明，颍川（今河南禹州）人，三国时期的隐士、书法家。他与诸葛亮有相同的字，又生活在同一个年代，三国真是人才辈出啊。不过，他比诸葛亮年长二十岁，又比诸葛亮晚死十六年，终年八十九岁。据史料记载，胡昭的才华智慧绝对不亚于诸葛亮，但他很有个性，长期隐居深山，终生不仕。

司马懿能与这样的世外高人有君子之交，真是前世修来的福。那么，司马懿与名士胡昭是如何相识的呢？这还要感谢袁绍和曹操这两个人。

胡昭幼读经史，学识渊博，精通典史，工于书法，在弱冠之年就凭绝世才华远近闻名。虽然满腹经纶，但他对腐败的政治非常失望。天下有道则仕，无道则隐。所以胡昭厌恶做官，选择了避世，在冀州隐居，醉心于经史书法之中且怡然自得。

都说人怕出名猪怕壮，名人的麻烦事总是很多，这不，名声在外的胡昭想寻一片净土，选择隐逸的生活都是件难事。

东汉末年，汉室衰微，群雄并起。这是一个靠枪杆子吃饭的年代，谁手里的枪杆子多，谁说话就气粗，谁就能当老大，当然，除了枪杆子，还有人才。不仅是21世纪最贵的是人才，在东汉末，人才同样也是抢手货。如果没

有诸葛亮，刘备能三分天下吗？人才的作用不言而喻，所以各路诸侯为了争夺更多的地盘纷纷招揽人才。

当时北方最大的军阀袁绍听说胡昭在冀州隐居，便慕名而来请胡昭出山。既然是求人，就得放低姿态，摆出一副虔诚的样子。所以，袁绍放下架子，带上厚礼，多次登门拜访，请胡昭出山，辅佐自己打天下。但他没有刘备那么好的运气，三顾茅庐就把问题解决了。他虽然不止三顾，但就是攻不下这个山头。面对软硬都不吃的胡昭，袁绍一点儿办法也没有。

胡昭之所以毫不留情地拒绝袁绍请求他出山的请求，原因有二：一来，他目睹亲历了太多的荒唐事，知道仕途险恶无比；二来，通过与袁绍的几次接触，看出袁绍嫉贤妒能，跟着这样的老板不会干出什么大事业，而且随时都有可能成为老板的眼中钉。

所以，为了躲避袁绍的骚扰，胡昭再一次选择了逃避，一溜烟跑回家乡颍川，躲进了深山老林。

我们不得不佩服胡昭看人那叫一个准，就在他悄悄逃离冀州不久，袁绍就派人来缉拿他。袁绍的理由很简单，既然不能为我所用，那好吧，你就从地球上消失吧，免得你为别人效力，成为我的劲敌。

是金子总会发光的，是人才总会被人惦记着。

袁绍扑空后，时隔几年，曹操得知颍川的胡昭是个不可多得的人才后，也慕名而来了。不过，他没有亲自来请，而是连续多次派人请胡昭出山入仕。

虽然胡昭不愿做官，但曹操“挟天子以令诸侯”，是一个不好惹的狠角色，这样看来是非见不可了，否则这一关怕是过不去了。

于是，胡昭答应面见曹操。

当时，胡昭大小也算是个名人，听到这样抢手的人才要来面见自己，曹操自然是喜上眉梢，盛情接待了胡昭。

“跟着我干吧，我给你荣华富贵。”

如果为了荣华富贵，我早就入仕了，你也太小看我胡某人了。

“我胡某人不过是一介村野民夫，不堪军国之用，只会种种田读读书，做官入仕非我辈所为，还望丞相见谅，请放我回去吧。”

强扭的瓜不甜，胡昭不乐意为官，即使勉强戴上官帽，也不能发挥应有的作用。

"人各有志，随你去吧。"

与曹操的初次交锋，胡昭胜了。但谁也不能打包票，曹操就不会做袁绍曾经想做却没有做到的事情。

再说，各路群雄都把胡昭看成了香饽饽，在袁绍和曹操之后一定还会有人无休止地辟召。所以，为了安全起见，也为了远离群雄的骚扰，胡昭决定第三次搬家。

这次，他索性搬进陆浑山里（今河南嵩县东北）开始隐居生活。陆浑山绵延三百里，散居着一些穷苦纯朴的老百姓，虽然生活清苦一些，但这里没有尔虞我诈，大家不用戴着面具生活，也有一番别样的乐趣。

胡昭看到当地散居百姓的子弟无缘读书，便开馆办学，教他们读书识字，明白一些简单的道理。同时，每当山中居民发生矛盾、争斗不已时，都会找胡昭前去调解，胡昭因此在当地有较高的威望。

虽然是在陆浑山开馆办学，但因为是胡昭主抓教育，所以声名远播，很多世家子弟都前来求学。当司马懿得知这个消息后，也按捺不住激动的心情，决定前往拜访这位世外高人。

陆浑山绵延三百里，要在这深山老林中找一个人，不是件容易的事。司马懿只好到处打听胡昭的办学地点，在这陆浑山，胡昭的大名不亚于美国总统，山中的百姓都以他为荣耀。有好几个砍柴的人见司马懿是从外地来的，硬是把他一直领到了胡昭的家门口。面对如此热情的山民，司马懿都有些不好意思了。

在司马懿面前，是几间茅草屋，从屋中传来一个男人富有磁性的讲学声音，不用猜，这个人一定就是司马懿苦苦寻找的胡昭了。

都说"万般皆下品，唯有读书高"。在这种简陋的条件下坚持探寻学问，才算是真正的品节吧。

十年一个代沟，这几乎成了大家的共识，但司马懿和胡昭之间不存在这个问题。当司马懿敲开那扇简陋的大门后，相差 18 岁的两个人从此便成了莫逆之交，胡昭非常看好这位高个子学生。聪慧通达、胸有雄才大略的司马懿从此便遇到了伯乐，他虚心聆听教诲，并与胡昭老师切磋经史，经史的修养提升到了一个新的高度。同时胡昭的隐逸气息也深深地影响着他，我们知道，司马懿一直有一种“隐逸情结”，大概源头就在这里吧。

 飞来横祸，让你再张扬

年轻小伙子总喜欢张扬，司马懿也是如此，凡事都想抢先，表现欲非常强烈。胡昭很喜欢司马懿的才气，并且经常在课余时间额外为他传道解惑、指点迷津，用现在的话来说就是“开小灶”。

本来，老师喜欢学生，这再正常不过了，没什么大不了的。但有人的地方就会有矛盾。眼见风头都让司马懿抢了，一些学生产生了不满情绪，把司马懿视为了眼中钉。

是可忍孰不可忍？必须得做点儿什么。

一般来说，学生间有矛盾，大不了比一比，看谁的文采好，或看谁的力气大。最严重的无非就是打个架、挂点儿彩。

胡昭也觉得不会发生严重的事情，便没在意这股不满的情绪。但接下来发生的事情大大出乎他的意料，这一疏忽差点把他的这位高足给毁了。

在胡昭的学生中有一位颍川的周生。虽然他的名气不怎么大，但他做的事儿差点让三国历史上少了一位传奇人物。

周生是陆浑山本地人，因为家境不错，所以早年曾经读过一些书，算是胡昭学生中的一个“优等生”，在当地也小有名气。但司马懿的到来彻底打碎了他的这种优越感，无论是在别人眼中，还是在胡昭心中，他的排名都排到了司马懿的后面。

让一个“外来的和尚”抢了那种荣耀，周生心里相当不爽。俗话说强龙不压地头蛇，你司马懿既然这么不知趣，那就别怪我无情了。

在周生眼中，司马懿实在是太狂傲了，必须得让这小子付出血的代价，所以，他萌生了杀意，要让司马懿从地球上彻底消失。

周生苦苦寻找司马懿单独行动的机会，这样才好下手，做得神不知鬼不觉。毕竟，在乱世，死一个司马懿，没什么人会在意的。但胡昭和司马懿好得像一个人似的，一时很难寻找到下手的机会，这让周生很郁闷。

功夫不负有心人，机会终于来了。

一天，胡昭接到一位朋友的邀请出去讲学，地点比较远，没个十天半月是回不来的。周生终于可以拔掉这颗眼中钉了，他觉得这是老天爷送给他做掉司马懿的大好机会。

司马懿，你的死期到了，看你还能蹦跶几天。

于是，周生便联络了几个死党，决定谋害司马懿。此时的司马懿还陶醉在经史文集中，对即将到来的危险毫不知情。

吉人自有天相，司马懿命不该绝。在这种关键时刻，一个和他关系比较好的门生偶然听到了周生要加害司马懿的消息后惊恐不已。

怎么办？怎么办？

让司马懿逃吗？不现实，他一个外地人，能逃到哪里去？看来，只能找老师胡昭了，只有他能阻止这件事发生了。于是，这位门生连夜朝胡昭离开的方向飞奔，好不容易赶上老师，报告了这个坏消息。

谋杀案即将发生，而且被谋杀者是自己的高足，胡昭大吃一惊，他没料到事情会发展到如此严重的地步。没的说，必须要阻止惨案的发生。

既然是谋杀，周生肯定会在司马懿每天来访的必经之路上设伏，必须要设法截住周生这伙人。于是，胡昭连忙马不停蹄地掉头往回赶。一路上翻山越岭无数，终于在崤山一个叫渑池的地方截住了周生一伙人。

胡昭怎么会突然出现呢？难道是走漏了消息？周生这伙人纳闷不已。

“你们要做什么？不能杀司马懿。”

本来是要背着胡昭老师做掉司马懿，现在看来只能在他眼皮子底下办事了。

“司马懿不能活。”

周生一伙人杀气腾腾，连胡昭也不放在眼里。

这伙平时乖巧的学生竟然会有如此凶残的另一面，这是胡昭做梦也想不到的。不过，他不会放弃，说教是他的拿手好戏，他相信自己一定能让周生这伙人回头的。

胡昭凭着三寸不烂之舌，晓之以情，动之以理，让他们放下屠刀，赶紧回头。但周生一伙执意要杀司马懿，没有丝毫的悔悟。

没办法，只能使绝招了，胡昭开始大哭，边哭边说："我怎么会有这样的学生啊，这哪里是什么学生，分明就是杀人犯啊，我对不起陆浑山的百姓啊。"

本来是谋杀，现在成了明杀，如果继续行凶，这杀人犯的罪名是肯定了。

周生一伙开始有些动摇了。

胡昭继续哭着说："好吧，如果你们非要杀司马懿的话，就先把老夫杀了吧。"

这是哪儿跟哪儿啊，本来计划得好好的，岂料半路杀出个程咬金，周生最终叹了口气，道："要不是您，司马懿今天非死不可。"

周生虽然暂时放弃了杀司马懿的念头，但万一反悔司马懿还是逃不过这一难的。古人是很注重誓言的，如果立誓的话，就不用担心反悔的问题了。

所以，胡昭便让周生指着道旁一棵枣树发誓。

周生二话没说，拔刀便砍断了枣树，说："如果我周某人再害司马懿的话，便落个和此树一样的下场！"（昭因与斫枣树共盟而别。）

周生立誓后便打道回府了，胡昭擦去头上的冷汗和脸上的泪水后，连忙赶回陆浑山的居处，司马懿已经等候多时了。

司马懿死里逃生，胡昭功不可没。但他对于自己刚刚化解的险情却绝口不提（口终不言），与司马懿像往常一样言谈自如，一直到天色渐晚，司马懿才依依不舍地离去。

后来，司马懿得知这件事后，才意识到原来太过张扬和傲慢也会引来杀身之祸。从此，他便把低调二字牢记心间，在待人接物方面变得谦虚谨慎，对周生等人也以礼相待。也许是这个教训过于深刻，所以司马懿在以后的岁月中，把"低调"演绎到了极致。

【第二章】

不是躲猫猫，出手就要看准时机

天上掉下的第一桶金

木秀于林，风必摧之。既然有了前车之鉴，司马懿决定夹起尾巴做人，隐藏自己的才华，低调，低调，再低调。

但才华不同于其他东西，想遮掩是遮掩不住的。司马懿聪明多大略，并有忧天下之心，这不是盖的。除了胡昭之外还有两个人指出了司马懿不是一般人。

就在司马懿遮遮掩掩，恨不得给自己易容时，有一位人物指着司马懿说："此非常之人也！"

说这话的是河内人杨俊，他与司马懿是同郡的老乡，他看人向来不走眼，这似乎已经预言司马懿必将会干一番大事业，成为人中龙凤。

这虽然是夸人的话，但司马懿却有些郁闷，他本来要隐藏自己的才华，结果还是被人一语点破，他感觉自己像没穿衣服站在闹市中一样，尴尬又气恼。

还有一次，威望较高，在曹操手下非常吃得开主管人事选拔的头号人物清河人崔琰来司马家做客。此人与司马朗的关系不错，二人聊得正欢，司马懿从旁边路过。没想到崔琰马上停止了和司马朗的聊天，大呼："奇才，奇才，此奇才也。”

司马朗被弄得云里雾里，问道：“兄台此话何意？”

“你弟气度不凡，你也赶不上他啊。”（君弟聪亮明允，刚断英特，非子所及也。）

已经不是第一个人夸自己弟弟不是一般人了，所以，司马朗不觉得奇怪，哈哈大笑，不以为然。

倒是司马懿有些惊慌失措，他多次听到这种赞美的话，不知是祸是福。

此刻的司马懿甘愿做一个普通人，恩师胡昭就是他的榜样，他不想过多涉足外面的世界，但是他的这个愿望能实现吗？

都说，酒香不怕巷子深，如果你是人才总会遇到伯乐的。何况经过崔琰这么一宣传，司马懿的名声大了去了。

是人才就得为国家服务，否则岂不是一种巨大的浪费。

汉朝选官主要有两条途径：征召和察举制度。征召一般是皇帝下令进行选官，而察举主要是地方向中央推荐本地区有德行的人才。

可见，汉末选拔人才不会组织统一的考试，在很大程度上取决于社会舆论。只要大家说你好，说你是人才，那么，好吧，经过地方政府察举，中央政府征辟后，你就是官老爷了。

刚开始时，汉代的察举制度比较注重被荐举者在当地公众中的形象和口碑，还是比较合理和公正的，但到东汉以后这种制度就变味了。因为这种制度很容易受人为因素的影响，说你好你就好，说你不好你就有口难辩，没有什么客观标准，因此就很难保证所察举人才的质量了。

虽然汉代的察举制度也选拔过一些人才，如西汉著名学者董仲舒和曹操就是被察举做官的，但到了后来，这种制度就弊大于利了。由于豪强势力与官府往往有着千丝万缕的关系，因此他们把持操控了察举制度。到东汉末年，随着政治的全面腐败，情况自然变得更糟了。东汉后期有一首讥刺察举的歌谣：“举秀才，不知书；察孝廉，父别居。”便是对这一情况的生动写照。

虽然大环境不太好，但司马懿是幸运的，因为他出生在司马家族，被察举出仕不是什么难事；但他又是矛盾的，因为“隐逸情结”让他一直徘徊在出世和入世之间。如果他是一个普通人，也许能实现内心出世的愿望，但他有遮掩不住的才华，也没有恩师胡昭那种三次搬家逃避做官的魄力，所以，他注定要在历史舞台上上演一段属于他自己的精彩表演，只是连他自己也想不到终结三国的重任会落在他的肩上。

该来的总会来，被猎头盯上的司马懿是逃不掉的。

建安六年（201 年），二十三岁的司马懿被推举出任河内郡的上计掾。司马懿的第一桶金来得如此之快，那么上计掾到底是个什么官呢？简单地说，上计掾就相当于现在的审计员，这需要进一步了解一下汉朝的上计制度。

所谓上计，就是地方政府向朝廷汇报当地的社会经济与财政收支的基本情况，为国家编制财政预算提供依据。我国的上计制度有悠久的历史，在战国时期，各国就有“上计”或“听计”的记载。到汉代时，上计制度更加充实、完善，有了一套上下贯通一气的组织机构，以及比较完备的推行办法。

东汉时期，郡国选派赴朝廷上计的官吏，通称为“上计吏”“计吏”或“上计掾吏”。一郡可能有几个计吏。他们的秩级都很低，是太守府的掾吏之属，只是个百石小吏。主要职责是汇总各县的计簿，进行核对和验算，然后整理成郡级的计簿，在十二月份亲自跑到京城洛阳，呈递给司徒，甚至有时候皇帝会亲自接见上计掾。

可见，上计的基本宗旨在于通过审查每年的账簿来考核财政收支和财物出入情况，审查是否存在违法行为，进而考察各级官吏的施政状况以及进行来年预算。

上计掾面对的是朝廷的公卿大臣，运气好的话，还能见到皇帝，如果这些大人物们一高兴，就可能会被直接留下担任郎官，从此就飞黄腾达了。从这点来看，这上计掾也算是吏中的肥缺。

如果没有什么意外的话，气度不凡、形象气质俱佳、口才出众的司马懿一定会乘着“计吏拜官”这股东风飞黄腾达的。但汉桓帝的一纸命令：“今后严禁留上计掾在中央为郎官”，早就把这条终南捷径给堵死了。

但凡事都有例外。就在大家都以为上计掾是一个毫无前途的职业时，颍川郡的上计掾刘翊上演了一出千里走单骑的好戏。当时，正值汉献帝流落长安，因为社会治安混乱，各地的上计掾都窝在家里，不敢出门。唯独这位颍川郡的上计掾刘翊冒着生命危险到长安进贡。汉献帝非常激动，便提拔刘翊为议郎。

这几乎是难以复制的特例，万一路上有个三长两短，就连皇帝的面儿也见不着了，更别说升官了，司马懿不愿意拿自己的生命去做赌注。难道他注定要一辈子做一个是勤勤恳恳的审计员，或是回头继续他未了的“隐逸情结”吗？

我们知道，汉朝早已经名存实亡，做汉朝上计掾这种小吏铁定没有前途，那么，又是谁在关键时刻拉了司马懿一把呢？

拒绝大佬的召唤

人，一生要说很多话，重要的却只有那么几句；人，一生要走很多路，重要的却只有那么几步；人，一生会认识很多人，重要的却只有那么几个。一个人的成功往往在于关键时刻走对了一两步路，说对了一两句话，交对了一两个知己朋友而已。

在人生的十字路口，一位影响司马懿命运的大人物出现了，他就是在三国叱咤风云的曹操。

曹操是家喻户晓的人物，他出生在官宦世家，字孟德，小字阿瞒，沛国谯县（今安徽亳州）人。年轻时，任性好侠、放荡不羁，不修品行，不研究学业，所以不被人看好。只有梁国的桥玄等人认为他不是凡人，安定天下非他莫属。

是金子总会发光的，公元 184 年，曹操在镇压汉末黄巾起义时显露头角，后被封为西园八校尉之一，参与了天下诸侯讨伐董卓的战争。董卓死后，他着力发展自身势力，纵横乱世，南征北战，权势像滚雪球般越来越大，是一支不容小觑的军事力量。

汉献帝建安五年（200 年）十月，曹操凭借官渡之战，以少胜多大败河北袁绍。公元 201 年，再次击破袁绍大军，成为中原独一无二的霸主。

此时，曹操四十七岁，他的法定官职是司空。虽然名义上是司空，但此时的曹操已经是名副其实的老大哥了，被击败的袁绍元气大伤，只有苟延残喘的份儿；周边的小军阀也看曹操的眼色行事，不足为虑；刘备还不成气候，随时都可以被踩死；东南半壁的旧主孙策刚死，继任者孙权还是个毛头小子，拿下江东也应该不是什么难事。所以，在曹操眼中，天下群雄已经无人能与他为敌，统一全国指日可待。

在前景一片光明心情大好的情况下，曹操派人前来征辟司马朗和司马懿出仕为官。也许你会问，全天下的人才多了去了，曹操为何专门派人征辟司马朗和司马懿这哥俩呢?

一来，司马朗和司马懿这哥俩的名气确实不小，能让这样的人才为自己所用，会增加胜利的砝码。因为汉末不仅是一个拼枪杆子的年代，同时也是一个拼人才的年代：谁手下的名士多，谁就会在战场上掌握主动权。人才所蕴含的能量不容小觑。

二来，滴水之恩当涌泉相报，曹操没有忘记在二十八年前，当时的京兆尹司马防提拔他做了洛阳北部尉。之后，他才一步一步拼到了如今的地位。司马朗和司马懿是司马防的儿子，自然要拉一把了。

放眼天下，曹操无疑是大佬中的大佬，如果能背靠这棵大树，那么仕途将会是一片坦途，前途不可限量。面对曹操伸出的橄榄枝，大多数人都不会拒绝。已经三十一岁的司马朗一直以修身治国平天下为最高理想，面对曹操的召唤，他找不到理由拒绝，便欣然出仕。在曹操的司空府当了一名属官，梦想着能成为中央中高级官员。

临走时，还不忘对司马懿说：

“机会，机会，千载难逢的机会。弟，一起走吧。”

“哥，我不走。”

一向乖巧听话的弟弟竟然做出了相反的决定，从这一刻起，司马朗才突然发现弟弟长大了，不再是那个一直跟在自己屁股后面的跟屁虫了，有了自己的主见。

现如今，跳槽已经蔚然成风，如果说有奶便是娘比较难听的话，谁给的薪水高，就为谁卖命，这不为过。现实逼得你不得不这样做，因为你也要吃，也要喝，也要活，而且也想活得更好一些。

如果从这一点考虑的话，司马懿选择拒绝就让人有些琢磨不透了，因为曹操无疑是当时最牛的老板，能在他手底下干活，那福利待遇自然不用发愁，年底还会有分红奖金，老板高兴的话，还会给你发个大红包。要知道司马懿连基层小吏上计掾这种活都干，但为何就不愿意为曹操卖命呢？

这确实是个问题，人们都搞不懂司马懿的选择。接着，司马懿又做了件让人更琢磨不透的事情。他连上计掾也扔了，索性辞官回家。无官一身轻，落个逍遥自在。

辞去上计掾，没什么大不了的，你不干还有别人来干。但拒绝曹操的召唤就得找个像样的理由了，毕竟，这大佬得罪不得，万一惹怒了他，就没好果子吃了。

为了拒绝别人，成功逃避，一般人会选择假装生病，甚至装疯卖傻。司马懿也是如此，为了不干自己不想干的事，他选择的理由是：我得了风痹（严重的风湿病），长年累月下不了床。

既然下不了床，自然就无法做官了。

但多疑的曹操觉得这事儿有些蹊跷，便询问司马朗。

弟弟司马懿的身子骨一向都硬朗得很，怎么一下子就得了这么重的病呢？这很有可能是个幌子。虽然曹操是老板，但无法与兄弟情相比，自然胳膊肘不能向外拐了。于是，司马朗便唱起了双簧，夸张地把司马懿说成是一个弱不禁风的人，

虽然司马朗竭尽全力为弟弟圆谎，但他的动情演说并没有彻底消除曹操的怀疑。

到底是谁在说谎，还是这兄弟俩合伙来蒙我呢？

为了弄清这个问题，曹操决定派亲信使者前去试探一番，看看司马懿到底是真病假病。

再看司马懿，当他决定向曹操撒谎装病，就知道将要付出很大的代价。因为曹操不是一般人，想要在他眼皮子底下蒙混过关，那就需要把假的演成真的。

一连好几天，司马懿躺在床上一动不动。他的妻子张春华觉得没这个必要，因为曹操远在天边，他又没有千里眼顺风耳，不可能知道这里的情况。

司马懿却不这么认为，他认定曹操不会就这么善罢甘休，一定会派人前来一探虚实。

果然，司马懿猜得没错。

在一个月黑风高的夜晚，使者悄无声息地潜入到司马家府邸，立在司马懿的“病榻”前一探究竟。

眼前平白无故地出现一团黑影，司马懿知道曹操的使者来了。在这关键时刻，自然不能露馅，否则，将命悬一线。

司马懿躺在床上一动不动，使者耐心地看着司马懿，心想：你就翻个身吧，或下床解个手，这样我好回去交差啊。

使者站了很久，一直到东方的天空微微发白，他才不甘心地离去了。

司马懿长出一口气，活动一下筋骨，在这场耐力的比拼中，他赢了。

使者坚信司马懿不是装的，是真病了。但这个答案并不能让曹操满意，他仍然坚信自己的看法——司马懿在装病。

为了能揭开司马懿的真面目，曹操决定派人蹲点死守，他不信司马懿能在床上躺一辈子。结果，曹操的这个决定害苦了司马懿。

本以为风平浪静后自己就能下床自由活动了，司马懿怎么也想不到曹操会这么绝，在自己家门口安一双眼睛。

这下该司马懿吃苦了，开弓没有回头箭，看来他只能在床上躺着了。

我们回头再分析一下司马懿为何要拒绝曹操的征辟。

首先，从大局来看，当时的局势还不明朗，虽然袁绍新败，但这并不代表他就没有了翻盘的机会。所以，选老板的时机还不成熟。万一站错了队，那就是满盘皆输。

其次，曹操府中已经有荀彧、荀攸、郭嘉、贾诩、程昱等一流谋士，司马懿如果靠裙带关系进入曹操府中，会被看不起，也就没什么资格去和他们争了。

最后，曹操是宦官的干孙子，代表寒族的利益，世家大族在一定程度上受到了打压。司马懿身为河内司马氏的代表，自然不能轻易选择这样的老板。

所以，司马懿放长线钓大鱼，毅然选择了等待，等待属于他自己的真正机会。

贤内助不是好当的

人们习惯说，一个成功男人背后总有一个全身心支持他、挚爱着他的女人。司马懿就比较幸运，在他背后，就有一位默默支持他的贤内助——张春华。

张春华，河内平皋（今河南温县）人，司马懿之妻，晋景帝司马师、晋文帝司马昭的母亲，后被追尊为皇后。张春华小时候很有才德，智识过人，可谓是才貌双全。与司马懿结为夫妻后，专心操持家务，是典型的贤妻良母。

任何男人都希望自己有一位贤内助，以便自己在外拼搏时能有强有力的后勤保障，不至于因为家事而分心。司马懿能娶到张春华这样的老婆是前世修来的福。他也一度因为有这样的贤内助而沾沾自喜。

张春华对自己的老公司马懿也是无比佩服，就拿司马懿装病这件事来说吧，她本以为曹操已经不拿这事当事了，风波已经过去了。没想到会暗派使者前来刺探，幸亏自己的丈夫有先见之明，才没有露馅。

姜还是老的辣，与司马懿比起来，张春华觉得自己还是嫩了点儿。不过，智者千虑必有一失，就连老狐狸司马懿也会犯错误。

前面已经讲到，司马懿家门口就有曹操派的暗探盯梢，只要他稍有疏漏，就会被识破是在装病。所以，司马懿日夜都紧绷着弦，生怕被揭穿，就连身边的婢女也不知道自己的主子在装病。

本来司马懿伪装得很好，可以说是天衣无缝，但天公不作美，一场暴雨让司马懿露出了马脚。

话说有一天，司马懿正躺在床上抠指甲缝，这是他每天必须重复的工作。刚才还晴空万里，突然间便乌云密布，雷电过后，暴雨便接踵而至。

司马懿突然想起外面晒了书，却不见下人忙碌收书，他爱书如命，哪里还顾得装病掩饰，一着急病便好了，一骨碌从床上爬起来，赶着去收书。

不巧的是，这一幕恰好被赶来的一个婢女看到了。

卧床不起的老爷原来没病啊，婢女惊讶地张大了嘴巴。

“还愣着干什么，赶紧收书啊。”

婢女回过神来，赶紧帮忙收书。

等把书收拾好后，司马懿没把这事儿当回事，毕竟是自家的婢女，于是，继续躺在床上装病。

张春华知道这件事后，认为这是天大的事。因为谁也不能保证这个婢女就能守口如瓶，门口就有曹操的密探，万一泄密的话，后果将不堪设想。

世界上只有死人不会泄密，为了保全自己的丈夫，更为了这个家不至于散了，张春华便萌生了杀人的念头。

最终，张春华亲手把婢女做掉了。据史料推算，张春华那年也就十三四岁。以这样的年纪举刀杀人，让我们唏嘘不已。处理掉婢女的尸体后，张春华接替了婢女的工作，冷静地亲自洗衣做饭，像什么事也没发生似的。

数日后，司马懿不见了婢女，一问，才知道妻子为了安全起见已经做掉了婢女。百密一疏，差点酿成大祸，司马懿对妻子更加敬重，他处事也更加谨慎，一门心思地装病。

有时候为了大局还得动手杀人，这贤内助确实不是那么好当的。

退是为了更好地进

让一个没病的人装病，一天两天不是什么问题，一年两年肯定会让人疯掉，那么，七年呢？没病的人装病久了，也会真的病了。

司马懿虽然做好了打持久战的准备，想必他也不会想到，这一装竟然装了七年。在政治舞台上，这七年的时间看不到他的身影，虽然有些遗憾，但也值了，因为他通过这七年看清了天下的形势。

这七年，曹操平定了北方，还兵邺城，升任丞相了。兄长司马朗也通过七年的拼搏当上丞相主簿（秘书长）了。崔琰被任命为丞相西曹掾，主管选拔人才。

时间和事实证明，在北方，曹操说了算，跟他混，没错。

再说，如果继续这样装病的话，别人喝酒吃肉，自己连汤也喝不着了。于是，司马懿做好了出山的准备，等待着曹操的再一次召唤。

曹操这七年过得无比风光，赚足了天下人的眼球。他指挥了一场波澜壮阔的北伐，彻底把袁绍打趴下了，北方基本上再无战乱。

回到邺城后，曹操便收到了来自汉朝廷的任命——丞相。这是众望所归，没有人有非议，也没有人敢有非议，除非是觉得自己活够了。

这七年，曹操忘了司马懿这个人了吗？没有。虽然他忙于作战，没有过多的闲暇时间来琢磨司马懿，但对这位“病人”还是念念不忘。虽然得到的情报是司马懿真的瘫在了床上，但他打心眼里不相信。这次，一定要把这件事了结了，要么为我所用，要么谁也别用。

回到邺城后，崔琰和荀彧都力荐司马懿。这正合曹操的心意，便决定会一会这位在病床上躺了七年的人才。

如果司马懿继续装病的话，他就危险了。历史就是有这么多巧合，否则就没那么多精彩了。就在曹操决心来硬的时，司马懿也变乖了，他的“病”就再也不是病了。

曹操找来在司马懿家门口蹲守的使者问道：“司马懿好了吗？”

使者回道：“还是不能下床。”

“好小子，真能装啊。”

使者纳闷了，自己苦苦守了七年之久，有铁的事实能够证明司马懿真是病了，而且病得不轻，为何丞相大人就认定司马懿是装病呢？

曹操顿了顿接着说：“我要任命他为相府的属官，如果他还不肯来，绑也要把他绑来。”（若复盘桓，便收之。）

听到这话，使者如释重负。七年了，每天都在蹲守，像看门狗一样给司马懿看大门，这活干得太憋屈了。

要你来你就得来，不来，就来硬的，绑你来。这多干脆，干吗白白守候七年啊，七年之前就该这么做了。不管怎么说，好歹等到了这一天，总算是解脱了。

这位同样命苦的使者终于再也不用偷偷摸摸了，他理直气壮地一脚踹开了司马懿家的大门。他已经做好了准备，大不了连人带床把司马懿绑到丞相面前交差。

当这位使者来到司马懿家中后，眼前的一幕让他惊讶地张大了嘴巴，半天都合不上。

只见司马懿坐在堂上悠闲自在地喝着茶，还满脸堆笑，招呼他一起过来喝茶。

使者简直不相信自己的眼睛，难道活见鬼了？前两天还气息奄奄，一副不久于人世的样子，怎么现在就变成一副生龙活虎的样子，难道这病真是装的？从开始就是一个骗局？这小子的胆子也太大了，连丞相都敢骗。

“你的病？”

“哦，这个不要紧，昨日喝了一副神药，药到病除。”

哼，骗鬼去吧，天底下会有如此神药吗？

使者不想拆穿这个骗局，毕竟，对自己也没有好处，如果深究下来自己也有失察之罪。眼下，最要紧的是让这位司马大爷出山，这样你好我好大家都好。

使者也不绕弯子了，开门见山道：“丞相命我来征辟阁下，如果你不从的话，只能绑你了。”

绳子已经抛到了地上，何去何从，司马懿必须要做出一个抉择了。

使者认为，司马懿坚持了七年，都没有屈服，一条小小的绳子肯定吓不倒他，不费一番功夫，是很难完成这个差事的。

没想到，司马懿说出了两个字：我去。

靠，这是玩的哪一出啊？早知有今日，何必要死扛七年啊。

使者彻底被司马懿搞晕了。

其实，能让曹操惦记七年，单从这点来看司马懿就是赢家。

退是为了更好地进，七年之后出山也许会博得更大的彩头。

就这样，在建安十三年（208 年），司马懿蛰居七年后，终于出山了，他要借助曹操开拓一片属于自己的天地，在历史中留下浓墨重彩的一笔。

【第三章】
狼顾之相不是我的错，从丞相府突围

两个郁闷的人

曹操的丞相府是天下才俊都非常向往的地方，因为那里不仅待遇好，而且往上爬的机会也多。只要进入了丞相府，荣华富贵便在前面等着你了，就等着好运砸你吧。

如今，司马懿来了，等待他的会是什么呢？

一个被曹操记了七年的人，如今好不容易弄到了自己帐下，应该予以重任才对，但曹操做出的决定出乎意料。

“病好了？”

“回丞相，刚好。”司马懿比较兴奋。

“好，教我儿子去吧。”

司马懿就这么被打发了，如同被当头浇了一盆凉水，兴奋之感瞬间消失得无影无踪了，梦想也似乎变得那么遥不可及。他本以为自己端了七年的架子，会换来老板的另眼相待，结果却这样草草收场，司马懿相当不甘心。

曹操安排司马懿的职务是文学掾（相当于教师），主要职责是管理学校，教授弟子，也兼管郡内教化、礼仪之事。根本没有机会从军出征，建立盖世功业更是白日做梦。

卧床七年，肌肉都快萎缩了，却换来这样一个文职。这种文职不是司马懿所乐意干的，他内心渴望的是带兵建立军功，或是当个军事参谋之类的也不错。那么，曹操为何要给司马懿安排这么一个差事啊？难道他是诚心要恶心司马懿吗？

其实，曹操这样安排也有一定的道理。

虽然司马家族有担任武职的光荣传统，高祖父司马钧曾荣任征西将军。但从曾祖父司马量这一代开始，司马家族开始以文职的身份在官场中生存。因为东汉王朝重文轻武，所以，这也是顺应潮流而动。经过三代人的努力，到司马防这一代时，司马家已经儒风蔚然，成了书卷气十足的世族大家了。

在外人看来，司马家的人与任何带武的东西已经不沾边了，他们最适合的工作就是做文职，当个秘书或教个书什么的。可见，曹操这样安排也没什么可挑剔的，但却让司马懿郁闷坏了。唯一让他还有那么一点点感到欣慰的是他所教育的对象不是一般人，是曹操的儿子曹丕。

曹丕，字子桓，沛国谯（今安徽省亳州市）人，曹操的次子，曹魏的开国皇帝，三国时期著名的政治家、文学家。少有逸才，广泛阅读古今经传、诸子百家之书。年仅八岁，即能为文。建安十六年（211 年），二十四岁的他便为五官中郎将、副丞相。可谓是年轻有为，前途不可限量。但他也有自己的烦心事，郁闷无比。

也许你会问，生在王侯将相家，不愁吃不愁喝，做高官骑大马，还有什么可烦恼的呢？曹丕的烦恼来自于他的几个兄弟。

为了能得到父亲曹操更多的宠爱，曹丕兄弟几个明争暗斗。据史料记载，曹操至少有 25 个儿子，影响比较大的几个儿子，分别是大儿子曹昂，由刘夫人所生；次子曹丕、曹彰、曹植，由卞皇后所生；还有名声在外的曹冲，由环夫人所生。在这些儿子中，曹操最喜欢的是哪一个呢？我们一般都会想到曹丕和曹植，其实不然。

首先看曹操长子曹昂，不仅聪明无比，而且性情刚胆，二十岁时即举孝廉，被认定是法定接班人。不幸的是，在建安二年（197 年）随曹操出征张绣，因为张绣突然袭击，曹昂为救曹操负责断后，与大将典韦一同战死在了宛城。

事后，曹操在祭奠爱将典韦时说：“吾折长子、爱侄，俱无深痛，独号泣典韦也！”可见，虽然曹昂是为曹操而死，但曹操并不十分悲痛，他对这个大儿子并不是多么喜爱。不过，曹昂的去世，给了曹丕做长子的机会，曹丕捡了个便宜。

虽然曹操没有因为曹昂的死过多悲痛，但有一个人却伤痛欲绝，她就是正室丁夫人。

曹昂虽然是庶妻刘氏所生，但由于生母早死，便由丁夫人（没有生育能力）抚养成人。丁夫人一直把曹昂看作自己的儿子，感情很深。听说曹昂战死沙场后，便不能控制自己，哭着闹着跟曹操要儿子，结果曹操一烦，便废掉了丁夫人，把她打发回老家了。接着，又把曹丕的母亲卞氏扶正。

按理来说，曹昂战死后，曹丕成了曹操最大的儿子，前面没有了挡路的，他应该成为曹操衣钵的合法继任者。但烦恼却依然存在，因为他有几个非常出色的弟弟，几乎遮盖了他所有的风采。

我们接着看曹丕的几个兄弟。

卞氏出身娼妓之家，原本是曹操的小妾，她做梦也没想到自己会被扶正，这得益于她为曹操生了几个非常出色的儿子。分别为：曹丕、曹彰、曹植、曹熊。

曹彰能徒手与猛兽搏斗，勇猛善战，武艺过人，自小立志为大将，深得曹操欢心，因为他的胡须为黄色，被曹操昵称为“黄须儿”。曹植自幼颖慧，10多岁便诵读诗、文、辞、赋数十万言，出言为论，落笔成文。曹操非常器重这个才高八斗的儿子，曾当众夸他“在几个儿子里最能成大事”，但毕竟书生意气了些，难成大事。

最后，就是曹冲了，这个儿子从小便聪明仁爱，与众不同，深受曹操喜爱。曹冲称象不过六岁，他的传奇故事家喻户晓。曹冲身上有一种雍容的气象，这是统御宇内、恩泽万民所不可缺少的气质。所以，曹操非常疼爱这个小儿子，多次对群臣夸耀他。不幸的是曹冲在十三岁时便死了。

有这三个出色的弟弟，曹丕以他们为傲，但也因他们而郁闷无比。他费尽心机学习骑射剑术，却始终敌不过曹彰；他在诗词歌赋上狠下功夫，却淹没于曹植的光芒中；他装可爱卖乖，却赢不了还有孩童气息的曹冲。

总之，在弟弟们面前，不管曹丕怎么做，他都是个失败者，都讨不到父亲的欢心，因为在曹操眼中，虽然他是哥哥，却排在了三个弟弟后面，不算是一个优秀者。

这第一接班人的地位难道要拱手让给别人吗？烦闷的曹丕想找个人倾诉一番，却不知道该向谁倾诉。他酝酿着滔天的怒火，寻觅着泛滥的发泄。

就在这个时候，文学掾司马懿来到曹丕身边的，两个郁闷的人就这样走到了一起。

我是为了你好

司马懿名声在外，不仅因为他才识过人，更因为他卧床七年的装病传奇史。既然装病蛰居没有换来自己想要的东西，那么只能从曹丕处入手。只要把曹丕牢牢握在自己手中，一定会有飞黄腾达的一天，毕竟按照长幼秩序来说，曹丕是最有可能接班的人。

都说曹操手下的四个儿子个个都是出类拔萃的人才，如今一见，曹丕果然一表人才，有王者之气，只是棱角分明的脸上流淌着淡淡的忧郁，让人产生阵阵莫名的伤感。

从见到曹丕的那一刻起，司马懿便肯定并确定这次出山意义非凡，毕竟曹操老了，天下一定属于他的儿子们的，而曹丕很年轻，又是最有希望当接班人的次子。司马懿一扫多日的郁闷与不快，因为他又看到了新的机会。

但二十出头的曹丕对司马懿没什么好感，一来，他是曹操派来教育自己的，在曹丕看来司马懿无非是曹操的一个眼线而已；二来，一个人能装病装七年都不带眨眼的，怎么一下子就蹦出来了呢？一定图谋不轨别有意图。

曹丕会买司马懿的账吗？司马懿会不会空欢喜一场呢？答案即将揭晓。

虽然曹丕不想见司马懿，但司马懿毕竟是父亲派来的人，怠慢不得，于是他强打精神接见了司马懿。

“听说你病了七年？”

“是的，我的病好了，公子却病了。”

“笑话，我得病我怎么不知道呢？”

“公子得的是心病。”

“什么心病？”

“公子文武双全，却得不到丞相大人的垂青，这是心病的源头。”

曹丕仔细看着眼前的这个人，他在猜测，这司马懿会不会是父亲派来的卧底密探呢？如果是，就让你从哪里来就滚回到哪里去。

“好大的胆子，一个小小的文学掾，竟然挑拨我与丞相间的关系，给我抓起来。”曹丕找到了发泄口，要拿司马懿当出气筒。

转眼间，司马懿已经被五花大绑了。若是被送到曹操手中，司马懿就危险了，能不能保住这条命，还是个未知数。

在这种情况下，多数人会祈求饶命，但司马懿没有那么做，他挺直了一米九几的高大身躯，丝毫没有妥协求饶之意，反而发出了爽朗的笑声。

这种情节在电影或电视剧中经常见到，这笑声一来缓解了自己的紧张情绪，二来吸引曹丕的注意力。一般情况下，都能再说几句话，而且往往是接下来说的几句话会救主人公一命。

果然，曹丕被司马懿莫名其妙的笑声吸引了，一个即将失去自由或生命的人还有什么好笑的？

“你为何发笑？”

“帝王之家，兄弟相残，不可避免。聪明者会防患于未然或主动出击，愚蠢者却要自断手臂，这不可笑吗？”

这话不偏不倚正好击中了曹丕的痛处。

曹丕是何等聪明之人，他听出司马懿话中有话。本以为是父亲派来的一个眼线，没想到却是给自己送来的一个智囊。

曹丕乐了，他赶紧亲自为司马懿松绑，并把他奉为了座上宾。

就这样，司马懿没事了。

“自古继承权位，无非是立嫡和立贤。如今公子占有立嫡的优势，已经有一半的把握，只要在贤上努把力，在政事或武略上展现自己的价值，获得丞相大人的好感，就没问题了。”

这话简直等于没说，我也想在父亲面前卖乖，但父亲不吃我这一套啊。

曹丕轻哼一声，道：“这个道理，我自然知道，但我有那么多出类拔萃的弟弟，先生认为我该怎么做？”

司马懿轻笑道：“公子不必担心这个，有在下在这都不是问题。如今，丞相大人正缺人手，公子是丞相大人的亲子，一定能展现才能。只要公子有信心，耐心等待，再加上在下的暗中运作，公子一定有立功表现的机会。”

可以说，司马懿是曹丕这时期几乎唯一的辅佐人员，多一个为自己出谋划策的人不是一件坏事。所以，曹丕同意了，也认可了司马懿。

新人要会装哑巴

虽然深得曹操真传的曹丕想崭露头角，干一些让父亲刮目相看的事情，但曹操却不买这个儿子的账。也许曹操觉得曹丕这个儿子太像自己，自己春秋正盛，不能让曹丕过于强势，危及自己的地位。也许曹操更疼爱曹冲，准备全力培养，以便将来接班，也许……

原因很多，结果只有一个，那就是你曹丕绝对不能蹦跶起来。

比如，年初，司徒赵温眼见曹丕能文能武，又是曹操的儿子，便想保举他当官。于公于私这都无可非议。

曹丕本以为这是他踏入仕途的绝佳机会，没想到曹操却坚决不同意，他上奏说：“赵温保举我的儿子有讨好的嫌疑，人才选拔工作掺和了水分。”（温辟臣子弟，选举故不以实。）

按曹操这个逻辑，只要他有口气在，曹丕这辈子就别想当官。结果，曹丕当官的美梦破灭了，赵温也被罢免官职。

曹丕当官的美梦破灭后心灰意冷，幸好，司马懿的到来让他又重拾信心。

司马懿一直把对曹丕的许诺放在心头，寻找一切能把曹丕推出去的机会，因为只有曹丕发达了，他才有机会爬得更高。

建安十三年（208 年），注定是一个不消停的年份。

这年七月，曹操南击刘表，三国历史上最著名的赤壁之战一触即发。

曹操这次出兵所采用的战略方针出自首席谋主荀彧之手，具体内容是：表面上兵出宛、叶，暗地里精兵急行，以掩其不意奇袭荆州。（可显出宛、叶而间行轻进，以掩其不意。）概括一下就是八个字：出其不意，闪电快攻。

自从郭嘉在几年前北征乌桓途中病死后，荀彧就成了司马懿主要的竞争对手。

荀彧，自小便被世人称作“王佐之才”，是曹操统一北方的首席谋臣和功臣，多次献计密谋，举荐人才，被曹操称为“吾之子房”。荀彧官至汉侍中，守尚书令，因任尚书令，居中持重达十数年，被人敬称为“荀令君”。

不过，司马懿这次出仕，荀彧的力荐也起了作用。与这位谋士搞好关系应该不是什么难事。

不得不说，荀彧的谋略那叫一个牛，曹操也运用得得心应手。

曹操亲率大军南征荆州，向宛城、叶县进发。另遣扬武中郎将、谏议大夫曹洪等诸将从东面的小路发动奇袭。

大军压境，荆州危矣。

八月，荆州牧刘表竟然在强大的压力下一命呜呼了，其次子刘琮继位。

九月，曹操抵达新野，刘琮便偷偷地纳表投降了，而屯兵于樊城前线一直在准备抵御曹军的刘备只能领着军民继续逃亡。

七月出兵，九月便兵不血刃占领战略要地——荆州，并打垮了刘备。曹操志得意满，在他看来统一全国指日可待。

在这次南征中，司马懿参与了吗？关于这个问题，史书中没有记载。一些专家多方考证，证明曹丕参与了这次南征，那么作为曹丕的谋士司马懿应该也参与了这次南征。这些都是推断，我们在此不多加叙述。

自古都是骄兵必败，虽然探子报：孙刘两家联合抗曹，但曹操根本就没有把孙权和刘备放在眼里。这就注定了曹军败亡的命运。

到了十二月，由于水土不服，曹军爆发了可怕的瘟疫。瘟疫迅速蔓延，势不可挡，曹军非战斗减员十分严重，战斗力大打折扣。

按理说，曹操应该暂缓进攻，等军队恢复战斗力后再谈作战的事情。但曹操求胜心切，妄图一举击败孙刘联军。

接下来，黄盖诈降，火烧赤壁，曹军大败。这是我们再熟悉不过的情节了。

曹军败了，这已经是不可改变的事实，这是对曹操的一个很大的打击。但这还没完，当你倒霉的时候，霉运总是接二连三、噼里啪啦往你身上砸。

当曹操好不容易逃到安全的地方喘口气时，重病的曹冲一路颠簸惊吓再也支撑不住了。结果走过了十三个春秋，便过早地离开了人世。

中年丧子，而且死去的儿子是自己的至爱，这种打击让铮铮铁骨的汉子曹操也忍不住放声痛哭起来。

明眼人都看得出来，曹操之所以如此哀痛，不仅仅在哭曹冲，也是在为自己百年之后的接班人的人选问题而难过。本来他是看好曹冲的，结果天不遂人愿。

这难道是老天爷对自己的惩罚吗？曹操抬起泪流满面的脸，茫然地看着天空，哽咽无语……

看到父亲如此难过，曹丕凑上前去带着哭腔安慰，劝父亲节哀顺变。

没想到曹操的态度很冷淡，他瞥了一眼曹丕，说："这是我的不幸，你们的大幸啊。"（此我之不幸，而汝曹之幸也。）

曹操的话无疑是在说曹丕猫哭耗子假慈悲，这让曹丕满面通红，很没面子，简直下不了台了。

看到这一幕司马懿乐了，因为他明白自己选对了老板，曹丕就是他通向权力巅峰的绝佳跳板。

也许有人会问，为什么司马懿在这次南征中没有出谋划策呢？一来，司马懿还没有受到重用，作为新人，所提的建议被采纳的几率非常小，与其碰钉子，还不如装哑巴克制自己；二来，司马懿摆正了自己的身份，他被曹操一脚踢到了曹丕帐下，所以，他是曹丕的人，如果曹操在这次南征中顺风顺水统一全国的话，就没他司马懿什么事儿了。曹丕也很难再有发挥才能的余地，

所以，司马懿打心眼里是希望曹军失败的，这样，他才会有更多的机会。这样看来，司马懿虽然有些自私，但作为新人，也只能如此了。

注定的一生之敌

在这次南征之旅中，还有一个人给司马懿留下了深刻的印象，虽然他还与此人素未谋面。但我们必须承认，有些人只闻其大名即知其为非凡人物，

注定会不朽。

诸葛亮，只要一提到这三个字，无论是当时的群英还是如今的吾辈，都会对他肃然起敬。赤壁一战更让他名动天下。崇拜英雄是人类的本性，诸葛亮从此成了人们崇拜的英雄。司马懿对这位比他只小两岁的谋士也肃然起敬。毕竟，对于如此出众的人物不能小觑，否则会成为自己的损失。

虽然只有两岁之差，但诸葛亮已经在赤壁之战这样重量级战役中出尽风头。而司马懿只不过是个低级文官，简直是天壤之别，这一度让司马懿心中不爽。

知耻而后勇，司马懿不允许自己就这样永远笼罩在诸葛亮的光环之下，他要超越，一定要超越这个强人。

都说最大的敌人是自己，其实拥有强大的对手也是一种福气，因为强大的对手会激发你的潜力，正所谓遇强则强，遇弱则弱。司马懿就是这样的人，诸葛亮就好像是一根鞭子，在身后鞭打着他向前，不敢有丝毫的懈怠。

如果在同一个帐下效力，也许他们会成为非常要好的朋友，但司马懿在曹营，诸葛亮效忠刘备，不在同一个战壕，他们是没机会做朋友了。既然不是朋友，那么就是敌人了，司马懿知道诸葛亮是个强敌，但他想不到的是诸葛亮会和他一生为敌，而且是个非常难缠的对手。

诸葛亮，字孔明，号卧龙，汉族，琅邪阳都（今山东临沂市沂南县）人。在世时被封为武乡侯，死后追谥忠武侯。

东汉末年，为了避乱，诸葛亮隐居在南阳隆中（今湖北省襄阳县西），“躬耕陇亩”，自比管仲、乐毅，无比悠闲自在。刘备屯兵新野（今河南省新野县）时，慕名前来邀请他出山辅佐自己建功立业。刘备三顾茅庐的诚心最终打动了诸葛亮，初次见面他就向刘备提出要取得荆、益二州为基业，东连孙权、北抗曹操的方针，这就是著名的“隆中对”。

从此诸葛亮就开始辅助刘备，从事光复汉室的大业。他为匡扶蜀汉政权呕心沥血、鞠躬尽瘁、死而后已。诸葛亮的军事计谋和治国才能堪称一绝，在后世受到极大的尊崇，成为后世忠臣的楷模、智慧的化身。

毫无疑问，诸葛亮是强者，是英雄。无数次，司马懿设想着和诸葛亮相见的方式；无数次，司马懿设想着诸葛亮拜倒在自己面前。他太想战胜这位名震天下的谋士了。因为战胜了诸葛亮，就足以说明自己是强者中的强者。

人脉就是命脉

生老病死，是任何人都不容回避的问题，属于曹操的时代终将会结束。虽然司马懿没有在曹操时代立下什么了不起的汗马功劳，但他却可以把功夫下在曹丕身上。

既然把宝押在了曹丕身上，就得把曹丕捧起来，以便让自己在将来的曹丕时代获得更多的权益。

有人说，没有沟通，世界将会成为一片荒凉的沙漠。没有人脉，人生路将会变得坎坷无比。的确，有了好人脉就等于拥有了成功的点金石。正如美国前总统的西奥多·罗斯福所说："成功的第一要素是懂得如何搞好人际关系。"毫不夸张地说，一个人成功的因素，85%来自社交和处世。

成功者无论个人有多么强悍也从来没有放弃过召集大家的力量一起解决问题，因为孤军奋战是他们最忌讳的。

司马懿就非常注重人脉的建立，除了以经学教育曹丕之外，他还指引曹丕结纳朝中的重量级人物，为他建立足够强的人脉网络。

据史书记载，在司马懿的运作下，曹丕结识拉拢了一批新老重臣。老臣有荀彧、荀攸、钟繇，另外还有得势的人事主管崔琰、毛玠。最值得一提的是被称为"太子四友"的新人陈群、吴质、朱铄、司马懿。

陈群，字长文，颍川许昌（今河南许昌东）人，出身大家族。他早年被刘备辟为别驾，刘备战败后被曹操发掘和任用。负责过人事、司法、监察、军事等方面的工作，相当有才干，是魏晋南北朝选官制度"九品中正制"和曹魏律法"魏律"的主要创始人。

吴质，字季重，兖州济阴（今山东定陶西北）人。为人放诞不羁，怙威肆行，虽然很早就投身曹营，但地位一直不高。后来因为文才出众而被曹丕所看重。在曹丕被立为太子的过程中，他出谋划策，立下大功。

朱铄，沛国人，长得比较瘦，性子比较急，是曹丕重要的智囊之一。

人脉就是命脉，正因为有这些人的力挺，曹丕才当上了太子，并最终成了帝王。曹丕与“太子四友”的关系确实很铁，有实例为证。

比如，曹丕称帝后，一次在外地担任要职的吴质回京城朝见曹丕，曹丕特别命令京内高级官员和将领们到吴质府上聚会，可见，吴质在曹丕心目中的分量不是一般地重。

在酒宴中，吴质想把气氛搞得再活跃一些，就让艺人上来表演节目。当时，朱铄与曹真、曹洪、王忠等众将军都来到了吴质府上。因为曹真长得比较肥胖，朱铄长得很瘦，吴质故意叫说唱艺人戏说肥瘦。

拿别人的胖瘦说笑，这不是什么好事。稍微过头就容易翻脸。果然，上将军曹真觉得自己是宗室重臣，岂能被别人戏弄，便怒责吴质。

大家都知道吴质是当朝皇帝面前的红人，得罪不得。曹洪、王忠等便上来劝说，但曹真怒气未消，哪里肯听，他甚至拔出刀要杀人。

不就是开个玩笑嘛，至于这么大动肝火吗？

吴质也恼了，手按着宝剑对曹真说：“你不过是案儿上的肉罢了，我吞你不用喉，嚼你不动牙，你怎敢如此仗势骄横？”

同在朝堂为臣，怎能如此剑拔弩张。事情闹到这种地步必须得灭火了，否则后果不堪设想。

朱铄便赶紧打圆场，对吴质说：“我们是一块儿喝酒高兴来的，怎能动刀动枪？”

吴质却不吃这一套，叱责朱铄说：“朱铄，这没你什么事儿，回你座位上去。”

大家一看这架势，知道吴质这小子真急眼了，以为流血冲突是避免不了的了，便都回到座位上不再吱声。

吴质和曹真的决斗一触即发。

就在这时，性急的朱铄被吴质无端呵斥一顿，越想越气，便开始拔剑砍地，这种奇异的表现吸引了大家的注意力。而吴质和曹真因为没有了劝架的和看热闹的，也不再那么死较真了。于是众将军们不欢而散。

虽然吴质、朱铄在后世的名气不大，但在当时绝对是炙手可热的人物。

知子莫若父，曹丕和什么人交往，曹操对此了如指掌，对其他人曹操没什么顾虑，唯独司马懿让他不放心。关于司马懿，史书上有这样的记载“每与大谋，辄有奇策”。所以，在曹操眼中，司马懿这小子足智多谋、胸怀大志，装病能装七年之久，绝对不是一个省油的灯。

 都是狼顾之相惹的祸

日有所思，夜有所梦，这话一点儿也不假。也许是因为曹操对司马懿实在是放心不下，竟然做了一个和司马懿有关的梦。

梦境是这样的：

在一个漆黑的夜晚，曹操被刘备小儿的大军追赶，他单枪匹马狂奔在大道上，眼看就要被追上了，前面出现了一丝光亮。曹操大喜，一定是接应自己的大军，这下有救了。

等到了近处才发现，并不是什么大军，而是三匹马在一个槽子里吃食，也就是“三马同槽”，三匹马能救自己吗？这下玩完了。

好在，刘备大军被自己远远甩在了后面，暂时还没有什么危险，但想不到的是三马竟然变成了司马懿。

曹操一下子被惊醒了，浑身冷汗直冒，被褥都潮乎乎的。

这是什么梦呀？经过权威人士解梦后，曹操大惊。

因为“槽”通“曹”，“马”是司马氏，司马懿精于权术，心机很深，他的儿子也不是善良之辈。难道自己辛辛苦苦创下的基业就要终结在司马氏父子手中吗？不行，绝对不能让这样的事情发生。

但梦终究只是一个梦而已，不能单凭这一点就断定司马懿有这么大的能量，必须要进一步考察司马懿这个人。

曹操选择的考察方式很独特，既没有出考卷，也没有派人暗地调查，而是选择了看面相。之所以选择如此独特的方式，是因为司马懿有一个特别的能力，就是可以像狼一样，身体不动，脑袋直接转向后方。相术中把这叫做狼顾之相，并认为这样的人内心凶险，“非人臣”之相，容易背叛。不少人在曹操面前嚼舌头，说司马懿将来必定是一大祸患。

具体来说，狼顾之相是在肩头不动的情况下头能一百八十度转。因为狼与狗都能一百八十度回头看，相传有此面相之人，皆是狼心狗肺，心术不正。

又传有此面相的人有帝王之志。

曹操本来就是一个疑心很重的人，又精通相术，便打算来一个当场试验，验证一下司马懿是否真的有狼顾之相。

有一次，曹操召司马懿前来，交代完任务后便让他离去。司马懿没走几步，曹操便在他身后大喊："仲达，等一等。"

司马懿不知道这是在考查，便毫不犹豫地转过头来，望着曹操。

曹操一怔，因为他已经证实了司马懿有做高难度回头动作的能力。该怎样处置这个人呢？如果贸然杀了他的话，有些不妥，毕竟凭面相杀人不能服众。仅仅几秒钟后，曹操又恢复了常态，说："没事了，你先下去吧。"

丞相这是怎么了？一副欲言又止的样子，司马懿疑惑不解。

看着司马懿离去的高大背影，曹操坐不住了。

一来，司马懿有"雄豪志"，子孙后代很难驾驭他；二来，司马懿有狼顾之相，这不是个好兆头；三来，"三马同食一槽"的梦境让曹操如坐针毡。这种人还是尽早除掉的好。

于是，曹操把曹丕召来谈心。

"司马懿这个人怎么样？"

"回父王，他工作踏实，有勇有谋，是个难得的人才。"

"哼，他有狼顾之相，不会甘为人下，将来一定会干预你的家事，你要注意了。"（司马懿非人臣也，必预汝家事。）

关于狼顾之相，曹丕也略知一二，但他怎么也看不出司马懿是狼心狗肺之人，更看不出他有帝王之志。因为这个人处世非常低调，没什么野心，在他眼中只有干不完的工作。

如果仅仅因为面相就冤枉一个好人，干掉一员得力干将，这是不划算的，所以，曹丕思来想去，决定把这次对话的内容告诉司马懿。

当司马懿得知曹操对自己有了杀心后，背后直冒冷汗。那天能活着从曹操的府邸走出来，真是万幸。

必须消除曹操心中的疑虑，否则自己能否看到明天的太阳还是个未知数了。于是，司马懿更加低调，兢兢业业干事，日以继夜工作，事无大小亲力亲为，连喂马这样的事都亲自动手去干。（勤于吏职，夜以忘寝，至于刍牧之间，悉皆临履。）

就这样，司马懿在众人心中树立起了“工作狂”的形象，这才逐渐消除了曹操对他的疑虑。不过，尽管司马懿和陈群等人的才干都比较突出，但曹操生前并不重用他们，说明曹操对他们还是存有戒心的。

【第四章】
风险投资，打好夺嫡之战

挡我者，死

司马懿活下来了，并且活得很好。

都说，大难不死必有后福，这话不假。因为玩命工作，再加上曹丕的举荐，没几年功夫，司马懿很快就由文学掾升任黄门侍郎、议郎、丞相东曹属，直至升到丞相主簿，可谓是平步青云。

众人对此都羡慕无比，纷纷向司马懿讨教升官秘籍。司马懿笑眯眯地说了六个字：跟对人，干实事。的确，在官场虽然离不开权谋算计，但也得靠真本事吃饭，没有两把刷子，铁定是混不开的。

接着我们再捋一捋在司马懿升官这几年发生的几件大事。

建安十六年（211 年），曹丕被任命为五官中郎将，这是值得庆贺的一件事，因为这如同给曹丕的世子地位加上了一道保险。

这五官中郎将究竟是个什么样的官职呢？

五官中郎将品秩是“比二千石”，比二千石要低，在东汉品秩达到二千石是一个重要台阶，说明已经跻身到高级官员的行列了，相当于“省部级”干部，而“比二千石”可以看做是“副部级”干部。

汉代的郎官是指宫内的低层级办事人员，通常担任天子的护卫陪从、在宫内官署值班等任务。一般来说五十岁以上的郎官属五官中郎将管理。所以，二十五岁的曹丕管理的是一大群年龄在五十岁以上的办事员。

除了任命曹丕为五官中郎将外，在诏书上还有两点说明：置官属（组建办事机构），为丞相副（帝国的二把手）。这一下子就提高了曹丕的地位，位处诸侯王之上，这应该是一个好兆头。

同年，西北马超、韩遂造反，曹操用离间计让西北军发生了内讧，结果马超大败。

这一年，司马懿特别高兴，因为家里又添了一个儿子——次子司马昭。俗语有云："打虎亲兄弟，上阵父子兵。"看着襁褓中的婴儿，司马懿比较兴奋，因为在不久的将来，这个儿子一定会成为自己的左膀右臂。

还是这一年，刘备入川，谋求建立自己的根据地，这对三国鼎立局面的形成具有重大的意义。

建安十六年（211 年）发生的大事大体如此，还没来得及细细品味，就被匆匆翻过去了。

转眼到了建安十七年（212 年）春，汉献帝命曹操：赞拜不名，入朝不趋，剑履上殿，如汉朝萧何故事。意思是说，曹操在朝见天子时，司仪官只报他的官衔，不呼他的名字，而且曹操也用不着小步快走表示恭敬。最厉害的是曹操还有特权佩带兵器穿鞋子朝见天子，享受当年刘邦给萧何的待遇。

这样一来，就把曹操捧得比皇帝还高，虽然没有皇帝之名却有了皇帝之实。皇帝的宝座已经是曹操的囊中之物，他只需跨过傀儡皇帝汉献帝，就可以做天下之王了。但曹操却没有急着跨出这一步，原因大体如下。

首先，也许在曹操看来，只要南面的孙权还在，西面的刘备不灭，他即使做了皇帝也不安稳。这始终是他的一块心病，赤壁之战的大败更是他一道难以愈合的伤疤。曹操喜欢追求完美，要做就做天下之主，做偏于一隅的皇帝没多大意思。

其次，名不正则言不顺，谋权篡位者被视为乱臣贼子。这种事急不得，需要一步一步慢慢来。曹操在耐心等待时机成熟的同时，也在一步一步向皇帝的位置靠近。

同年五月，在曹操的授意下，一些大臣劝曹操进位为魏公，加九锡（九种礼器，也是篡逆的代名词）。

这是曹操抛出的一个烟雾弹，看看群臣对他当皇帝的反应如何，是不是铁板一块。结果，有人站出来公然反对，他就是曹操帐下的首席谋臣荀彧。

其实，自从曹操“赞拜不名，入朝不趋，剑履上殿”后，荀彧便从曹操身上看到了董卓的影子，他就开始忧心忡忡。现在有人建议曹操加九锡，这是篡位的信号。眼见主公越陷越深，荀彧坐不住了。

一向被视为曹操影子的荀彧竟然严肃地对曹操说：“丞相啊，我当初之所以劝你奉天子而令诸侯，为的是挽救国家的危亡。所以，你应该懂得做一个臣子的忠诚和谦退，而不是利用手中权势来谋取私人的利益。”（兴义兵以匡朝宁国，秉忠贞之诚，守退让之实；君子爱人以德，不宜如此。）

有人反对，是难以避免的，但荀彧的指责出乎曹操的意料，因为他一直把这位自己帐下的首席谋臣看做自己的心腹。连心腹都不和自己一条心，这太让人痛心了。

在失望和痛心过后，接着就是愤怒。

挡我者，死。

敢和我曹操叫板的人，不会有好下场。从这一刻起，荀彧的命运就已经被注定了。

其实，以荀彧的地位只要附和曹操或者默许，即使曹操没有成就帝业，其子日后称帝，他也很有可能成为帝国的二把手。但荀彧却投了反对票，这也许是一个人的信仰问题，为信仰而活，因信仰而死，荀彧毫不犹豫地选择了为自己的信仰殉葬这条路。

这一年，曹操出兵打孙权，荀彧照旧留守后方，负责运粮、征兵的后勤工作。突然有一天曹操命令荀彧去前线劳军。自从跟了曹操后，这是从未发生过的事情。荀彧心中忐忑不安，但还是去了前线，因为他找不到任何理由加以拒绝，再说他也不敢违抗曹操的命令。

结果荀彧刚到寿春，曹操又命令他不必到前线了，待在寿春，以侍中、光禄大夫持节，参丞相军事。最后，五十岁的荀彧死在了寿春。

对于荀彧的死有多个版本：《三国志》认为他是忧病而死，而《魏氏春秋》和《献帝春秋》认为他是自杀的。不管哪个版本，荀彧铁定是非正常死亡，而且和曹操一定有很多瓜葛。

反对曹操篡汉的人，即使劳苦功高也一样难逃死亡的下场。荀彧的死对司马懿触动很大，在人屋檐下怎敢不低头。

曹操篡汉已经是不可阻挡的潮流，荀彧的死对他没有起到任何阻碍作用，建安十八年（213 年），曹操晋爵魏公，在汉帝国内建立了国中之国——魏国。

司马懿对眼前的形势看得很透彻，既然在曹操手下干活，曹操就是老大，只有积极推进曹操的篡汉大业，自己才能从中谋取更多的利益。

兄弟争宠

曹操篡汉是迟早的事，只需把傀儡汉献帝赶下台，就ok了。但奇怪的是，关于他的继承人却迟迟没有着落。曹操已经老了，留给他的岁月不多了，他创下的基业最终要让他的儿子来继承，谁能荣幸当了继承人，谁就是威震一方的王了。这无疑是最肥的一块肉，曹操的儿子们都盯得死死的，都想把这块肥肉据为己有。

虽然古代明确规定政治遗产继承人是，立子以长不以贤——立大儿子，不立最优秀的儿子。但规矩是人定的，曹操岂会受这种约束。在曹操看来这是一个弱肉强食的时代，只有强者才能在这乱世中立于不败之地。所以，他要在众多的儿子中选一个最强的来做自己的继承人。

在曹操众多的儿子中，最有资格和能力做继承人的有两个人：曹丕和曹植。曹丕占有长子的优势，而曹植才华出众非常优秀。所以，未来的继承人一定是这二人中的一人。

司马懿明白，曹操只要一天不定继承人，夺嫡的争斗就会一直持续下去。在这场夺嫡战斗中，必须要帮曹丕胜出，否则自己多年的努力就要打水漂了。

谁在曹操那里得到的宠爱多，谁就有可能成为继承人。既然要争宠，只凭一己之力，就显得单薄了。谁的声援军强大，谁就可能笑到最后成为胜利者。

所以，这场夺嫡之战也是人才的争夺战。

自从曹丕当了五官中郎将，成为帝国实际的二把手后便开始飘飘然了，认为这继承人非他莫属。

见曹丕如此得意忘形，司马懿决定好好敲打敲打这位公子哥。

“你有危险。”

曹丕正自我感觉良好，被司马懿这莫名其妙的话搞糊涂了。

“我好好的，有何危险？”

“丞相有那么多儿子，继承人并非非你莫属。”

“笑话，大哥曹昂战死后，我就是父王最年长的儿子了，自古都是立子以长不以贤，谁还能和我争夺这继承人的位置？”

司马懿摇摇头，继续说：

“公子虽然占有年长的优势，但这并非就是百分之百的保险。丞相不是一般人，不会按常理出牌，他之所以迟迟没有敲定继承人选，就是在考察，看究竟哪个儿子更具有接班的能力。他不会被‘立子以长’的传统所束缚，‘立子以贤’并不是不可能的事。”

司马懿的这个警钟敲得非常及时，曹丕一下子清醒了许多，那种曾经的优越感再也找不到了。毕竟他的兄弟无数，都有可能是他的对手，尤其是曹植，更是一个强劲的对手。

“怎么办？”

“打人才战，谁网罗的人才多，谁就能打赢这场夺嫡战。”

司马懿为曹丕指出了一条明路，曹丕便开始忙碌起来，到处挖墙脚，在自己手下网络了大批人才。

比如，司马懿的三弟司马孚本来被派到曹植的平原侯府担任文学掾，但司马孚觉得曹植年轻气盛，不把别人放在眼里，不是一个合格的好老板，便转投到曹丕帐下了。

其实，曹植是一个不拘小节的人，没有司马孚说的那么差劲。司马孚之所以说曹植“负才陵物”，不过是他跳槽的一个借口罢了。司马孚能这么轻松换了单位，司马懿和曹丕一定在暗中出了不少力。

经过一番人才争夺战后，曹丕和曹植两大阵营便基本成形了。

曹丕集团核心成员是“太子四友”，即前面提到的陈群、司马懿、吴质、朱铄。另外拥护他的人还有荀攸、钟繇、崔琰、邢颙、毛玠，以及曹操晚年的一位宠姬等等。

阵容无比华丽，势力不容小觑。

曹植集团的成员就逊色多了，他的核心成员只有两个人：丁仪、丁廙兄弟。另外还有杨修算半个人，因为杨修和曹丕的关系也不错，可以说是一个两面派。

从这个阵容来看，曹植似乎输定了。不过，还不能过早地下结论，因为最终的决定权在曹操手里。曹操说你行，你就行，曹操说你不行，即使你背后有千万人挺你，那也白搭。

组织的特殊考察

竞选即将开始，虽然前期准备工作很重要，但临场发挥也不容忽视，曹丕和曹植究竟谁能胜出呢？我们接着往下看。

为了应对曹操的考核，司马懿做足了功课，但他却漏掉了一个人，他就是杨修，就是这个人让曹丕在接下来的和曹植的对决中败下阵来。

杨修，字德祖，弘农华阴（今陕西华阴东）人。太尉杨彪之子，以学识渊博而著称。建安年间被举为孝廉，任郎中，后为汉相曹操主簿。

前面已经提到，杨修和曹丕、曹植兄弟的关系都不错，他曾赠曹丕王髦剑，曹丕对此剑甚感珍惜。正因为有这层关系，所以司马懿认为杨修不至于做得太过于偏袒曹植，对这个人放松了警惕，没想到，偏偏在杨修身上出了问题。

双方的战斗开始了。

首先，现场问答。

一个人随机应变的能力很重要，作为帝国的继任者更要有这种能力，才能处理随时发生的事情。所以曹操采用智力抢答的方式，让曹丕和曹植两兄弟现场发挥，看谁的能力更强。对于曹操提出的军国大事问题，曹丕的回答中规中矩，没有让人眼前一亮的感觉。而曹植恰恰相反，每个问题都能对答如流，而且观点比较新颖，颇具治国才能。

毫无疑问，这一回合曹植得了满分。

接着，实践考验。

一个人要学会把所学的知识运用到实践中，这一点至关重要，否则即使你满腹经纶，也只是纸上谈兵而已。曹操出了一个实践题：让曹丕、曹植各出邺城的一个城门。也许你会说这太小儿科了，但你不要小看了曹操，因为他已经在暗中设置了障碍：吩咐守门官不许放行。

曹操是老大，守门官自然要听老大的命令，这样看来，没有曹操的命令谁也出不了城门了。

曹丕先到城门口，被守门官阻挡，任凭他怎么说，都不管用，最后把曹操都搬出来了也白搭。守门官死活不让出城门，真是县官不如现管。

无奈之下，曹丕只好灰头土脸回来向曹操取出城的令牌。

这孩子比较遵守规矩，但是万一有十万火急的军情却没有出门岂不是被门卫耽误了？曹操有些失望，不过他还是点了点头，什么也没说。

再看曹植，同样遇到守门官阻挡，但他没有耐心说教，更没有犹豫拔出宝剑一剑便刺死了守门官，大踏步走出了城门。

曹操大喜，问他为何这样做。曹植回答道："吾奉王命，谁敢阻挡，必斩之。"

这孩子很不错，有敏锐的判断力和果断的性格，谋定而后动，很像我的做事风格，有我当年的影子啊。

曹操对曹植的表现非常满意。

毫无疑问，这一回合曹植又胜了。

通过两回合的较量，曹植以二比零的成绩拔得头筹。曹操心中的天平开始向曹植倾斜，如果没什么意外的话，这继承人的人选非曹植莫属。

连败两局，这让曹丕非常恼火，他怎么也想不到，一向文绉绉的弟弟曹植什么时候长本事了，不仅对军国大事说得头头是道，而且还手起剑落杀了守门官，这不是他的作风啊。

司马懿看在眼里，记在心头。如果曹丕落败的话，那么他的前途就会化为泡影了，必须得想法挽回败局。

没有不透风的墙，经过多方打探，司马懿终于弄明白了曹植长本事的根本原因，那就是背后智囊杨修在帮他出谋划策。在现场问答环节，杨修提前为曹植写好了答案十多条，让曹植背得滚瓜烂熟，当曹操问时，依条回答便可。在实践考验环节，也是杨修给曹植指的路，让曹植斩杀守门官。

这样看来，为了博取父王曹操的好感，曹植作弊了。当曹操得知这一情况后，怒不可遏，既对曹植的投机取巧感到失望，又对杨修插手自己的家事太深而无比恼怒。从这一刻起曹操就看杨修不顺眼了。如果杨修就此适可而止，也许会得个善终，但他偏偏锋芒毕露，最终惹祸上身，把自己的命也搭进去了。

再看杨修，本以为自己隐藏得很好，胜券在握，没想到还是被识破了，结果弄巧成拙。虽然曹操的考察结束了，但夺嫡之战的较量远远没有结束。

既然说曹植依靠别人的谋略胜之不武，那么你曹丕就没有帮手吗？杨修决定以其人之道还治其人之身，也揭一揭曹丕的底。

经过多方日夜查探后，终于找到了一条有价值的线索：曹丕每天把吴质藏在装布的大筐里运进府中议事。只要抓个现行，就能说明曹丕技不如人，曹植还是胜利者。于是，杨修把这个消息报告给了曹操。曹操不相信，决定亲自查一查。

杨修开始做梦了，梦想着自己来个咸鱼翻身。没想到曹操身边有曹丕的眼线，把这个情况密报给了曹丕。

曹丕着急了，这可怎么办呀，便去向吴质讨教对策。

吴质给出了应对之策：将计就计，由运人改为运布。

结果在第二天检查时，筐里只有布，根本没有杨修说的什么吴质。

曹操大怒，认为杨修不怀好意，挑拨他与曹丕父子间的关系，从此更加记恨他了。而杨修本想来个咸鱼翻身，结果却掉进了阴沟，再想出头就更难了。

就这样，在三个回合的争斗中，虽然曹丕完胜，但曹操对曹植却没有什么坏印象，因为他觉得曹植没有错，错就错在没有遇到一个好老师，是杨修这个鼠辈把他的儿子带坏了。

煮熟的鸭子飞了

曹操还没有敲定最终的胜利者，这场夺嫡之战就不会画上句号。曹操本想再次创造机会，让这两个儿子继续比试，但外面的形势发生了急剧的变化，让他不得不先放下家事，再次披挂上阵争夺地盘。

就在曹操为接班人的人选问题犹豫不定时，一直不被看好的刘备竟然攻下了益州，有了自己的根据地。

刘备，字玄德，汉族，涿郡涿县（今河北涿州）人，汉中山靖王刘胜的后代，三国时期蜀汉开国皇帝。他为人谦和，礼贤下士，宽以待人，志向远大，知人善用，素以仁德为世人称赞。

他的父亲早死，家境贫寒，与母亲依靠贩草鞋、织草席度日。虽然家里穷了点儿，但他志存高远，凭借自己独有的谦逊人格魅力招揽了一大批至死不渝的忠志之士，如关羽、张飞、诸葛亮等等。

汉末，黄巾起义爆发后，刘备乘乱起兵，崭露头角。他乐善好施，即使是普通百姓，都要与他们同席而坐，同簋而食，所以深得人心，得到了一方百姓的拥护和爱戴。据《三国志》记载，刘备当平原相时，郡民刘平不服从刘备的治理，便唆使刺客前去暗杀刘备。刘备毫不知情，对刺客礼遇有加，最后刺客被深深地感动了，坦露实情离去，刘备从而逃过一劫。连修史的陈寿都不禁叹道：“其得人心如此。”

刘备虽然深得民心，但却没有打下一片自己的根据地，一路颠沛流离，在夹缝中求生存，他的大军一度被称为“流浪大军”。

赤壁之战，孙刘联军大胜。但刘备并没有得到什么实质性的好处，只是从孙权手中借到了荆州落脚。但借人家的东西始终是要还的，这不是长远之计，刘备不得不想着开辟新的地盘。诸葛亮认为向益州发展是不错的选择。正好在这个时候，益州的刘璋派人请刘备来了，意图与刘备联手对抗曹操。

机会，这绝对是一个机会，但刘备还有点儿犹豫不决。

军师庞统建议：荆州土地荒凉，而且东有孙权，北有曹操，不容易得志，要建立大业，就应该拿下益州做基础。

刘备考虑再三，决定派诸葛亮、关羽留守荆州，自己带领人马向益州进发。

刘璋本以为找了个帮手，没想到却引来条恶狼。

建安十九年（214 年），刘备与诸葛亮、张飞、赵云等共围成都，刘璋出城投降，刘备进了成都，自称益州牧，启用蜀中诸多人才。终于有了自己的根据地，刘备心里那叫一个美呀。

刘备美了，曹操急了。

如果让刘备站稳脚跟，那么天下就又多了一个强敌，这是他不愿意看到的局面，所以，他的宝剑已经出鞘，剑指汉中。因为汉中是从四川盆地进军中原的必经之地，是蜀川北方的重要屏障，也是中原遏制益州的重要门户，战略地位非常重要。谁占有汉中，谁就拥有主动权。为了遏制攻占益州的刘备大军，曹操攻占汉中自然志在必得。

对于曹丕来说，他已经是帝国的二把手了，如果曹操远征，他就会有更多的机会来展现自己的治国才能，并发展自己集团的势力。这是个好机会，无疑是天上掉下的大馅饼，他内心非常感谢为他制造这个机会的刘备，如果有机会一定要当面谢谢这个人。

但让曹丕想不到的是，曹操在出征前，竟然让曹植留守，而且还对曹植说："我二十三岁的时候，事业刚起步；你今年也是二十三岁了，要加油努力啊。"（今汝年亦二十三矣，可不勉与。）

煮熟的鸭子就这么飞了，面对不按常理出牌的老爹曹操，曹丕很无奈，他彻底傻眼了，父亲这是要玩什么啊？难道真的要让曹植做继承人吗？

无论是口碑还是行政带兵能力，我曹丕都在曹植之上，为什么父亲就看不到呢？

这些疑问困扰着曹丕，让他寝食难安。他经常拿自己与曹植作比较，除了文采不如这位满腹经纶弟弟外，自己在其他方面都不差。

既然找到了自己的不足，那么就要想办法弥补，以便讨得父亲的欢心。于是，曹丕也附庸风雅，设"五官将文学"一职，在自己帐下招揽了一大批为文人墨客（如建安七子中的徐干、应玚等），来陶冶自己的情操。

曹丕不仅开文学聚会，还组织文人大搞创作，如，他汇集了一批名儒，编撰儒家的经传，按类合编，一共一千多篇，起名为《皇览》。

如此良苦用心，能换得曹操的青睐吗？我们在后面会接着探讨这个问题。

第一次随军出征

夺嫡之战，因为刘备夺取益州，暂告一个段落，接着看曹操将采取什么措施来应对这一发展变化的形势。

赤壁之战惨败后，经过几年的休养生息，曹操终于缓过劲儿来了，他又有能力攻城略地了。虽然兵强马壮，但身边的谋士却越来越少。征战沙场，军事参谋是不能少的，这是个必须要解决的大问题。

曹操的老谋士，郭嘉、荀彧和荀攸都已经不在人世，贾诩貌似对政治失去了兴趣，下班后就大门不出二门不迈，跟别人不再来往，成了朝中的隐士。（阖门自守，退无私交。）程昱也把兵权交了出来，闭关不出。（自表归兵，阖门不出。）

曹操本打算让贾诩和程昱随自己出征，继续发挥光和热，但这两个老家伙以年事已高无法承受长途鞍马劳顿为由，委婉拒绝了。

看来，这些老谋士已经指望不上了，曹操拿这些老油条们没办法，只好培养一批新谋士，重点培养对象是刘晔、蒋济、司马懿。

刘晔，字子扬，淮南成德（今安徽寿县东南）人，汉朝皇室之后，曹魏的三朝元老，魏国著名的战略家。刘晔年少知名，人称有佐世之才，在曹操手下屡献妙计，对天下形势的发展往往一语中的。

蒋济，字子通，楚国平阿（今安徽怀远）人。年轻时在江淮一带闻名遐迩，曾任楚国计吏，后转任扬州别驾。后又被曹操聘为丹杨太守，不久升任丞相府主簿，西曹属，成为曹操的心腹谋士。在曹操、曹丕、曹叡、曹芳四代为官，官至太尉，为魏国提出过不少有价值的建议。

在这批被重点培养的对象中，司马懿榜上有名。也许是他的低调和玩命工作最终打消了曹操的疑虑，也许是他的检举让曹操认识到了杨修的真面目，也许……

在这里我们无法做过多的猜测。对司马懿来说，他第一次以军事参谋的身份随同曹操出征汉中，这无疑是一个天大的好消息。从此他的人生篇章翻开了新的一页。

在汉中郡一带形成势力的是军阀张鲁，他是西汉留侯张良的十世孙、天师道（五斗米道）教祖张道陵的孙子，在祖父和父亲去世后继续在汉中一带传播五斗米道，并自称为“师君”。张鲁统治巴、汉近三十年，在当地有非常好的群众基础。

建安二十年（215年），为了守好中原遏制益州的南大门，曹操亲率十万大军西征汉中。面对来势汹汹的曹军，张鲁派弟张卫以数万人马据阳平关坚守。

汉中四围崇山峻岭，易守难攻，再加上曹军在大平原上厮杀惯了，一下子在山地行军作战，很不顺手。

曹军攻了几次后，没有什么实质性的进展，攻势越来越弱。眼见挫败了曹军的锐气，张鲁得意了，认为曹军也就这点儿伎俩，没什么可怕的。

当探子探得曹军开始撤军时，张鲁开始麻痹大意放松了警戒。没想到曹军在当夜来了个突然袭击，面对凭空冒出的数万曹军，张鲁被杀掉晕头转向，连北都找不到了。败局已定，回天无力的张鲁只好开始逃命。

就这样，曹操先是佯装败退，接着杀个回马枪，夜袭张鲁，顺利拿下了汉中。可以说，曹操此次军事行动的目标已经圆满完成。他下令犒赏三军，让手下兵将放开手脚喝酒吃肉，摆起了庆功宴，丝毫没有继续扩大战果的意图。

众人皆醉我独醒，这是司马懿的独特之处。就在大家都兴高采烈地欢呼胜利时，司马懿决定进谏。虽然此举必定让人扫兴，但他还是决定这样做。

当时的局势是这样的：刘备虽然攻占了益州，但根基不稳，益州不是铁板一块。而孙权和刘备的蜜月期已过，正闹得不可开交，刘备不得不亲自率领军队到荆州与孙权对峙。

这是拿下巴蜀的绝佳时机，十万大军就在巴蜀门外，只要一声令下，就可以再次让刘备成为流浪儿，居无定所。

奇怪的是曹操对此视而不见，不管曹操是出于何种心态按兵不动，做臣子的都应该提醒一下主子，于是，司马懿站了出来。

"丞相，有一个机会摆在我军面前。"

曹操睁着微醉的眼睛，打量着眼前的这个人。当他看到是司马懿在说话后，来了兴致。毕竟，七年了，司马懿从来没有什么突出的表现，现在却突然要说话了，一定不是那些不痛不痒的废话。

"什么机会？"

"刘备用欺诈的方式得到益州，但蜀地的人还不服他。如今汉中已得，蜀地的人们都受到震惊，而刘备又远在荆州，如果趁机进兵蜀川，一鼓作气，一定能出奇制胜。圣人不能违时，也不失时。"（刘备以诈力虏刘璋，蜀人未附而远争江陵，此机不可失也。今若曜威汉中，益州震动，进兵临之，势必瓦解。因此之势，易为功力。圣人不能违时，亦不失时矣。）

众将听到司马懿的论调后都很不高兴地看着他，真搞不懂这位平时不显山露水的人怎么现在就积极起来了。因为他们都已经做好了班师回朝的打算，如果要进攻蜀川，那回家的日子就遥遥无期了。

再看曹操，他对蜀川这块肥肉并不十分感兴趣，用一句话就把司马懿给打发了。

"人要学会知足，知足才能常乐，已经拿下了汉中，何必再搅和刘备的老窝呢。"（人苦无足，既得陇右，复欲得蜀！）

好家伙，你曹操的胃口什么时候变小了，难道做了胃切除手术？

慷慨激昂的司马懿被曹操堵住了嘴，只好退到一边，不再言语。

曹操看看左右，以为此事就这么画句号了。没想到，刘晔接着又站了出来。

刘晔觉得司马懿的建议极具前瞻性，而且胜算的几率也比较大，所以他选择了和司马懿站在统一战线上，继续进谏。

"打下汉中已经让蜀人吓破了胆，趁此机会取蜀易如反掌。如果错过这个时机，诸葛亮明于治而为相，关羽、张飞勇冠三军而为将，蜀民既定，据险守要，则不可犯。今不取蜀，日后必定是一祸患啊。"

虽然有司马懿和刘晔两位谋士进谏，但曹操最后还是拒绝采纳。因为曹操决定要做得利的渔翁，如果此时端掉刘备的老窝，又会逼得孙刘联军，赤壁之战的败局绝对不能再次上演了。所以，他要让刘备和孙权争个你死我活，等双方都消耗得差不多了，他再出兵逐一击垮他们。还有，蜀道之难，难于上青天，攻蜀不是一朝一夕的事，并不是像这二位说得这么轻巧。再说朝中拥汉反曹的势力屡屡制造事端，如果自己迟迟不归，万一发生事变，就得不偿失了。

当领导不能学某个坏榜样，老在外面跑来跑去，等回到家的时候却发现自己的位置已经鹊巢鸠占了。曹操对此理再明白不过了，所以他放弃了进攻蜀汉的好时机。

司马懿的第一次进谏，如同璀璨一时的烟花一样，虽然很耀眼但转眼间便灰飞烟灭，没有留下任何痕迹，好像没发生过一样。他也没有因此而受到曹操任何的嘉奖。

第一次随军出征就这样结束了，作为新人，他表现得中规中矩，没什么可圈可点的。但他的建议确实很高明，如果曹操采纳的话，三国的历史肯定要重写了。

曹丕的救星

曹操凯旋而归，又一次证明他是当之无愧的江湖大佬。那种被万民朝拜的荣耀是他今生最在意和最享受的。

建安二十一年（216年），曹操晋爵魏王，但王太子一位依旧没有着落。曹操之所以迟迟不定自己的接班人，一来，他认为只要一天不定自己的接班人，他的那些儿子们为了表现自己就得积极上进，这样有利于选一名能力最强的儿子来接班；二来，他觉得自己还不老，还没有到卸任的时候，只要自己还能蹦跶一天，这接班人的事就可以往后放一放。

这王太子一位就好比是挂在眼前的一块肥肉，馋得人直流口水，曹丕和曹植都恨不得一口吞到自己肚里去。

在这次出征前，曹操让曹植留守，这件事对曹丕的打击不小，他是长子的优越感被一扫而光，被危机包围的他决定反击，但该做的他都做了，还能做什么呢？

曹丕实在是没办法了，于是找自己的智囊团求助。便让刚刚从战场上回来的司马懿出谋划策。

“司马先生，救我。”

“公子怎么了？谁要对公子不利？”

“曹植。”

一听到这个名字，司马懿就猜出了八九分，看来这王太子之位把曹丕折磨得不轻。于是他静静地倾听曹丕诉说。

曹丕把一肚子的委屈倒得差不多后，问道：“我该怎么办？”

司马懿不仅是一位合格的倾听者，同时也是一位难得的谋划者。

“该做的公子都做了，能否得到王太子之位这要看魏王的意思了。”

“这不等于没说吗，来点儿实际的。”曹丕来回踱步，他急啊，他不愿意自己的命运掌握在别人手中，虽然这个人的力量很强大，虽然这个人是他的父亲。

“办法倒是也有。”

“快讲。”

此时此刻，司马懿无疑成为曹丕的救星，所以，曹丕满眼都是崇拜和期待的目光。

“找一位魏王最信任的大臣为公子美言几句，这事儿就八九不离十了。”

对，若想办好一件事，只凭自己的努力是不够的，还需要制造舆论，只有大家都说你好，你才会十全十美。

司马懿的话一语中的，让曹丕豁然开朗。纵观朝中上下，能在曹操心目中占有绝对地位的非贾诩莫属。

贾诩，被人称之为“毒士”，奇谋百出，算无遗策。曹操在官渡战袁绍，潼关破西凉马超、韩遂，贾诩的计谋起了很大的作用。曹操占荆州想乘机顺江东下，贾诩曾极力劝阻，但曹操不听，结果在赤壁之战中以失败收场。可见，贾诩的计谋策略非一般人能比。但他曾在张绣手下当过谋士，张绣曾用他的计策两次打败过曹操。

贾诩认为自己虽然擅长谋略，但不是曹操的旧臣，怕曹操猜嫌，于是采取自保策略，闭门自守，低调生活。虽然贾诩这几年除了上班露个面外，回家后就把大门一关，拒绝任何人访问，但他仍然被曹操视为智囊，在关键时刻还是会征求他的意见。

所以，曹丕决定带着厚礼去拜访一下这位朝中的隐士。

虽然贾诩躲避着任何人，不想多说一句话，但他还是不敢把前来拜访的曹丕堵在门外，毕竟曹丕是帝国最有希望的接班人，得罪了未来的王可不是闹着玩的。

客套几句后，曹丕便直奔主题，问道："我不能输，怎么办好？"

贾诩是聪明人，知道曹丕所问何事，也不拐弯抹角，说道："你修养品德，勤于学习，日夜孜孜不倦，不违背做儿子的道义便可。"（愿将军恢崇德度，躬素士之业，朝夕孜孜，不违子道。如此而已。）

这都火烧眉毛了，还要装作什么事情也没有发生，安心学习，提高修养，这是哪门子法子？

"先生可否说得明朗些？"

曹丕眼巴巴地等着贾诩说话，贾诩却再也不肯多说一个字。

无奈之下，心有不甘的曹丕只好回府。

眼见无比失落的曹丕两眼无神地坐在椅子上一言不发，司马懿赶紧上前问到底发生了什么事情。

曹丕把贾诩的话复述了一遍后，开始骂娘。

司马懿却眼前一亮，认为曹丕不虚此行。

"公子大可不必如此气愤。"

"为何？"

"公子此行有两点收获：一是，贾诩是站在公子这边的，公子胜出的几率大增；二是，贾诩提醒得对，越是在夺嫡之争的白热化时刻，越要有耐心，以德服人，赢在细节。"

曹丕细细想来，确实是这么回事，他很感谢贾诩的提醒，更佩服司马懿的及时点拨。

最后的较量

经过高人的点拨提醒后，曹丕从此安下心来做好自己的分内事，低调为人，用实际行动证明自己是最棒的。

不久，机会来了。

曹操又要披挂上阵外出征战，曹丕和曹植都前来送行。这是一个在父王面前表现的好时机，兄弟二人自然都不会放过。

面对威风凛凛的三军将士，曹植继续发挥着他的长项，在大军面前来了一个即兴演讲，称述功德，出口成章。即将出征的将士在他的鼓动下士气高涨，曹操很满意地点头并带头鼓掌。

曹植抢尽了风头，接下来该曹丕了。

怎样才能压过曹植呢？曹丕的大脑快速转动，如果自己也来一个演讲，铁定是比不了这位文采出众的弟弟的，只能另辟蹊径了。

一直以来，父亲曹操在曹丕的心目中就是天，威严而不容侵犯。但岁月无情，曾经不可一世的父亲已经不再年轻，昔日的威猛已经成为昨日美好的回忆。

当曹丕看到父亲微微佝偻的脊背、两鬓的白发和眼角的皱纹后便再也控制不住自己的感情，开始在曹操的马前痛哭起来。

曹操有些奇怪，刚才还好好的怎么就哭起来了呢？

“为何痛哭？”

“父王，您都有白头发了还得亲征，儿臣因不能为父王分忧而伤心。”曹丕带着哭腔跪拜道。

曹操下意识地摸了摸自己的头发，虽然他内心不承认自己老了，但这是一个无法回避的事实。曹丕能有这份孝心，着实让他很感动。眼前的这两个儿子都不错，都是好孩子。权衡一下，曹植虽然文采出众，但华而不实，而曹丕诚心实意，脚踏实地，更靠谱些。所以，在曹操内心天平已经开始向曹丕这一边倾斜了。

出征归来后，曹操决定摸一下底，看看在大臣们心中谁才是最合格的接班人。

贾诩虽然不想趟浑水，但有些事情是躲不过去的，这次曹操就偏偏点名要见他。

真是怕什么来什么，贾诩只好硬着头皮去见曹操。

在魏王府，曹操已经在堂上等候多时了。

让魏王等自己，贾诩受宠若惊。

二人坐定后，曹操盯着贾诩看了很久，不说话。

贾诩发现身旁连一个侍臣和婢女都没有，偌大的堂上只坐着他和曹操两个人，他预感到这次谈话一定是机密中的机密，但曹操为何不说话呢？他就这么等着，等着曹操开口。

安静，从来没有感觉到如此安静，在这一刻模糊了时间的概念，似乎连血液都停止了流动。最终，曹操打破了这种安静的氛围。

“听说曹丕找过你，是吗？”

贾诩开始冒冷汗了，这魏王的眼线真是无处不在，他真有些后悔见曹丕了，因为做臣子的历来忌讳掺和到太子之位的争夺战中，搞不好就成了陪葬品。如今既然被发现了，就只能承认了，如果撒谎更会让自己陷入进退两难的境地。

“对。”

“因何事找你？”

曹操步步紧逼，贾诩只有招架之功。

“他想赢。”

“你怎么说？”

“臣让他不违背做儿子的道义。”

既然贾诩没有对自己撒谎，曹操就放心了，开始进入今天谈话的正题。

“你觉得曹丕和曹植，谁更适合当太子？”

曹操耐心等待贾诩的回答，但贾诩却变得呆若木鸡，好像灵魂出窍一样，半天没有回音。

刚才还生龙活虎，怎么一下子就哑巴了呢？

其实，贾诩非常不愿意回答这个问题，因为这是个两难选择，不管选哪一个，都会得罪人，他打心眼儿里不想回答这个问题。

曹操见贾诩不搭理他的问话，有些不高兴了。

“我问你话呢，不要装哑巴。”

如果把曹操惹毛了，后果会更严重，贾诩连忙道歉：“真是不好意思，刚

才走神了，想别的事情了。”（属适有所思，故不即对耳。）

虽然曹操知道眼前的这个老狐狸在装，不过还是耐着性子问：“想什么呢？”（何思？）

贾诩满脸堆笑道：“想袁绍、刘表父子的事情。”（思袁本初、刘景升父子也。）

袁绍和刘表都因为宠爱少子导致国破家亡，这是血淋淋的教训，曹操对此再清楚不过了。他虽然偏爱曹植，但不能拿帝国的前途开玩笑啊。

贾诩虽然没有明确支持曹丕，但很明显，他已经站在了曹丕这边，曹丕那次拜访终究起了作用。

至此，曹操基本确定了曹丕做自己的接班人。

曹植已经面临被踢出局的危险，如果他能安分检点一些，还有一丝希望扳回败局，但偏偏就是他自己亲手把这最后的一线希望之光也掐灭了。

在夺嫡期间，曹丕紧锣密鼓地准备，生怕落在文采出众的弟弟曹植后面，而曹植却恰恰相反，他像一匹脱缰了的野马，仗着曹操对他的宠爱任性而为，每天都要喝小酒、看歌舞、谈诗赋，并且乐此不疲。最要命的是他饮酒不节制，经常喝到大醉。

酒后乱性，这话不假。曹植就是在一次喝醉酒的情况下闯了大祸。

这天，已经喝得烂醉的曹植驱车经过司马门时，被门卫拦了下来。曹植来气了，竟然敢拦本公子的车，便下令强行驾车出司马门，出来的时候还在嘲笑哥哥曹彰黄胡须。因为除了曹彰，曹操父子都是黑胡须。

这司马门，是指天子之门或诸侯王宫门，一般只有天子或诸侯王本人才能通过，就算是太子也没有资格通过。

这下，曹植闯大祸了。

曹操得知这件事后，大怒。

曹植无视礼法，嘲笑兄长。自己还没死呢，他就如此大胆放肆，太不像话了。

他下令处死了掌管宫室车马的公车令，暂且平息了这件事引起的风波。

曹植太让人失望了，而曹丕懂事又识大体，于是曹操不再犹豫。

建安二十二年（217 年），正式册立曹丕为魏王太子。

一场旷日持久的夺嫡之战就此画上了句号。

曹植败了，败得很彻底。大多数人都认为曹植败在自己能力有限和缺少强有力的支持团队。其实，从曹植的聪明才干来看，他不至于在夺嫡的关键时期，还任性而为、饮酒不节制，甚至闯司马门。他之所以这样做的唯一合理解释就是他在求败，甘愿把魏王太子之位让给曹丕。

因为朝中大臣普遍有“立子以长不以贤”的思想，都投曹丕的赞成票。自己虽然有父王的宠爱，极有可能获得魏王太子之位，但必定会埋下祸患，等父王去世后，宫廷内就很难避免不发生流血冲突。

所以，曹植选择了放弃政治，搞学问当学者，只不过他所选择弃权的方式太过于伤人，尤其是曹操，他怎么也搞不懂，自己一直看好的儿子怎么一下子就变得如此不思进取。

【第五章】
长江后浪推前浪，卑鄙圣人的落幕之路

一家欢喜一家愁

一人得道，鸡犬升天，自古都是如此。主子高升了，手下的人也会跟着沾光。

曹丕被册立为魏王太子后，司马懿、司马孚被封为太子中庶子。太子中庶子，是与太子可以朝夕相处的最重要属官，是太子身边的头号谋士。这样一来，司马懿就奠定了自己未来在曹丕即位后的稳固地位。

多年的奋斗终于换来了应得的回报，司马懿欣慰地笑了，但这种快乐的心情没有保持多久，一个突然传来的噩耗几乎把司马懿的心都击碎了。

大哥司马朗感染瘟疫，病死在前线。

事情的经过是这样的：

司马朗由丞相主簿升任兖州刺史后，实施了许多惠民政策，老百姓对此好评如潮。另外，司马朗穿着简朴，吃的也是粗糙的食物，以身作则带动节俭的风气，在百姓心目中有很高的地位，是一个百分之百的好官。

建安二十二年（217 年），司马朗跟随夏侯惇、臧霸等人征伐东吴。到达居巢时，军中爆发瘟疫，不少将士都被流行病击倒了，军队的战斗力受到了不小的影响。司马朗看在眼里急在心头，亲自巡视士兵的病情，还给病倒的士兵们问医送药。连日的操劳让他本来就虚弱的身体变得更加虚弱，免疫力急剧下降，结果感染了疾病，最终不治身亡。

一直以来，司马朗不仅是司马懿的兄长，更是他的榜样，他的方向标。如今哥哥的突然去世让司马懿如遭雷击，半天缓不过劲来。

以前有大哥挡着，家里的大小事都不用操心，如今大哥一走，家里的事都需要他来拿主意，此刻司马懿才真正理解了做老大的不易。

不过，大哥你就放心地走吧，家里还有我司马懿呢。这复兴司马家的重担就由我来挑吧。就此，司马懿不仅成了曹丕的头号谋士，而且也成了家里的顶梁柱。

司马懿经历了升官的喜悦和痛失亲人的痛苦，这悲欢离合的人生真是折磨人。再看曹丕，他在夺嫡之战中笑到了最后，坐上了太子的宝座，一番心血计谋总算没有白费，心情自然是高兴无比，甚至到了情不自禁的地步。

终于赢了，曹丕很想找个人分享一下自己的胜利果实，都不知道该向谁诉说了。便搂着身边一个叫辛毗的人的脖子说："辛君你知道我高兴吗？这真是太爽了。"

面对有些失态的曹丕，辛毗只能送上恭喜的话语。

到家后，辛毗把这件事告诉了自己的女儿宪英，宪英听完后，叹息道："太子是要继承君王、宗庙和国家的人。治理天下不是件容易的事，接替君王不能不忧愁，主持国政不能不忧惧，怎么能如此高兴呢？看来魏国恐怕不会兴盛了。"

有人常说，头发长见识短，认为女人在政治上不会有什么建树，缺乏敏感度。其实还有句话是巾帼不让须眉，任何时候都不能小看女人，女人不仅能搞政治，还能做女皇，比如唐朝的女皇武则天就是一个很好的例证。

宪英的见解点到了要害，曹丕的确不应该如此忘乎所以地兴奋，因为当了太子，只能意味着他肩上的担子更重了，应该肩负起更大的责任才对。

就在曹丕自个儿偷着乐时，他老爹曹操的日子不好过了，内忧外患即将迎面袭来。

鸡蛋碰石头，玩的就是心跳

有句话是这样说的：若无汉中，则无蜀矣。占据益州的刘备整日担心曹操的大军兵临城下，为了维护自己既得的地盘，也为了将来更好地发动北伐曹操的战争，攻占汉中成了他的头等大事。

建安二十二年（217年），刘备发兵进攻汉中，大将张飞、吴兰、雷铜等攻入了武都郡（今甘肃成县西）。曹操急眼了，如果丢失了汉中，那么刘备军就可以随心所欲地出蜀北上，自己就没有安稳觉睡了。于是，曹操派曹洪率军迎击。

曹洪，是曹操从弟，还是他的救命恩人。想当年，曹操追袭董卓于荥阳被徐荣所败，丢掉了战马，幸亏曹洪舍命献马才把曹操从困境中解救了出来。后来多次随军征伐，平兖州、征刘表、讨祝臂。官渡之战时曹操令其驻守本阵。毫无疑问，曹洪是曹军中的一员猛将。

建安二十三年（218年）三月，曹洪不负众望，击破张飞等军，还阵斩了吴兰。汉中没有攻下来，还损失了一员大将，刘备急了，便亲率大军到阳平关（今陕西沔县西北）。曹操部将夏侯渊、张郃、徐晃等率军与刘备军对峙。

双方都摆开了阵势，这注定是一场你死我活的艰苦争战。

由于汉中形势变得异常紧张，同年九月，曹操亲自赶到长安（今陕西西安西北）坐镇，密切关注汉中局势的发展，随时应对突变事件的发生。

就在汉中争夺战上演的同时，在曹操的老窝许都（今河南许昌县古城村）爆发了一场叛乱，虽然规模不大，但政治影响却不小，天下为之骚动。

这场叛乱的发起者是一位叫吉本的医生，他是许都的太医令。虽然吉本的职责是救死扶伤、治病救人，但他却觉得自己身为汉臣，就要为君主分忧解难。他无法容忍曹操的以下犯上，便把消灭乱臣贼子曹操作为己任，准备与曹操死磕到底。

汉中告急，几乎吸引了曹操全部的注意力，此时曹操身在邺城，留守许都的是丞相长史王必。

吉本觉得这是一个千载难逢的机会，只要在许都点一把火，支援刘备，这星星之火便可成燎原之势，一举击垮曹操的集团势力。

我们不得不承认，任何人都会有头脑发热的时候，此时吉本的头脑就严重发热。因为要与曹操为敌，就要有拿得出手的资本，如果没有足够强的力量，这无疑是拿鸡蛋碰石头。

曹操在此经营几十年，势力和影响不容小觑，而吉本只有一腔热血，这从一开始就是一场不公平的对抗，但极度狂热和躁动的吉本却顾不了这么多，大胆地举起了反曹的大旗。

为了增加胜算的几率，吉本联系了忠心汉室的金祎、司直韦晃、少府耿纪等人，开始了推翻曹操的行动。

因为曹操不在许都，所以只要拿下王必，就可以挟天子以攻魏，支援刘备。王必从曹操早年起兵时便开始追随曹操，官至丞相长史。因为他办事沉稳可靠，所以曹操才留下他来看家。

建安二十三年（218 年）正月，许都的百姓还沉浸在过年的喜庆中，深夜的一把大火和喊叫厮杀声让这喜庆的氛围一下子荡然无存了。等人们从睡梦中醒来后才知道，熊熊燃起的大火来自王必的府第，这自然是吉本等人放的。吉本等人正带领杂人及家僮千余人攻击留守官兵。

许都是大后方，竟然也会有人放火叛乱，这种事情还是不沾惹的好，于是人人都紧闭房门，任凭外面喊杀声震天也不加理会。

再看王必，他想不到战火竟然会烧到自己的家门口，不知攻打者是谁，被打了个晕头转向，在混乱中肩头还被射了一箭。无奈之下只好带领少数部下逃离了许都。

可以说，吉本等叛军打了王必一个措手不及，开局不错，但叛军主力是临时拼凑起来的杂牌军，没有什么经验。虽然许都近乎是一座空城，但他们闹腾了一夜也没整出个所以然来。结果，第二天清晨，王必联络在许都附近屯田的军队，杀了个回马枪，平定了吉本的叛乱。

这本来是一场虚惊，但不幸的是没过几天王必因为伤重而死。消息传到邺城后，曹操大怒。

前线吃紧，后院着火，还损失了一员爱将，这是他所不能容忍的。而耿纪和韦晃这些官员都是曹操的亲信，居然也都参与了叛乱，这深深地刺痛了曹操的心。结果，耿纪、吉本、韦晃等人皆夷三族。

曹植作为内务安全最高负责人，对此责无旁贷。本来，曹植在夺嫡之战中已经惨败，这次吉本又在他眼皮子底下发动叛乱，让他彻底败下阵来，若想再次入曹操的法眼，几乎是不可能了。

除了曹植，倒霉的还有汉百官。这些官老爷们被召到邺城，接受曹操的审查。曹操让救火者站在左边，不救火者站在右边。众人以为救火者一定会被无罪释放，便都站在了左边。这难不倒曹操，他几乎杀掉了所有的官员，理由是：不救火者是看客，救火是贼臣，都该死。（王以为不救火者非助乱，救火者实贼也，皆杀之。）

经过一番血腥清洗后，遭灭门之祸的世家贵族不计其数。昨日还是人上人，今日便成了刀下鬼，这官场真不是好混的。

急领导之所急，解领导之所忧

曹操虽然大开杀戒，但这无法弥补这次巨大打击给他带来的阵痛，他头上的白发明显多了起来。最让他痛心的是自己看好的儿子曹植，竟然连一个许都的安全都无法保证，还怎么治理天下，也许自己真的错了，太过于偏爱这个才华出众的儿子了。

曹操没有太多的时间来感伤，因为西面汉中的形势不容乐观，南面荆州关羽的军势日益强大，对许都构成了一定的威胁。坐镇南方的曹仁能否抵挡得住关羽的进攻还是个未知数。

如今，灭了后院的火后，曹操必须用全部精力来应对刘备军的攻势。

再看司马懿，他躲过了这场浩劫，而且在今年刚刚荣升为军司马（为大将军属官，相当于军队的高级参谋）。曹操做丞相时，把军政大权牢牢地控制在自己手中，设有军政两大助手，主政的是长史，主军的是军司马。可见司马懿混得还不错，受到了曹操的重用。

既然被领导看重，就得时不时地出些好点子，这样既能证明自己的价值，又不会在领导面前贬值。司马懿在这一点上做得非常到位。

为了恢复北方经济，解决军粮问题，曹操曾经推行民屯。民屯是古代屯田的一种组织形式，由政府招募无地农民集体耕种官田或垦荒，按规定纳粮。

但是东汉末年的战乱，使农业生产处于混乱的状态，经济凋敝，整顿农业成为了关键性的问题。三国分立局面形成后，曹魏在与吴、蜀交界地区屯驻重兵，粮食需求量猛增，出现了严重的缺口，单单靠民屯已经难以解决日益突出的缺粮问题。

俗话说，兵马未动粮草先行。无论如何也不能让士兵饿着肚子去打仗。但从哪里弄粮食呢？这个问题一度让曹操愁得吃不下饭睡不着觉。

急领导之所急，解领导之所忧，是臣子的职责所在，也是博取领导欢心的不二法门。

司马懿瞅准时机提出了自己的建议。

"昔箕子陈谋，以食为首。今天下不耕者盖二十余万，非经国远筹也。虽戎甲未卷，自宜且耕且守。"

简单说，司马懿提议的精髓是"军屯"，即军队且耕且守，以农养战。

曹操觉得此法可行，便采纳了司马懿的提议，结果魏国一时"务农积谷，国用丰赡"，解决了缺粮的大问题。

司马懿不仅提议军屯，还亲自到田间和牧场督促农牧业生产，夜以继日，不辞辛劳，为自己树立一个踏实干将的形象。

除了在经济上提出好点子外，眼光毒辣的司马懿在人事任命上也有先见之明。比如，他对荆州刺史胡修和南乡太守傅方就有看法，他觉得胡修粗暴蛮横，傅方又骄奢无比。这样的人不堪重用，不能让他们居边，否则形势突变后，后果不堪设想。

不过，曹操却不这么认为，人无完人，他仍然觉得这二人可以担当重任，便没有采纳司马懿的建议。

司马懿有些失落，不过他不后悔，因为他尽到了做臣子的责任。到底谁对谁错，只好让事实说话了。曹操必将为他的"自信"付出代价。

雪上加霜，打你个措手不及

司马懿的军屯提议解决了困扰曹操多日的问题，曹军再也不用担心饿着肚子打仗了。司马懿的才干和忠心让曹操感到一丝欣慰，在自己年老之际，能有这么一员得力干将，这是莫大的福气啊。

曹操想喘口气，但树欲静而风不止，忧愁总是一个接着一个，没完没了。刘备正在大举进攻，烽烟再起，又把曹操逼到了硝烟弥漫的战场。

司马懿作为高级军事参谋也随军西征。

曹操大军刚刚抵达长安不久，就传来了一个不好的消息：有人叛变了。

建安二十三年（218 年）十月，宛城（今河南南阳）守将侯音因百姓苦于徭役，率部众数千人反叛曹魏政权，乱箭射死郡功曹应余，擒拿郡太守东里衮，占据宛城，归附关羽。

曹操对叛变者向来都不手软，他要杀一儆百，便命樊城（今属湖北）守将曹仁进讨侯音的叛军。次年正月，曹仁便攻下宛城，斩杀侯音，把起事兵民全部斩杀了。

虽然平息了叛乱，但曹操却高兴不起来，因为他的同乡夏侯渊在建安二十四年（219 年）正月在定军山（今陕西沔县东南）被刘备大将黄忠斩杀，刘备军大捷。

夏侯渊一生随曹操东征西讨，屡立战功，所以，曹操让他担当镇守汉中的重任，希望能阻挡刘备军的强大攻势。结果却损失了一员爱将。曹操的内心非常痛苦，他要为死去的兄弟报仇，更要争回丢失的面子。

建安二十四年（219 年）三月，曹操率大军进入汉中，摆开架势，准备让刘备军见识一下曹军的厉害。但几仗下来，曹军没有占到任何便宜，反倒是损兵折将。

曹操大军被困在斜谷界口，欲要进兵，被马超拒守，欲收兵回朝，又恐被蜀兵耻笑，进退两难的曹操犹豫不决，正碰上厨师进鸡汤。曹操见碗中有鸡肋，因而有感于怀。此时，夏侯惇入帐，禀请夜间口令。曹操随口答道：“鸡肋！鸡肋！”

当行军主簿杨修得知这个口令后，便教随行军士收拾行装，准备归程。

军士们不知何因，便前来询问。

杨修说：“鸡肋，吃起来没有肉，丢了又可惜。魏王现在不能进，在这里没有益处，不久便要退兵回国。”

军寨中的诸位将领觉得杨修说得有理，便都做起了班师回朝的准备。

当曹操得知这个情况后，大怒，以“造谣生事，动乱军心”为由，令刀斧手将杨修推出去斩了，并将他的头颅挂于辕门之外。

其实，曹操早就看杨修不顺眼了，因为杨修不仅犯了古代皇室权力之争中的大忌，参与了夺嫡之争。而且还多次摸透自己的心思，恃才放旷，置军纪于不顾。这样的人是危险的，只有除掉他才能确保自己打下的江山千秋稳固。

虽然除掉了眼中钉，但已经六十五岁的曹操没有什么快感，反倒有些茫然，难道汉中真的是鸡肋一块吗？他的意志开始动摇了。在司马懿看来，曹操已经老了，用兵如神不过是昨日美好的回忆罢了，他断定曹操要打退堂鼓了。

果然，到了五月曹操就匆忙离开汉中，将军队撤到长安一线。

你既然走了，那我就不客气了。

刘备夺取汉中后，又命令义子刘封和将军孟达把上庸也拿了下来。

七月，刘备自称汉中王，上表奏告献帝，归还左将军和宜城亭侯印绶，又在沔阳（今陕西勉县东）设立坛场，集合群臣将士，拜受玺绶、王冠，即王位，封刘禅为太子，又大封群臣，手下主要将领都有官做。

汉中丢了，西线战事以失败收场。那么南线呢？荆州方面会有好消息吗？

刘备夺得汉中后，在声威和气势上占据优势，而且荆州北部曹操占领区不久前还发生过骚乱，虽然侯音的叛乱被平定了，但人心尚未完全稳定下来。对刘备来说，形势可谓是一片大好，这是北伐的绝佳时机。

建安二十四年（公元 219 年）七月，刘备下令驻守荆州的关羽北伐。

此时，荆州的襄阳、樊城等重镇仍然控制在曹操手中。曹操任命曹仁为征南将军驻守樊城，吕常驻防襄阳，又令平寇将军徐晃屯驻宛城（今河南南阳）。他们互相协助，承担着守卫边境的战略任务。

襄阳与樊城历来是兵家必争之地，也是曹军抵御关羽大军北上的战略要地，所以，关羽大军北伐的第一步就是攻克襄阳和樊城。

关羽安顿好后方后，便率驻扎在江陵的军队，浩浩荡荡地向襄阳、樊城进发，很快便将襄阳、樊城分别包围起来。

当时关羽主攻的是樊城，虽然他是一位善于决斗的勇士，不太擅长攻城，但这同样让樊城守将曹仁感到压力不小。面对关羽军队的进攻，曹仁一方面坚守不出战，一方面向曹操告急求援。

刚做了汉中王，又来打我襄樊的注意，这刘备小儿胃口不小啊。

丢失汉中，已经让曹操郁闷无比，这次绝对不能再输了，否则不仅丢了面子，自己辛辛苦苦打下的曹魏地盘也将受到威胁。

所以，曹操一面令曹仁坚守，一面派遣左将军于禁、立义将军庞德前去樊城援助曹仁，抵御关羽军队的进攻。为了解围，曹操集结与训练七路军马，组建樊城救援兵团，并让于禁督率，前去增援坚守樊城的曹仁。

庞德出征前令人造一木棺，对亲友讲："今去樊城与关某决战，我若不能杀彼，必为彼所杀；即不为彼所杀，我亦当自杀。"下定了死战的决心。

曹操的救援大军汹涌而来，结果却被关羽的阻击部队阻挡于远离樊城的北部，樊城之围仍然未能解除。就这样，两军僵持在樊城，展开了持久战。

这种平衡被主帅于禁的一纸命令打破了。

本来，关羽与庞德在阵前交锋数日虽然没有决出胜负，但庞德箭伤了关羽的臂膀，战争的天平似乎出现了倾斜。但主帅于禁心怕庞德立下大功，暗中掣肘，移军于山口，令庞德屯兵于罾口川。

时值八月秋天，秋雨连绵不绝，关羽下令堵住各处水口，准备水淹七军。连日大雨不止，江水泛滥，平地水深丈余，关羽下令放水，樊城、罾口川之兵都成了鱼鳖，结果，于禁投降，庞德被擒杀。而前面提到的司马懿建议撤换的守将荆州刺史胡修和南乡太守傅方也投降了关羽。坚守的曹仁再一次陷入了危机之中。曹操很后悔没听司马懿的话，但说什么也晚了。

本来这已经够曹操喝一壶的了，没想到梁、郏、陆浑一带的寇贼杀死县令，打出了反曹的大旗，响应关羽，这真是雪上加霜，让曹操忧心不已。

用离间之计，为自己解围

曹操被前线战事失利的阴霾笼罩着，没有一点儿精神，更让他痛心的是跟随自己多年的名将于禁的背叛，而自己一向不太看重的庞德竟然战斗到最后一刻，流尽了最后一滴血，守节而死。

自己一向自诩看人比较准，怎么手下的亲信大将会背叛自己呢？难道自己真的老了？判断力也受到了影响？

曹操找不到答案，也懒得找答案了。眼下最要紧的是派谁去南下救援曹仁。曹操对手下的大将已经没有了足够的信任，他把目光聚焦在自己最亲近的人身上。

都说，打仗亲兄弟，上阵父子兵。曹操又想起了被自己冷落的儿子——曹植，在危难之际还是自己的儿子信得过啊，也许曹植就是完成这个重任的最佳人选。于是，他任命曹植为南中郎将，行征虏将军，率军南下救援被围困的曹仁一军。

大敌当前，曹操的这个任命没什么可挑剔的。但有两个人却异常紧张，一个是司马懿，一个是身在邺城的太子曹丕。

授予近乎被废的曹植兵权，这意味着什么？难道曹操对这个儿子还抱有幻想，难道太子之位还会有所反复？如果曹植在这次军事行动中立有军功，那么这些担心很可能会变成现实。

对曹植的任命已经发出，接下来就要看曹植的表现了。司马懿密切注意着这一切，并暗中祈祷曹植不要雄起。

曹植落选太子后，虽然每天喝酒玩乐，经常喝得酩酊大醉，但他内心却清楚得很，哥哥曹丕是未来的接班人，自己若是接了这个差事，只会激化与兄长的矛盾，所以，他喝了个烂醉如泥，醉到连将令都无法接手，用这种方式回复了父王的厚爱。

曹植的表现让司马懿和曹丕都松了一口气，看来他们的担心是多余的。曹植已经变成了是扶不起的阿斗。

当曹操得知在出兵前夕曹植还在饮酒作乐时，异常失望，从此，他彻底放弃了这个曾经让他引以为傲的儿子。

既然儿子靠不住，那么只好找别人了。曹操改派徐晃领军救援曹仁，希望徐晃能抵挡得住关羽的攻势。

战事的失利，儿子的不争气，深深刺痛了曹操的心，满头白发的他已经没有了当你的意气风发，此刻，他除了等待，还是等待。

当然曹操也不会坐以待毙，既然许都已经在关羽的攻击范围之内，不再是安全之地。咱虽然惹不起，但躲得起。那么就迁都吧。

当司马懿得知曹操有迁都的意向后，非常着急，在他看来此刻迁都是万万不可为的。他本想立即面见曹操，言明自己的主张，但想到上一次在汉中，劝曹操一鼓作气拿下益州的建议没有被采纳后，便决定找一个帮手。

人多力量大，这是有一定道理的。多一张嘴进谏，总比自己势单力孤要强，也许就能让曹操回心转意。

在所有的谋士中，蒋济的影响力还是蛮大的，如果能让他和自己形成共识，那么这事就好办了。于是，司马懿在深夜拜访了蒋济。

两人寒暄一阵后，进入了正题。

“魏王要迁都，你知道吗？”

“略有耳闻。”

“你怎么看待这件事？”

蒋济明白司马懿是在摸自己的底，虽然自己也不赞成迁都，但若是被司马懿抓住自己反对迁都的小辫子，在曹操面前告一状的话，那自己可有的受了。于是又把球踢了回去。

“仲达，难道你有不同的看法吗？”

司马懿已经顾不了那么多了，便直截了当地说：“迁都之事不可为。”

蒋济一直以为司马懿是自己的顶级对手，没想到还有共识。既然司马懿已经亮出了底牌，他便没什么好顾虑的了，于是紧紧握住司马懿的手，决定与司马懿共进退。

在曹操面前，司马懿毫不示弱，勇敢地担当起排头兵的角色。

“大王，不能迁都啊。”

公然反对曹操的决议，这句话的分量不轻，众官员像炸开了锅一样，议论纷纷，大多数人都认为司马懿疯了，在说疯话。

再看曹操，脸色非常难看。如果再早几年，他会马上让反对自己的司马懿闭嘴，但现在自己老了，对一些事情没有了以前的那份自信，便示意司马懿继续说下去。

司马懿擦了擦头上冒出的冷汗，嘴角露出了一丝笑容，因为他知道，只要博得了继续说下去的机会，这次他就赢定了。

“关羽虽然声势浩大，又水淹七军，但没有损坏国家的根本大计，不足为虑。如果迁都的话，不仅是向敌人示弱，而且也会让百姓心中不安。”（禁等为水所没，非战守之所失，于国家大计未有所损，而便迁都，既示敌以弱，又淮沔之人大不安矣。）

你说得轻巧，那可是我曹军的精锐啊。关羽的攻势正猛，难道再送几万曹军将士做关羽的刀下之鬼，你就高兴满意了？你到底是那头的人啊？

想到这里，曹操轻哼一声，问：“如果不迁都，如何阻挡关羽大军的攻势？”

“孙权和刘备外亲内疏，关羽得志的话，孙权自然不会高兴。”（孙权、刘备，外亲内疏，羽之得意，权所不愿也。）

曹操虽然年纪大了，但他的头脑还是清醒的，听到这里，已经明白八九分了。孙权和刘备的蜜月期已过，如今也是矛盾重重。用离间之计，借力使力，为自己解围，这确实是一条妙计。

此时，谋士蒋济见火候差不多了，准备再加一把柴，便出列高声说：“可以派人劝孙权跟在关羽之后，断其后路，许割江南以封孙权，则樊城围自解。”（可喻权所，令掎其后，则樊围自解。）

曹操挟天子以令诸侯，汉献帝虽然没有实权，但是天下公认的合法帝王。所以，曹操有能力许诺孙权，把江南给他。再说，江南本来就由孙权占据着，暂时给他一个合法的名分，自己也不会掉一根毫毛，将来再拿回来便是了。如果能借孙权之手除掉关羽，不仅解樊城之围，而且还能让孙刘撕破脸，那我曹操的压力就小多了。

于是，曹操一扫脸上的萎靡之色，马上派遣使者前往江东游说。

因为有了应对之策，迁都的事就不提了。司马懿这一次的表现十分精彩，他的建议和应对之策再一次赢得了曹操的赞许。

关羽之后再无关羽

一张阴谋的大网已经悄悄展开，正向关羽袭来。

此时，关羽已经擒于禁、斩庞德、威震华夏，中原震动。诛颜良、除文丑，过五关、斩六将、义释华容、单刀赴会、水淹七军的光辉战绩，几乎让他成为神一样的人物。只要在战场上看到他的青龙偃月刀和胯下的赤兔马，对手就会不寒而栗，跪地求饶。

前段时间还传言曹操要迁都，怎么一点动静也没有呢？许都明明已经在自己的攻击范围之内了，难道曹操真的不怕自己手中的青龙偃月刀吗？

关羽对这一点百思不得其解。不过眼下他还顾不上许都，攻下曹仁镇守的樊城才是当务之急，只要拿下了樊城，那么中原的门户就向自己敞开了，到时候生擒曹操也不是不可能的事。

但这曹仁守城的功夫着实了得，任凭自己三番五次地进攻，就是撼不动樊城，徐晃的救兵赶到后，让战局变得更加胶着。而且曹操还不断调兵遣将，甚至抽调镇守居巢（今安徽巢湖）的征东将军张辽支援襄樊前线。

虽然曹操不断增兵，但关羽不以为然，毕竟自己刚刚取得胜利，士气正旺，于是，他决定趁热打铁，抽调江陵和公安的后方军队围攻襄阳、樊城。

就在关羽为攻下樊城做积极努力时，突然传来荆州失守的消息，这无疑是一个晴天霹雳。原来荆州重镇江陵守将糜芳（刘备小舅子）、公安守将士仁因与关羽有嫌隙不战而降，吕蒙不费吹灰之力就攻陷了荆州各郡。

前路进攻无望，后路又被堵截，武圣关羽陷入了前所未有的困境之中。

孙刘本是联军，孙权为何突然反目与刘备为敌呢？其实正如司马懿所料，孙权和刘备外亲内疏，矛盾由来已久。

当初，孙权听从鲁肃的劝说，暂借荆州给刘备，只不过是从联刘抗曹大局出发的权宜之策。有借有还再借不难，没想到，这刘备借荆州后没有还的意思。孙权为此很是恼火。

还有，当孙权准备西取益州，派出使者征求刘备的意见时，刘备认为不可，坚决表示反对。孙权便退了一步，打算跟刘备一起攻取益州，以便叫刘备让出荆州，没想到刘备已决定单独攻取益州，并实现自己跨有荆、益以图天下的既定方针。就这样，孙权被结结实实地玩了一把。

敢玩我，那好吧，开打吧。

就在双方剑拔弩张时，从蜀地传来了曹操将要攻取汉中的消息。曹操若占领汉中，益州安全势必受到严重威胁。刘备恐怕失去益州，只好妥协让步。于是双方以湘水为界，分割了荆州；长沙、江夏、桂阳以东归属孙权，南郡、零陵、武陵以西归属刘备。

孙权一直把荆州视为自己的囊中物，而刘备又不想放弃已经到嘴里的这块肥肉，所以这个折中的办法没有从根本上解决问题。

当曹操派遣的使者到东吴后，东吴很快将联蜀抗曹的方针改变为联魏谋取荆州，结果就出现了上面的一幕。

虽然关羽的水军仍然控制着汉水，但关羽军队的家属多在江陵（南郡治所），得知江陵失陷于孙权，士卒渐渐溃散。无奈之下，关羽只得率军撤退，一路败退到麦城。

虽然地盘没了，军队也丢了，但活着最重要，只要我关羽活着回去，就可以从头再来。于是，关羽率数十骑出逃，一路突围到距益州不过一二十里的临沮（今湖北襄樊市南漳县），眼看就要到家了，关羽看到了一线希望的曙光。

没想到被孙权识破了突围路线，遇到潘璋部将马忠的埋伏，结果被生擒，斩首。

时间被定格在建安二十四年（219 年）冬十二月。

壮志未酬身先死，一代名将就此结束了自己传奇的一生，总让人感到无限的遗憾。不过，世间没有十全十美之事，留些遗憾也许更能彰显一种残缺美。

东吴猛将吕蒙是干掉关羽出力最多的人，本该受到重赏，但还没来得及接受重赏就离奇死亡了，年仅四十二岁。有人说吕蒙是被关羽追魂而死，当然这不过是后人的附会罢了。

关羽死后，身首两处。头被孙权装进木匣之内送给了当时还在洛阳的曹操，出于对关羽的敬意，曹操以诸侯之礼将其安葬在洛阳。而关羽之身据说

在当阳附近就地安葬。所以，后世有关羽“头枕洛阳，身卧当阳，魂在山西”的说法。

辉煌一生，却没落个全尸，虽然有些可悲，但关羽之后再无关羽，一个人身死之后能被万世敬仰，这已经足矣。

走下圣坛的卑鄙圣人

一直以来，曹操都非常仰慕关羽的武略和为人。

大约在二十年前，曹操打垮刘备并生擒了关羽。一向爱才的曹操没有为难关羽，而是拜他为偏将军，礼遇有加。关羽虽然斩杀河北名将颜良以报曹操的厚待，但对刘备依旧念念不忘，当得知刘备的消息后，便毫不犹豫地封金拜书而去。虽然部将建议曹操除掉关羽，不要放虎归山，但曹操却敞开大门，目送关羽绝尘而去。

如今，二十年过去了，这两个男人已经阴阳两隔，是关羽走得太早，还是我曹操活得太久了呢?

不仅自己仰慕的关羽死了，跟随自己东征西战的兄弟们也一个一个地离自己而去。仅这一年的征战就死去了自己倚重的夏侯渊、庞德等人。

曹操一生忙着抢地盘、树威信，到头来得到什么了呢?他似乎已经厌倦了这种东征西战的生活，想找一方净土让自己彻底放松一下。

此时，天下三分之势已成，刘备攻占汉中，孙权瞅着淮南蠢蠢欲动，曹操的地盘却四处冒烟。刘备的做大、孙权的坚忍是曹操今生挥之不去的阴影。

人总会老的，但曹操不服老。老骥伏枥、志在千里，烈士暮年、壮心不已，这些话只有他才能说出口。虽然有些失意，但他还是一个英雄，不管何时何地。

曹操最终选择了洛阳作为自己人生的终点，三十年前，董卓的一把大火把天下第一大城变成了天下第一大废墟。当时的洛阳寂寞荒凉，满目疮痍。曹操占据的地盘有的是比洛阳好的地方，如，南面的许都，北面的邺都，曹操为何单单要到一个废墟上折腾呢?

其实，曹操与洛阳，有一生的缘分。他自幼生长在洛阳，这里也是他仕途的起点，落叶归根，所以，暮年的曹操选择了洛阳。另外曹操已经预见到在三足鼎立的格局中，洛阳有着非比寻常的意义，所以他选择了洛阳，并要为一个新的洛阳奠基。

到洛阳后，曹操下令重建北部尉廨、兴修建始殿，拉开了洛阳大规模“房地产开发”的帷幕。具有大智慧的他希望用自己最后的一点精力为子孙后代做一些事情。

建安二十五年（220 年）正月，在洛阳的曹操突然发病。西征汉中，没能达到预期的目的，紧接着襄樊告急，紧急回救，连续作战，鞍马劳顿，让这位老人心力交瘁，最终不堪重负，被击倒了。

曹操本来就患有严重的头风病，长年累月的征战让他的身体严重透支，这次出征又加剧了原有的病情，几乎难以下床走动了。

就在曹操病重时，有一名官吏询问是否把荆州的百姓和在汉川屯田的军民迁往内地，因为这一带离边疆太近，如果发生战事，势必会遭殃。

曹操从不能让百姓遭受战火蹂躏的角度考虑，下达了内迁的指令。

此时，有人站出来提出了异议。

曹操微睁双眼，看到与自己唱对台戏的人是司马懿。

又是这个人，几乎完美无缺，让人抓不到任何小辫子的人。这样的人让人害怕，因为你不知道他到底需要什么。这样的人也让人琢磨不透，没准哪一天就会给你狠狠地捅上一刀。自己虽然重用司马懿，但对他并不完全放心，只是不知自己百年之后，继任者曹丕能否驾驭得了这个人。

曹操在揣度着司马懿，司马懿也在思量着曹操。

在司马懿眼中，曹操曾是天底下最有智谋、最有权势的人，如今，他变成了一位孤独无助的病老头，头顶的光环正渐渐变得暗淡，属于他的时代已经接近尾声了。

虽然疾病和年岁把曹操折磨成了一个病老头，但他并不昏聩。

当他收到孙权送来的关羽的人头后，并没有忘乎所以，而是看到了孙权要拉他下水的阴谋，于是厚葬了关羽，还加封关羽为荆王。从而避免激怒刘备。

当他收到孙权希望他称帝的亲笔信后，同样看出了孙权要让他成为众矢之的的险恶用心，只是一笑了之，没有上当。

所以，若想说服曹操，必须有强大说服力的理由。

面对曹操的疑问和不悦，司马懿理了理头绪后，开始阐述反对内迁的理由。

“荆楚轻脱，易动难安。关羽新败，刁民正在藏窜观望，如果把留下的良民迁走，不仅伤害良民的感情，而且那些观望的刁民也不敢回来了，不利于生产的恢复。”

若想不被人欺负，就得想法增强自己的实力，只有有了强大的国防，才能保证百姓安居乐业。曹操懂司马懿的意思，但他不明白自己怎么会同意百姓内迁呢？自己曾一向自诩招牌动作是进攻，如今却想着撤退，这是怎么了？

最终，曹操采纳了军司马司马懿的谏言。之后不久，正月二十三日，他没等上看一眼新建的洛阳，便离开了人世。

【第六章】

当好助推器，为领导折腰

洛阳的一把手，不是好当的

一个人的权威不管有多大，你活着的时候，人们会怕你，等你死后，就没人把你当回事儿了。做官也是如此，当你在台上时，人们会千方百计地捧着你，等你下台后，人们就会把你遗忘在脑后，也许在茶余饭后的闲聊中无意中会提到你，那就已经是万幸了。若梦想让人们记你一辈子，拍你一辈子马屁，那无异于白日做梦，近乎于瞎扯淡。

如今，大佬曹操死在征战途中，死得太过突然，让人猝不及防。得到曹操死讯的官员们觉得天塌了，惶惧不安，聚集在一起痛哭不止。

回过头来看司马懿，虽然他内心也有点儿酸酸的，但这种酸楚却被莫名的兴奋和轻松所掩盖。因为曹操走了，他可以大展拳脚，实现自己的抱负了。

曹操活着的时候，他虽然工作兢兢业业，得到了曹操的肯定，但一直很压抑，一种无形的重担压得他快喘不过气来了；曹操死后，肩头的重担一下子没有了，天更蓝了，水更清了，看什么都顺眼多了。

原来只要曹操喘气，对司马懿来说，就是一种巨大的压力。幸好这位老强人折腾到头了，接下来就看司马懿吧，这个时代注定要被他涂抹上重重的一笔。

曹操走了，他留下的缺位让一些人觊觎有加。虽然曹丕是合法的接班人，但他远在邺城，还没有得到父亲的死讯，能否顺利接班还是个未知数。

都说飞机在起飞和降落时最为危险，政局在权力交接时也是最危险的。如果旧的掌权者没有打好根基，新的掌权者在接班时就没那么顺利了，一场权力动荡就在所难免了。

眼下曹操死在外地，接班人曹丕又不知情，这就给一些人以可乘之机。谁会成为力挽狂澜的人，助曹丕顺利接班呢？

如今在乱成一锅粥的洛阳城中，官职最高的是主簿兼谏议大夫贾逵，能否避免权力动荡就看他的了。

贾逵，字梁道，河东襄陵（今山西临汾东南）人。早年间因在官渡之战中有杰出表现被曹操看重并重点培养。他历仕曹操、曹丕、曹叡三世，文武兼备。他与司马懿的亡兄司马朗关系密切，因为有这层关系，所以和司马懿的关系还算不错。

本来，曹操活得好好的，大事的定夺都不会落到自己头上，没想到说没就没了。这下大事小事都要由自己拍板，这是他想不到的。既然老天爷要让自己担当重任，那是躲不过的，只有硬着头皮上了。

办魏王的丧礼不是小事，贾逵不敢有丝毫的马虎和怠慢，他把深通礼仪的司马懿拉入伙，成立了治丧委员会，力求把丧礼办得合礼得体，让旁人挑不出毛病。

对司马懿来说，办丧礼自然不是什么难事，他担心的是魏王突然归天，会不会引起动乱。但担心归担心，事情还是要一件一件地办。

首先要解决的问题是，是否要开个新闻发布会，向外界宣布曹操已经死亡的消息。

当时，老百姓因为长期为劳役奔波，不满情绪非常强烈，再加上又发生了瘟疫，所以怨言四起，不少地方还出现了骚动。众官员担心内部不安定，外部有刘备和孙权觊觎，如果公布曹操的死讯必然会发生变乱，所以主张秘不发丧。贾逵虽然恨不得赶紧把这个烫手山芋扔出去，但他又不得不考虑众官的建议。

在主张秘不发丧的众官中，司马懿闭口不言，贾逵注意到了这一点，便在私下会见了这位军司马，摸摸底、通通气。

“是否发丧？”

贾逵开门见山的发问完全在司马懿的预料之中，毕竟现在是非常时期，稍有不慎，就会把自己置于万劫不复的境地。

“纸包不住火，如果不让远在邺城的曹丕知道这件事，他会怎么想？”

其实，司马懿说这句话是有私心的，他巴不得曹丕立刻知道曹操的死讯，以便有所准备。

贾逵听司马懿说完后出了一身冷汗，曹丕可是法定的接班人，如果自己秘不发丧的话，难免会被这位接班人怀疑自己有所企图，将来肯定会被穿小鞋。

“仲达所言极是，我也是这么想的。”

于是，贾逵立即发丧，将在洛阳的文武百官都召到宫内，要求大家按照曹操的《遗令》办事，各尽其责，不得轻举妄动。

曹操已经死了，贾逵的影响力毕竟有限，有人便没把他的命令当回事。

臧霸手下的部分士兵以及青州兵以为天下要大乱，擅自击鼓离去，向东移动，企图返回故乡。

这臧霸是汉末的一个狠角色。年少时曾召集数人将获罪的父亲救出，此后四处流亡。后来在徐州军阀陶谦手下负责募兵抵抗黄巾军，与孙观、吴敦、尹礼等人拥兵驻屯于开阳，自成一股独立势力。

徐州虽然几次易主，臧霸的武装却一直独立存在。曹操扫平吕布后，把臧霸和他的兄弟们封为青州、徐州的郡国守相，把青、徐二州交由臧霸管理。

所以曹操虽然统一了北方，但并没有完全消除内部的分裂隐患。除了臧霸这股不稳定的独立势力外，辽东公孙氏也是曹魏内部的一个独立王国，由于僻处辽东，对中原没有造成大的影响。

以前的一些叛乱没有军方势力参与，如今连军队都动乱了，这不是个好兆头。如果不能刹住这股歪风，其他军队也跟着动乱的话，那北方就又乱了，很可能会倒退回军阀割据时代。所以，大家认为应该下令阻止，对反抗命令的人要加以讨伐。

非常时期就应该动用非常手段，加以讨伐动乱者貌似无可挑剔。但打狗也要看主人，这可是臧霸的军队啊（臧霸为表忠心派遣了这支军队在曹操手下）。臧霸占据着青、徐二州，就连曹操都要让他三分，如果出动军队阻止这支军队回乡，必然会引发曹氏政权的内讧，那北方可真的要乱了。

司马懿为贾逵捏了一把汗，他要看看洛阳的第一把手如何处理这个棘手的问题。不过，他已经做好了阻止贾逵把好不容易统一了的北方带入战乱中的准备。

“不可以这样做。”

贾逵的这句话让司马懿吃了个定心丸，英雄所见再次略同，二人想到一块儿去了。

既然不派兵镇压，那么该怎么处理这些动乱的士兵呢?

贾逵采用了安抚的策略，不仅不阻止这支军队返乡，还下令沿途各郡县给这支军队提供食宿，确保他们顺利返回故乡。

这样一来，在贾逵的运作下，一场军事动乱就变成了政府主导的军事调动。真是妙笔生花，司马懿不得不承认贾逵是个人物。

一个考验刚刚结束，另一个考验又扑面而来。这次的来人是鄢陵侯曹彰。

曹彰自幼勇猛好兵，虽然宣布退出太子之争，但他更希望曹植来接班。曹彰本来坐镇西部重镇长安，他怎么突然出现在洛阳了呢？原来，曹操在临终前派人令曹彰火速赶往洛阳，有要事相商。但曹操没有等到曹彰到来便归天了。他究竟要和这个儿子说什么，已经无人知晓了。

曹操虽然死了，但曹彰还是忍着悲痛带兵马不停蹄地赶到了洛阳。虽然活人是见不着了，但为父亲奔丧是必须的。不仅如此，曹彰认为曹操在临终前突然召见自己，一定是议论接班人的问题，他自认为曹操后悔立曹丕为接班人，想让曹植来接班。

其实，这是曹彰的一厢情愿罢了，如果真是关于废立的事，曹操完全可以再下一道《遗令》，但他没这样做，所以，临时召见这位勇猛的儿子无非是想再见这位爱子一面。

但头脑发热的曹彰却没有想这么多，直奔丧事现场，质问贾逵：“先王的玉玺在哪里？”

嘿，这是唱的哪一出啊？

曹彰这小子怎么出现在洛阳了呢？还带着大队人马，难道是要谋反不成？

说实话，贾逵也被吓了一跳，毕竟对方要的是玉玺，而且对方还全副武装，稍有不慎，自己的小命就不保了。不过，贾逵是见过大世面的人，他也了解曹彰的为人，如果真要谋反，就不会说废话了，随即便冷静下来。

“为何要过问玉玺？国家已经有继承人，你不应该过问先王的玉玺。”

贾逵的回答不卑不亢，把曹彰说得哑口无言。毕竟没有亲口听到父王让曹植做接班人，这只是自己的猜测罢了，父亲尸骨未寒，还是不要惹是生非的好。于是，曹彰不再提玉玺的事，转身去父亲的灵柩前致哀。

曹彰没有进一步发难，这让神经紧绷的贾逵松了口气。接连不断的考验已经让这位洛阳的一把手倍感疲惫，他真不知道下一个考验是什么，自己还有没有能力撑下去。此刻，他最想听到的消息就是曹丕顺利接班，他便可以吃个放心饭，睡个安稳觉了。

曹丕即位，开启新时代

虽然贾逵凭借他的智谋和胆略化解了危机，但司马懿却不敢有丝毫的放松。因为只要一天没有立新王，朝野就不会安定下来，图谋不轨的人就会想着法子钻空子。他真的很想知道，此刻的曹丕到底在干什么啊？

其实，身在邺城的曹丕也没闲着，当他得知曹操的死讯后，悲痛不已。昨日还欢声笑语，今日便人鬼殊途。曹丕哭了，哭得非常悲切，是发自内心的儿子失去父亲的一种悲痛。

悲痛的感情是会传染的，曹丕的痛哭惹得百官都跟着大哭起来，顿时，整个大殿之上哭声震天。

曹操已经死了，哭是哭不回来了，如果不想想应对之策，那么天真的要塌了。

众人皆醉我独醒，幸好有一个人是清醒的。他就是太子中庶子司马孚，司马懿的三弟，他来曹丕身边已经三年了。

“殿下莫哭。”

曹丕抬头一看，是司马孚。真是站着说话不腰疼，死的不是你爹，我哭哭怎么了？

司马孚见曹丕不听劝，便加重口气说：“君王晏驾，天下人都在盯着殿下，殿下应该挑起大梁，做个表率，上为宗庙，下为国家，即使眼中有泪也不能流下来。”

是啊，自己是太子，肩上的责任重大，怎能像普通人一样哭孝不止呢？

曹丕很感激地看了司马孚一眼，停止了哭泣。

曹丕虽然不哭了，但群臣却没有丝毫停止的意思，反而哭得更加卖力，不知是真心因为曹操的归天而伤心，还是表演给曹丕看的。

旧主在外地归天，新主还没即位，群臣只顾哭天抹泪，这样下去可不行啊。

司马孚急了，对着百官，大声喊道：“都别哭啦。”

本来，哭丧是现在的主基调，怎么有人大喊不让哭呢？群臣很诧异，渐渐止住了哭声，把疑惑的目光投向了阻止他们大哭的人。

司马孚看着百官继续说：“如今君王去世，天下震动，群龙不可无首，最要紧的事是早立新君，以免国内发生动乱，大家哭能哭出国家的安定吗？”

司马孚的呵斥非常管用，百官都知道表演得有些过了，便开始讨论太子何时即位的问题。在这个问题上百官的意见又不统一了。

有的官员认为应该立即即位，快刀斩乱麻，不给野心家们留任何机会。有的官员则认为名不正则言不顺，应该等候朝廷的诏命。毕竟当时的魏国名义上只是汉王朝下的一个诸侯国，

曹丕每天眼巴巴地等着朝廷诏命的下达，但总是一次又一次地落空，他急了，赶紧找司马孚商量，司马孚建议立即即位。

此时恰巧尚书陈矫也提议：“魏王远在洛阳归天，天下恐慌。太子应该立即即位，安抚众生。非常时刻自然要用非常手段，没有必要非得按常规程序等待朝廷的任命。”

好，就这么办了。

曹丕立即下令筹办即位的有关事宜。次日天明便正式即位为王。曹丕刚

即位不久，汉天子的任命状也到了，任命曹丕为大汉帝国的丞相和魏王，还兼任冀州牧。

就这样，曹丕顺利地当了接班人，合法继承了曹操的全部政治遗产。

曹丕成为新魏王后，汉帝国随即改元为“延康”。我们知道，年号是历代帝王纪年的名号，也是时代的标志。一般新帝登基都会改年号，代表一种美好的祈愿。如今换个丞相和诸侯王也要改年号，也许是汉献帝为了迎合曹丕不得已而为之吧。没办法，身在人家屋檐下，不得不低头啊。

不管怎么说，长达二十五年的“建安”时代结束了，一切杀戮和流血都被定格在了昨天，能迈入“延康”的人是笑到了最后的人。

曹丕这边安稳后，在贾逵和司马懿等人的陪奉下，曹操的灵柩被运回邺城，并遵照曹操一切从简的原则在二月二十三日安葬在邺城西面的高陵。

尘归尘，土归土，一向有众多争议的曹操入土为安了。属于曹丕的新时代拉开了序幕。

别门缝里看人，咱文武都有一套

一个好汉三个帮，一个人若想成就大事，离不开身边朋友的帮忙。同样，一个王若想管理好一个王国，也需要一大帮臣子为他忠心效力。

曹丕上台后，大力提拔和自己合得来的官员，组建自己的智囊团。作为曹丕的头号谋士，司马懿受封河津亭侯，转为丞相长史。司马懿终于借助曹丕成为帝国握有实权的二号人物。除了司马懿，当年太子四友中的其他三人也各有封赏。另外，帮过曹丕不少忙的贾诩被封为太尉。

有功之人都要一一封赏，对自己构成威胁的人自然一个也不会放过。

曹丕一直以为最大的威胁来自于他的兄弟们，当他得知曹彰曾经在父王去世不久后索要玉玺后，更是被吓了一大跳。本来打算区别对待，但最终还是来了个一刀切，命令他们回各自的封国，并且专门派“监国谒者”予以监视，把这些威胁者们软禁后，他就可以高枕无忧了。

在这些兄弟当中，曹丕特意关照了曹植，这个曾经最强硬的对手虽然落败，但还是不能让曹丕放心，特意下令严禁曹植擅自踏出封地一步。

再看曹彰，本以为凭借自己的勇猛和功勋能得个将军的职位，没想到也被送回到封地。父王的尸骨未寒，曹丕就急着向亲兄弟们下手，什么玩意儿。曹彰非常气愤，他连招呼也没打就离开了邺城。

其实，人人都有自私的一面，有时候为了自己的利益会不择手段。帝王也是人，为了维护自己的权威，亲情也只能靠边站了。

就在曹丕忙着有恩报恩、有仇报仇时，南部前线传来了曹仁的急报：襄阳、樊城一带防线脆弱，是否撤退到宛城一带防守？

我们知道，在荆州争夺战中，虽然曹操成功离间了孙权和刘备，并解了襄樊之围，但真正的大赢家并不是曹操，而是夺取荆州的孙权。

以前荆州在关羽手中时，曹仁要时时提防关羽的进军，如今荆州落到了孙权手中，曹仁同样要提防孙权的突袭。经过水泡兵攻的襄阳、樊城残破不堪，防御阵线遭到严重破坏，短期内不可能完全恢复到原来的防御能力。所以，为了稳妥起见，曹仁建议撤退到宛城一带防守。

在朝议中，众官员建议放弃襄阳、樊城，退守宛城，呈一边倒局面，理由是既然不能确保襄樊防线的安全，不如弃之，收缩防线，确保万无一失。

曹丕新当魏王，万事都离不开稳定、和谐的主基调，为了确保南部阵线的安全，暂时放弃一些城池是可以接受的。

眼见就要形成决议，新任丞相长史司马懿提了反对意见。

“孙权新破关羽，和刘备结仇，向我们示好还来不及呢，怎么会侵占襄、樊？再说，襄阳是水陆要冲，御寇要害，不能轻易就放弃啊。”

曹丕虽然佩服司马懿的过人智谋，但满朝文武都建议放弃襄樊，难道仅仅因为你司马懿一人的反对声音就否定大家吗？虽然真理往往掌握在少数人手中，但曹丕着实不想拿稳定安全去冒险。退一步讲，你司马懿玩政治有一套，在军事上你就差点了吧，这种军国大事还是交给专家们处理吧。

最后，曹丕没有采纳司马懿的谏言，下令把好好的襄樊二城一把火给点了，让曹仁的大军退到宛城防守。

其实，司马懿不仅玩政治是一把好手，在军事上也不差，他曾当过曹操的军司马，可惜，曹丕被众臣蒙蔽了眼睛，小看了司马懿。

再看司马懿，虽然他确定以及肯定孙权不敢侵犯襄樊二城，但面对不纳言的曹丕，他并没有死谏。因为在司马懿看来，死谏不仅会让领导难堪并下不了台，而且还会给自己惹一身嫌，失大于得。就如同在曹操手下为官一样，谏言是要提的，但只提一次。

一切都会见分晓，就让事实来说话吧。

结果，事情的进展和司马懿的预测一模一样。孙权的兵马过界时，只追着刘备的兵杀来杀去，对曹军倒是恭敬有加，不开一枪一炮。

早知如此，何必当初，白白烧毁了襄樊二城。曹丕的肠子都悔青了，从此对司马懿刮目相看，无论政治还是军事都相当依赖他。

被“推上”帝位的弯弯道

时间永不停歇，不管人们愿意与否，总是挟持着所有的人和事，滚滚向前。曹操没来得及实现统一中国的梦想就去了另一个世界，如今这个担子落在了曹丕身上。曹丕觉得消灭刘备、吃掉孙权不是一朝一夕的事情，需要从长计议。目前，从父王曹操手中接过接力棒后，他不仅要沿着父亲指明的方向继续跑下去，还要做父亲一辈子都没有做的事情。

曹操征战一辈子，统一了北方，功不可没，后来做到魏王，可喜可贺，但遗憾的是，他始终只是一个王，没有当上皇帝。虽然“挟天子以令诸侯”，和做皇帝没什么区别，但没有黄袍加身，没有皇帝的名分，就不能算是皇帝。

如今，曹丕成了新魏王，他会满足于现在所拥有的一切吗？不会，他要迈出曹操没有迈出的最后一步，做一个真正的皇帝。

虽然汉献帝刘协只是一个摆设，但如何把这个天下人都知道的摆设撤下去自己上位，还真需要好好琢磨一番。为此，曹丕把司马懿召来商议。

“汉献帝过得如何？”

司马懿很奇怪，这魏王怎么关心起傀儡皇帝来了。再说，这汉献帝的生活问题也问不到自己头上啊。但魏王发问，做臣子的不能不答，于是司马懿给了个模棱两可的答案。

“应该还可以吧。”

“撤掉他如何？”

司马懿此时完全明白了曹丕的心思，都说新官上任三把火，看来曹丕的这把火是要烧向汉献帝了。早在曹操时代就有资本取而代之，但曹操没有那么做，如今曹丕要做了，要把已经没有什么影响力的汉王室，换上曹魏的旗帜。

“这事儿不难，但影响不好，刘备和孙权一定会建立分庭抗礼的政权。”

“难道刘备和孙权现在听汉王室的话吗？”

曹丕问得好，天下三分的局面已经基本定格，即使曹丕不称帝，刘备和孙权也形成了实质性的地方割据。若要做自己想做的事，就顾不得别人怎么想怎么做了，关键是自己做好自己的事。

司马懿见曹丕的决心已定，便搁置了分歧，开始谋划称帝的方式。

“自古改朝换代的模式无非有两种：一种是武力征讨，一种是和平禅让。武力征讨需要理由，而和平禅让是比较理想的模式。”

“爱卿说得有理，此事便交由爱卿办理吧。”

在回家的路上，司马懿想：汉王朝已经名存实亡，注定要退出历史舞台了。曹丕称帝对自己也没什么坏处，加官进爵，那是理所当然的事情。

虽然是谋权篡位，但汉王朝气数已尽，自己只不过是当一回推手罢了。对自己百利而无一害的事情，自然要放手去干，再说，这是老板交代的事情，没有理由推脱。于是司马懿便开始琢磨如何逼宫了。

舆论的力量不容小觑，谁主导了舆论，谁就有最后获胜的希望。所以，司马懿决定制造舆论，给汉献帝施加压力。

万事开头难，只要找到一个突破口，有了方向标，相信百官一定能领会主子曹丕的意图，定会前仆后继促成这件事。司马懿便开始在朝中寻找一个敢于冒天下之大不韪的“勇士”，他的目光最终锁定在左中郎将李伏身上。

这个李伏本来是张鲁的部下，刚找了新东家，正急着秀一把呢。在司马懿的暗示下，李伏决定做第一个劝曹丕称帝的人。他引用《玉版》（有关预测学的著作）的预言，大肆宣扬曹丕称帝是大势所趋，是不可阻挡的历史潮流。

谦让历来是国人的优良传统，虽然曹丕内心非常渴望当皇帝，但他还是极力推辞，一来显得自己很有涵养，二来李伏人微言轻，火候还未到，不能太着急。

“我德行浅薄，不能担此大任，不过可以让大家讨论一下你的这份上书。”

既然要拒绝称帝，为何还要讨论？这下百官都知道曹丕内心打什么主意了。

了解了主子的意图后，下面的人就好办事了。

接着，侍中刘廙、刘晔、辛毗，尚书令桓阶，尚书陈矫、陈群，黄门侍郎王毖、董遇等人联名上书，从汉末以来天下大乱的历史现状出发，证明汉朝已经失德，恳请曹丕称帝，拯救万民。

曹丕的态度依然如故："强壮的小牛像老虎，恶草的幼苗像庄稼，现在的情况有些似是而非。"

是啊，你们说我是真命天子，我就成真命天子了吗？现在缺的是证据啊，没有证据不能服众，这可不能乱说啊。

不急，证据来了。

太史丞许芝从《易传》《春秋汉含孳》《春秋佐助期》《孝经中黄谶》《春秋大传》《京房易传》等众多典籍和官方的旧档案，寻找曹丕今年当皇帝的预言，最后证明：曹丕就是真命天子。

现在，舆论的导向对曹丕非常有利，称帝的火候差不多了。但曹丕依旧拒绝了百官的好意，还说自己是天底下无德和卑贱之人。（吾德至薄也，人至鄙也。）

司马懿坐不住了，他联合了郑浑、羊秘、鲍勋、武周几个侍御史，一起上书。依旧是老调重弹，劝曹丕早日称帝。

但曹丕的头摇得像拨浪鼓，依然摆出拒绝的态度。

司马懿这下有些蒙了，他开始琢磨曹丕到底还想要什么，此时，深深的皇宫中传出的丝竹之音打断了他的思绪。司马懿一下子明白了，这出戏曹丕一个人是唱不起来的，必须有大汉帝国现任皇帝刘协的配合。

刘协当了三十年的皇帝，过着憋屈的生活，虽然也挣扎过，但得到的是让人撕心裂肺的打击，刘协的伏皇后、董贵人以及他的两个儿子都拜他所赐，死得很惨。

眼见自己的亲人被折磨而死，自己却无能为力，除了眼睁睁地看着他们死去，还要被逼着叫好。

他早已看够了人间的冷暖，厌倦了这种傀儡帝王的生活，随时等着被取而代之。司马懿的出现，让他获得了解脱。他没有丝毫的犹豫，因为他没有资格说不，也不想说不。

十月，刘协便下了道禅让诏书，请曹丕顺应天命民心。曹丕这下乐了，不是我赶你下台，夺你皇位，而是民心所向，众望所归啊。

不过，刘协说，你来做皇帝吧，我不想做了。我曹丕总不能立马就美滋滋地称帝，该走的程序还是要走的。

你曹丕明明是窃国大盗，却要装出一副不得不为之的模样，真是恶心。但身为弱者，没有足够的能力对抗强权，若想活命，只能苟且偷生。

无奈之下，刘协又接着下了两道禅让诏书，众大臣也跟着上书劝曹丕称帝，但曹丕却谦让无比，竟然三让皇位。

此刻，舆论几乎达到高潮，公卿百官们一致要求曹丕即位称帝，刘协又接着下了第四道禅让诏书。

对曹丕来讲，皇帝这个烫手山芋是接也得接，不接也得接，他知道不能再谦让表演了，要不就有些过了，成了作秀，于是他接过了刘协手中的皇冠。

十月二十九日，曹丕在许都南面的繁阳筑坛，升坛受玺绶，即皇帝位，国号魏，改延康元年为黄初元年。

曹丕实现了当皇帝的梦想，欣喜万分，对于拥立自己称帝的功臣都做了封赏，尤其是司马懿，先是被任命为尚书。不久，便转督军、御史中丞，封安国乡侯。

御史中丞的职责是监察百官，而督军也是监察官员，只不过是军职，这种职位一般都由心腹大臣担任，司马懿能捞到这种职位，可见他获得了曹丕足够的信任。就这样，隐忍蛰伏多年的司马懿终于在仕途上实现了完美的一跃。

所以，在这场称帝的游戏中，曹丕是最大的胜利者，而司马懿无疑也是获益者。历史的脚步永远不会停歇，在人们的打闹和争吵中，历史在这一年正式进入了风云变幻、沧海横流、英雄辈出三国时代。

【第七章】
登天之梯，稳定往上爬

兄弟的仇要报，面子更重要

曹丕称帝的消息对刘备的震撼很大，因为和他半辈子为敌的曹操都没有称帝，这后辈小儿竟然迈出了他老爹都没敢迈出的一步，真是不知天高地厚，刘备发誓回头一定要好好收拾他。

另外，这件事也对一直以兴复汉室为己任的刘备造成了不小的刺激。如今汉室都没了，他还如何兴复？尤其是当他得到错误情报，误以为刘协已经遇害后，几乎要疯掉了。

好吧，既然你曹丕想让汉王朝就此退出历史舞台，就得先过我大汉皇室后裔刘备这一关。我刘备虽然爱哭，但在大是大非面前，我不会含糊。只要有我在汉王朝就不会亡。

黄初二年（221 年）四月初六，刘备在成都即位称帝，国号为“汉”，改元章武。还著文一篇宣告天下，不仅痛骂曹氏父子是窃国大盗，而且声明汉王朝不会就此退出历史舞台。

就这样，蜀国建立了，史称“蜀汉”，又称“季汉”。以诸葛亮为丞相，许靖为司徒。置百官，立宗庙，又立子刘禅（阿斗）为太子。

虽然刘备称帝了，但他所面对的形势并不容乐观。

首先，他今年已经六十一岁了，和他同时代争斗的曹操已经光荣了，而一把年纪的他还得去拼搏；其次，他的好兄弟关羽离他而去，这是一个惨重的损失，以后就得单条腿走路了。

关羽的惨死是刘备心头永远的痛，为好兄弟报仇雪恨成了他心中的头等大事。虽然刘备一直展现给外界的是一个爱哭鼻子的柔弱形象，但他也有强硬的一面。都说君子报仇十年不晚，但心头熊熊燃烧的仇恨火焰让刘备已经等不了那么久了。在关羽被杀两年多后，蜀国军队的战斗力相对较强时，刘备便打起了复仇的旗号，发誓要亲自把杀害关羽的凶手砍于马下。

蜀章武元年（221 年）六月，刘备准备夺取荆州，攻击东吴。他要发飙了，群臣们的反应如何呢？

先看赵云，他在长坂坡力战曹军，救护甘夫人和刘备的儿子刘禅，又曾在汉中以数十骑拒曹操大军，被刘备誉为“子龙一身都是胆也”。身为五虎上将，赵云从不惧怕敌人，但他却反对刘备攻打东吴，理由是如果先灭掉了魏，则孙权自服，不应该置魏不顾而与吴战。但此时的刘备满脑子都是复仇的念头，根本就听不进赵云的任何谏言。

再看秦宓，这位善于舌辩的蜀汉前期谋臣，觉得刘备此行无天时地利，风险较大，此番出兵必败无疑，所以也进谏刘备放弃进攻东吴的打算。

不是你的兄弟被杀，站着说话不腰疼。

结果，刘备大怒，认为秦宓动摇军心，便起了杀心。幸亏有诸葛亮及时求情，才保住了秦宓的性命，但死罪可免活罪难逃，秦宓最终被关进了大牢，没有逃过牢狱之灾。

不仅蜀国内部大臣不赞成对东吴动武，东吴南郡太守诸葛瑾（诸葛亮之兄）也给刘备写信劝阻：“陛下以关羽之亲，何如先帝？荆州大小，孰与海内？俱应仇疾，谁当先后？若审此数，易如反掌矣。”用一句话概括就是说，蜀国的真正敌人是魏国，要动武也应该打曹军才对。信中说的虽然句句在理，但刘备对此依旧不加理会。

刘备为了复仇在积极备战，曹丕也在关注着这件事。他打心眼里希望刘备动真格的，不要雷声大雨点小，这样他就可以坐收渔翁之利了。但群臣认为蜀国弱小，又失去了大将关羽，根本不会开打，不过是一种政治权谋罢了。

而孙权打心眼里不希望与刘备开战，他只是想夺回荆州而已，所以，他希望这不过是一场梦魇罢了，巴不得刘备出门摔一跤，忘记复仇的事。但孙权的祈祷没起什么作用，该发生的还是发生了。

本来一代名将张飞是站在刘备这一边的，为关羽复仇也是他早就想干的事，但可惜的是他再也没有机会纵横沙场了。在出兵前夕，他被手下的两员小将张达和范强暗杀了，人头被这二人拿去见孙权做见面礼换了赏钱。

孙权，又是孙权。刘备把张飞的死也算在了孙权头上。本来兄弟并肩作战为死去的兄弟报仇，现在变成了刘备独身一人，但他也要坚定地走下去，否则就对不起自己头上的“仁义”二字。就这样，没人能劝阻得了一意孤行的刘备，他要给孙权一点儿颜色看看，不仅要复仇，更重要的是找回面子，保持国威。

 人跑不过命，被玩死的大臣

在大家的关注和争吵声中，一向仁义的刘备开始为情同手足的兄弟关羽复仇了。

曹魏黄初二年、蜀汉章武元年（221 年）秋七月，也就是在称帝之后仅仅三个月，刘备便率领集结的大军出三峡，征讨孙权。

开打了，终于开打了。

曹丕对此异常兴奋，他盘算着能不能从中浑水摸鱼。

而孙权就开始发愁了，人死不能复生，没想到这刘备还真打啊。

既然对手打上门来，就不得不做一番应对了。

当初能联合刘备抗曹，如今也能联合曹操抗刘。毕竟，没有永远的敌人，也没有永远的朋友，只有永远的利益。

为了避免两线作战，孙权派使者到魏国，表示愿意臣服，希望能够得到曹魏的支持，至少希望曹魏能够中立。为了表达诚意，孙权指天为誓，并为之流涕沾襟。另外还捎带送上了一份厚礼：当年投降关羽的战俘于禁。

原来，关羽被孙权击败后，于禁做了吴国的俘虏，饱受屈辱。如今，终于有机会回到阔别已久的魏国了，心中万分激动。

于禁本来是曹操时代的“五子良将”之一，由于晚节不保，一代传奇名将曾经的辉煌都被抹掉了。如今他已经须发皆白，面容憔悴，见了皇帝后泪流满面，长跪不起。他想赎罪，想为曹魏发挥余热。

曹丕认为于禁兵败是洪水暴发所致，不是自身指挥上的失误，还引用春秋时名将荀林父、孟明视的事例来宽慰这位曾经立过汗马功劳的老将军，并下令让他去高陵扫墓祭拜曹操。

毕竟，胜败乃兵家常事，做俘虏也不是什么丢人的事。如果曹丕能宽容了这位老将军，这无疑是一段千古佳话。但事情还没完，曹丕没那么宽容也没那么好心，他实在是太坏了。

于禁还没有出发去高陵，他就已经先命人马不停蹄地赶往高陵，在陵屋的墙壁上画满了于禁战败降敌，伏地请降，而庞德不屈的图画。

当于禁来到高陵看到这样的图画后，多日高涨的热情一下子又降到了冰点。没想到来到魏国还要受这样的屈辱，本想祈求原谅却换来更大的羞耻。最终因为受不了这种刺激，惭愧失望发病而死。

就这样，老将于禁在邺城被曹丕玩死了。

虽然于禁不甘心就这么屈辱地死去，还想做些什么，但人跑不过命，从他投降关羽的那一刻起，他的命运便注定不再一帆风顺。

回过头来，再看看曹丕的整人技术。既然决定要杀，为何还要羞辱一番？司马懿深深领教了曹丕的刻薄狠毒。都说伴君如伴虎，如果自己稍有不慎，犯了错误，肯定也逃不过曹丕的魔爪，还是低调一些好，戒骄戒躁永远没有错。

在黄初二年（221 年），司马懿的督军官被罢，迁为侍中、尚书右仆射。此时的“三公”已经成为闲职，自东汉以来尚书台就是帝国政务处理的核心机构，掌握着国家的真正权力。尚书台的一把手叫“尚书令”，由太子四友之首的陈群担任，副职“尚书仆射”便落在了司马懿的肩上。司马懿迎来了他事业上的春天。

还是在这一年，曹植贬爵安乡侯，又改鄄城侯。受此待遇皆因一个叫甄姬（又名甄洛、甄宓）的美女自杀，曹植因此举动失常，还酗酒闹事。

甄姬本是我曹丕的女人，嫂嫂去世，你没必要如此夸张吧。莫非你们二人之间有不伦之恋？曹丕急了。

后来，曹植写了一篇感人至深的《感鄄赋》(后改名《洛神赋》)，因在汉魏时，鄄、甄音同形近而相通，所以曹植的这篇发自内心的大作写给何人自然就不言而喻了。至于曹植和甄姬之间究竟有没有恋情，就要凭君想象了。虽然美人和才子都已经离我们而去，但《洛神赋》中的佳句在千余年后还在被世人传唱，甄姬的绝世风华和曹植的才气还历历在目。

黄初二年（221 年）大抵如此，有人升迁，有人被贬，还有人在大动干戈，要在东吴点一把火。

朋友，还是敌人？

黄初二年（221 年）被翻过去了，我们接着看看刘备发动的这场攻打东吴的复仇之战。

孙权的诚意最终打动了曹丕，曹丕接受了东吴的俯首称臣，名义上占据了江东，还封孙权为吴王。但在尔虞我诈的三国，谁也不能保证曹丕不会乘孙刘大战时，在背后捅东吴一刀。所以最保险的办法就是避免和刘备作战，这样就不怕曹丕从背后下手了。

于是，孙权又向刘备抛出了橄榄枝，但此时的刘备岂会给孙权笑脸？

我的两个兄弟都因你东吴而死，而且都身首异处，这仇不报，我还是人吗？

每个人心中都有最宝贵的东西，当宝贵的东西被别人抢走后，丧失理智、冲昏头脑是很常见的事情。所以，刘备彻底封死了谈判讲和的路，摆出了刀枪，发誓要用东吴人的鲜血来祭奠死去的好兄弟。

随后，刘备不断调兵遣将，分军出击。在章武二年正月，刘备亲率主力部队进驻秭归，开始长驱直入。

见刘备动真格的，孙权便也调兵遣将，加强防守。但刘备军来势凶猛，由李异、刘阿在巫山、秭归一带组成的第一道防线很快就被突破了。刘备军前进到夷陵一带，驻军猇亭。

虽然没有了关羽和张飞，三叉戟已经不再完美，但刘备依旧宝刀未老，在东吴的地盘上随意驰骋，如入无人之境。

刚开始，刘备大军进军还算顺利，刘备迫切想与孙权决战，但由于战线过长，大军已经成了强弩之末，只得与东吴大将陆逊打起了持久战。

这不是刘备想要的，他的宝剑渴望沾染更多东吴人的鲜血，他需要一场特大的胜利来告慰兄弟的在天之灵。

为此，刘备努力想突破困境，但始终过不了陆逊这一关。相持了几个月后，陆逊瞅准时机，用一把大火把刘备逼退到马鞍山。被四面围攻的刘备大败，狼狈地退回到白帝城（今重庆奉节东）。他虽然捡回了一条命，但大军损失惨重，舟船、器械，水陆军资，损失殆尽，尸骸漂流，塞江而下。结果，夷陵之战以刘备军的惨败而告终。

刘备一生南征北战，与袁绍、曹操、袁术、吕布等猛人都交过手，是见过大世面的人。在曹操去世后，他成了唯一的老牌诸侯，没想到却被后起之秀陆逊打败，遭遇了人生的“滑铁卢”，这着实让他羞愧得抬不起头来，情绪低落的他便在白帝城住了下来。

闲来无事，刘备还改鱼复县为永安，说明他有了不再打仗的心思，毕竟，他已经老了，连个小小的陆逊都打不了，还统一什么天下，太遥远了，先放放吧。

另外，刘备已经了却了为关羽出兵报仇的心愿，虽然仇没报，但他已经尽力了。有没有做好，是个人能力问题；有没有去做，是个态度问题。如今刘备表明了态度，只是因为能力有限，没能实现愿望。

为兄弟复仇的愿望没能实现，还白白搭上了这么多条无辜的性命，这让刘备郁闷了很久。死去的人可以安息了，活着的人必须面对现实。

现实问题是，相对于强大的曹魏来说，与孙权联合是蜀汉最好的选择，所以，刘备在这一年的十一月接受了孙权的请和要求。本来已经是分外眼红的仇人，转眼间就变成了朋友，有时候一场战争胜过谈判桌上唾沫星子乱溅。如同两个人打架，当一个人被彻底打服气后，就变乖了。

天才预测家的孤独路

刘备和孙权先是打得难解难分，接着又结成了同盟，难道曹魏集团对此就没有什么想法吗？答案是有。虽然刘晔提出了颇具建设性和可操作性的建议策略，可惜没有被采纳，更没能变成现实。

刘晔是三国中后期顶级的谋臣之一，为人有胆有识，善于分析形势，作出正确的预见，目光敏锐而善于识人，是一个非常出众的参谋型人才。

但他也有不足，那就是为人虚伪而狡猾，欠缺信义之德，也就是说，虽然他是个人才，但在为人处世方面差一些，没有什么朋友。虽然他是谋士中的佼佼者，但始终不得重用。因为不管是曹操，还是曹丕和曹叡，没有一个皇帝真正地信任过他。

早在刘备和孙权开战前，在百官皆言这场仗打不起来的情况下，刘晔就肯定以及确定这场战争不可避免。理由有二：其一是为了显示国力强大，刘备再弱也会不惜代价开战；其二是刘备和关羽义为君臣，恩犹父子，是生死结拜的兄弟，为兄弟报仇，刘备不会说不。

从以往预测的准确率来看，刘晔应该不是在说胡话，但大家偏偏不信。其实，如果肯定了刘晔的预测，那大家便都错了。一颗脑袋的智慧岂能敌得过这么多颗脑袋的智慧？所以，大家这次照例不信刘晔的预测，认为他是满嘴跑火车。

结果，事态的发展再一次证明刘晔的预测能力不是吹的，就是那么神。

虽然刘晔用不止一个事实证明自己是天才预测家，但他在曹魏却吃不开。因为大家对他一次次的料事如神，一律都是照例不听。

刘晔很孤独，也很苦恼。但他依然做着预测，接连进谏，当然他的这些谏言大都是与百官格格不入的言论。

面对刘备的大军，孙权向魏国遣使称藩，当朝臣都向曹丕祝贺时，不识相的刘晔便又来泼冷水了。

刘晔说：“孙权无故求降，必有难言之隐。他之前潇洒地杀关羽、取荆州，惹怒了刘备。孙权担心刘备震怒，举全国之力来攻；又害怕我们趁火打劫，所以孙权是为了免受两线作战之苦，才向我们称臣的。”

的确，没有无缘无故的爱，也没有无缘无故的恨，孙权没有傻到无缘无故地向曹魏称臣的地步。刘晔的分析可谓是入木三分，把孙权的投降动机大白于天下了。

但曹丕和众百官却不这么看，明明是人家向你示好称臣，为何要对友好的人不怀好意呢？所以，在他们眼中刘晔依旧在说疯话。

眼见众人无动于衷，刘晔决定来个狠一点的，继续分析道：“如今天下三分已成定局，魏国的实力最强。吴、蜀只能结成联盟才能生存。没想到他们却互相攻击，这是老天要亡他们啊。对于我们曹魏来说，这是个绝佳的机会，是一个结束三国纷乱局面的良机。我们应该趁机发兵渡江攻打吴国的中心地带。外有蜀军打他们的边缘地带，内有我们在他们的心脏地区捅刀子，吴国没几天就会完蛋的。即便把吴国的一半割给蜀国，被孤立的蜀国迟早也会灭亡。何况蜀国得到的是吴国贫瘠的边缘地区，而我们得到的是富庶的中心地带。”

曹丕本想坐收渔翁之利，刘晔却主张参与战争，预言魏国必能攻吴灭蜀，统一中国。不得不承认，刘晔的计谋有一定的可行性，如果曹丕采纳的话，他很有可能提前六十年实现中国的统一。

让人遗憾的是，曹丕满足于既得利益，没有攻打东吴的意思，更倾向于做渔翁，不劳而获。不过，刘晔的话多少让曹丕有些心动，手痒痒的，想趁乱捞一把，但和刘晔的想法有一定的出入。

“做人要厚道，我们不能出兵攻打已经称臣的孙权，偷偷袭击蜀国的后方，怎么样？”

好说歹说，总算有出兵的意思了，没想到不打东吴反倒要打蜀国，这让刘晔大跌眼镜。

怎么会这样啊？怎么就尿不到一个壶里呢？

刘晔斩钉截铁地回答：“坚决不行。”

曹丕有些火了，我不过是给你台阶下，没想到你还真把自个儿当人物了。

“为何不行？”

老板已经生气了，一般人都会知难而退，但刘晔不会，只要认为是对的事情，他就会坚持到最后一刻。

“从地理位置来看，蜀远吴近，伐蜀不如伐吴，而且如果伐蜀，刘备一定会从东吴撤兵防守，只会徒劳无功一场；从心理学角度来看，刘备已经被孙权激怒，如果我们帮他攻打东吴，就好比给刘备加了一把柴，刘备必定拼全力攻打东吴。如果灭了东吴，灭蜀国就不是什么问题了。”

这绝对是一条让刘备和孙权脊背冒冷汗的好计，连司马懿听到这里都点头称赞。但好计归好计，是否采纳的决定权在曹丕手中，如果被否决，就没有什么实际的意义了。

虽然刘晔苦苦进谏，但曹丕就是不听，不仅接受了孙权称臣，而且还封孙权为吴王。

机会总是转瞬即逝，就在曹魏集团内部争论是攻打孙权，还是攻打刘备，抑或坐山观虎斗时，刘备挑起的进攻东吴的战争便见分晓了。

就这样，曹丕最终失去了一次统一全国的绝好时机。

谋国更要谋身，摸透领导的意图很重要

夷陵之战，刘备虽然败了，但作为战胜国的孙权却主动向刘备示好，又结成了军事联盟，因为孙权明白唇亡齿寒的道理，只有孙刘联合起来，才有能力对抗强大的曹魏。所以，他能不计前嫌，把敌人刘备又变成了朋友。

曹丕对于这场战争的胜负不怎么关心，他关心的是已经臣服于曹魏的孙权有何表示。

孙权臣服后，虽然进贡了不少礼品，却多次拒绝了派太子入魏国为人质的要求，战争结束后，孙权对此事更是不加理会，而且又和刘备结为了联盟。

昨日还是刀剑相向的敌人，转眼间便成了一条战壕的战友。

至此，曹丕才真正明白：孙权的臣服不是真心的，不过是权宜之计罢了。他怎么也想不到，自己会被孙权这小子玩了。

既然如此，那就别怪我不客气了，孙权，你一定会后悔的。

曹丕决定出兵南征，把这丢掉的面子讨回来。

早知道会这样，就应该听刘晔的谏言。不过，亡羊补牢为时不晚，毕竟，我曹丕没掉一根毫毛。

刘晔当初主张进攻东吴的话语还历历在目，是时候让他发挥作用了。曹丕特意把他召来出谋划策，没想到神算子刘晔却举双手反对。

你这个人真是邪乎，怎么就不能按着我的调调走呢？

曹丕不耐烦地问：“为何不可南征？”

刘晔说:“孙权刚刚打了胜仗，上下齐心，士气正旺，再加上江湖阻隔，不可能一下子就能制服他。”（彼新得志，上下齐心，而阻带江湖，不可仓卒制也。）

刘晔的意思很明确，此一时彼一时，打孙权需要从长计议。

但曹丕已经发怒了，哪里能听得进刘晔的谏言，既然你觉得不能打孙权，那就一边凉快去吧，朕要开打了。

魏黄初三年（222 年）九月，曹丕摆出强大阵容，派遣三路大军攻打东吴:

西路军有曹真、夏侯尚、张郃、徐晃围南郡；中路军兵出濡须，由百战名将曹仁统领；东路军兵出洞口，由曹休统领，副将有张辽、臧霸。

面对进犯的曹军，孙权不敢马虎，赶紧摆出阵势加以应对:

派遣建威将军吕范督五军，以舟军拒曹休等；裨将军朱桓以濡须督拒曹仁；左将军诸葛瑾、平北将军潘璋、将军杨粲救援南郡。

这是一次硬碰硬的较量，虽然曹军阵容强大，但孙权军士气更旺，也不是吃素的。两军交战，曹军未取得明显的战果。中路和西路白瞎了，好不容易东路一线曹休军略有斩获，曹丕却出人意料地命令请战的臧霸撤军。

就这样，曹丕的此番进攻，雷声大雨点小，几乎是无功而返，没能从根本上撼动孙权。但曹丕却不恼火，反而暗自高兴。因为他利用这次战争没收了臧霸的兵权，把他请到洛阳养老，从而消除了青、徐二州潜在的割据威胁。还有，他给曹真、曹休、夏侯尚等亲信都安排了军事要职，从而把军权牢牢地控制在了自己手中。

对统治者来说，军权是最重要的，只有手中牢牢地握有枪杆子，说话才有分量，办事才有效率，官员们才会对你言听计从。

曹丕就这样通过发动一场战争完成了军界的大换血，从开始的坐山观虎斗，到最后孤注一掷讨伐东吴，也许这些都是幌子，他真正的目的就是要找理由发动一场不疼不痒的战争，从而牢牢把握军权。

这就是政治家，让你永远看不透哪一招是实的，哪一招是虚的。司马懿对曹丕暗自佩服，因为这个皇帝不仅狠毒刻薄，而且办事很有一套，让你猜不透他下一次要出手的是哪张牌。在这样的老板手下打工，需要一万个小心，不然被老板玩死，都不知道是因何而死。所以，司马懿小心翼翼地办事，谦虚谨慎地为人。

而刘晔因为没有理解老板的意图，只是从实际出发，结果两次进谏，两次碰了钉子。让领导不爽的人，自然不能进领导的法眼，只会谋国不懂谋身的人注定不会飞黄腾达。性格决定命运，这句话一点儿也不假，刘晔的性格注定他不能在官场上游刃有余。

天上掉下的大馅饼

曹魏政权一向对军权控制得很严，不许外人染指。司马懿虽然曾任过军司马和督军等军职，但等局势稳定后，便又被收回军职，担任丞相长史、尚书右仆射等文职了。

不过世上没有绝对的事，司马懿多年的低调为人最终获得了老板的首肯，对于优秀员工老板自然要委以重任。

黄初六年（225 年），已经四十七岁的司马懿突然被拜为抚军大将军，假节，领兵五千。

曹魏的统兵将领按高低可以分为四等：最高一等，假黄钺，代表天子出征，可斩杀将军级别的人物；第二等，使持节，平时可杀二千石以下官员；第三等，持节，平时可杀没官位的普通人，战时可杀二千石以下官员；最低一等，假节，战时可杀犯军令的普通人。

虽然只握有五千士兵的兵权，而且是最低等的统兵将领，但司马懿却无比兴奋，因为染指兵权一直是他梦寐以求的事情。这似乎是一个好信号，司马懿虽然已经年过半百，但他人生的黄金时代才刚刚开始，智谋过人的他必将在曹魏大展身手，迎来事业的巅峰期。

当时，蜀国的刘备已经在黄初四年（223 年）四月二十四日，驾崩于永安宫，年六十三，他给自己的接班人刘禅留下了诸如“勿以恶小而为之，勿以善小而不为”“惟贤惟德，能服于人”等一生的经验总结，希望儿子能做一个贤德的君王。为了让自己辛辛苦苦创建的帝国能延续下去，他特意给刘禅指派了两位辅佐大臣：诸葛亮和李严。还给三个儿子明确地留下遗嘱，让他们“父事”诸葛亮。五月，太子刘禅即蜀帝位，时年十七岁，即蜀后主。大赦，改是年为建兴元年。虽然刘禅即位，但诸葛亮是蜀汉真正的一把手，所以，刘备死后蜀汉真正说话管用的人是诸葛亮。

蜀汉有军事政治经验丰富的诸葛亮，东吴孙权的割据也不容小视。所以，司马懿要面对的是诸葛亮领导的蜀汉和孙权割据的东吴，新的形势需要新的对策，司马懿已经做好了应对的准备。

来吧，诸葛亮。

来吧，孙权。

虽然司马懿满腔热血，把蜀汉的诸葛亮和东吴的孙权视为自己毕生的劲敌。但此刻他还只能是想想而已，毕竟他不是曹魏的老大。

司马懿为人一向谨慎有加，任何事情都要考虑多次后才付诸行动。这样一来，难免多疑。虽然多疑有时候让人觉得可笑和厌烦，但却是一把保险锁，不至于犯大错误。

其实，司马懿之所以能得到军职，并不是曹丕发善心，而是正好有这么一个适合司马懿的空缺。这还要从一个人的去世说起，这个人就是夏侯尚。

夏侯尚，字伯仁，三国曹魏武将，夏侯渊之侄，与曹丕亲近友好。可以说曹丕和夏侯尚是一块玩尿泥长大的好朋友，关系不一般，感情很深厚。他即位之后，便把夏侯尚提拔为征南大将军，屯驻宛城，负责长江中游的防务。

有了好朋友的关照，本来年纪轻轻的夏侯尚前途无量，不曾想这颗被大家看好的将星在四十左右的黄金年龄便过早陨落了。

夏侯尚不是战死沙场，而是因为相思而死。虽然作为将军，夏侯尚的死不怎么光彩，但作为一个男人，能有这种痴情，足以让人唏嘘不已。

本来，夏侯尚因为非常喜欢一个爱妾，结果便冷落了出自宗室的正室。这大老婆不乐意了，便跑到曹丕面前告状。女人争风吃醋，这本不是什么大不了的事情。但曹丕却很生气，下令绞死了夏侯尚的爱妾。曹丕以为这件事就这么结束了。没想到夏侯尚偏偏是一个痴情的男人，对冤死的爱妾思念不已，异常悲伤的他精神恍惚，一年后便因忧郁而死。

没想到一个死去的女人还有这么大的能量，曹丕后悔不迭。但天下没有卖后悔药的，既然夏侯尚已经不在了，那么他的那个坑必须得找个合适的萝卜来填。

虽然他一万个不乐意让外人掌握兵权，但宗室子弟无人能填补夏侯尚留下的空缺，他只好从自己的心腹臣子中琢磨人选，结果司马懿便中了头奖。

如今，面对天上掉下的大馅饼，司马懿迟疑了。这是不是曹丕的一个考验，看自己是否贪婪军权呢？如果真是一项考验的话，那么打死也不能接这个头衔，这可是要掉脑袋啊。司马懿已经想好了托辞，打算推掉这个烫手的山芋。

“因女人而死，夏侯尚真是可惜了。”

“夏将军的痴情让吾辈汗颜。”

“一个男人，一个将军竟然如此痴情，唉！”

曹丕的一身叹息，蕴含了无尽的遗憾和自责，如果他没有下令杀那个女人，相信此刻的夏侯尚还好好地活在他的面前。

“人死不能复生，陛下节哀啊。”

曹丕稳定了一下情绪，说：“好了，不说他了，说说你吧。”

“说我？”司马懿有些意外。

“对，从朕当太子到做皇帝，爱卿作出的贡献是有目共睹的。”

“陛下过奖了，这是臣的分内事，能为魏国效力，是臣的荣幸。”

如果能得到领导的夸奖，恭喜你在领导心中有了一定的地位，接下来会得到实质性的奖励，当然，前提是这位领导够大方、够慷慨。

如今，听着曹丕给自己戴高帽，司马懿心里也是美滋滋的。

“朕要让你做大将军，如何？”

虽然这是司马懿迫切想得到的，但他觉得这几乎是唾手可得的重量级军衔还是有些不靠谱。

“陛下，臣恐怕胜任不了啊。”

“爱卿不要谦虚，此职位非你莫属。”

“宗室子弟人才济济，可以从中找人担当此重任。”

司马懿的谨慎是出了名的，从他的话语中曹丕听出了他怕被人挤兑的担忧；从他的眼神曹丕也看出了他的惶恐。

没办法，只有掏心窝子了。

“为了帝国，朕日理万机，夜以继日，忙得都顾不上休息。让你担任武官，并不是让你以此为荣，而是要你替朕分忧。”（吾于庶事，以夜继昼，无须臾宁息。此非以为荣，乃分忧耳。）

话都说到这个份儿上了，就差曹丕跪下来了。戏演到这里该收场了，要不就过头了。毕竟过度谦虚就有骄傲的嫌疑了。

盛情难却，何况又是皇上给你安排差事，在搞清楚皇帝不是在做政治考验后，司马懿只能半推半就了。

结果，司马懿就升任抚军大将军、假节，领兵五千，另外，还加给事中、录尚书事，在许昌留守，镇抚百姓并负责军资补给、督后台文书。就这样，司马懿被这个天上掉下的大馅饼砸中了。

最后的南征，跨不过的茫茫大江

曹丕虽然日理万机，忙得连唠嗑的工夫也没有，但他对孙权一直耿耿于怀，所以，在他当皇帝后，一有功夫就忙着攻打东吴。

黄初五年（224 年）七月，曹丕有大举进军伐吴的打算。虽然侍中辛毗认为时机没有成熟，应该养民屯田，十年后才可伐吴，但曹丕没有采纳，在八月便率大军兵锋直指东吴。结果无功而返。

每当想到孙权在东吴还活蹦乱跳，曹丕心里就极度不爽。这个在外交上把自己玩得团团转的人一天不死，我曹丕就一天不能舒坦。到了黄初六年（225 年），手痒的曹丕拉开了第三次南征东吴的序幕，也是他最后一次南征。

前方打仗，最怕的就是后方作乱。为了避免祸起萧墙，也为了能有一个强有力的后勤保障，必须选派一名得力干将镇守后方。不管是从工作能力，还是从人缘来看，这个人选非司马懿莫属。

近几年，司马懿踏实肯干、任劳任怨、工作严谨，获得了朝野内外一致的好评。所以，曹丕特令司马懿以抚军大将军的身份镇守许昌后方，内镇百姓，外供军资。

在大部队即将出发前，曹丕特意召见了司马懿，语重心长地说：“朕最担心的就是后方的稳定安全，所以把后方委托给卿。”（吾深以后事为念，故以

委卿。）

“陛下放心，只要有我司马懿在，后方定会平安无事。”

“虽然爱卿不能随朕上阵杀敌，不过没关系，曹参虽然多有战功，但比不上负责后勤的萧何。朕没有后顾之忧，便是爱卿对帝国做出的最大贡献。”（曹参虽有战功，而萧何为重。使吾无西顾之忧，不亦可乎。）

“一定不辜负陛下的重托。”司马懿连连表态。

曹丕满意地点点头，道：“你办事，我放心。”

一切准备妥当后，在这一年八月，曹操率大军入淮。尚书蒋济曾上表水道难通，但打定主意南征的曹丕根本听不进谏言。

若想战争取得胜利，就要天时地利人和，这三个因素缺一不可。事实最终证明曹丕南征的勇气虽然可嘉，但他忽略了一个天气因素。没有天时的战争，注定难以克敌制胜。

当曹丕带领数十万大军到了广陵（今江苏扬州）故城时，一个严峻的问题摆在了他的面前：河里结冰了，船不得入江。更糟糕的是冰还结得不怎么结实，人马不能踏冰而过。

数十万大军沿江一字排开，旌旗就绵延数百里，眼见对面就是严阵以待的东吴士兵，可就是打不到，这让人眼馋手痒的滋味着实不好受。

被茫茫大江阻隔，这是曹丕做梦也没想到的，他只能望江兴叹：“嗟乎，这是老天强行分隔南北的啊。”（嗟乎，固天所以限南北也。）

在这里想到了项羽兵败后的那句颇有怨言的话：天亡我，非战之罪也。其实，项羽之所以失败是因为不善于用人，失去人心的他，败局早已注定，只不过来得早晚而已。

此刻，曹丕也是在为自己找个台阶下，作为统帅，只顾兵强马壮，却忽略了天气因素。这场徒劳无功的军事行动，他负有不可推卸的责任。

曹丕确实是没辙了，只好率大军原路返回。

最后的南征如果能就此画上句号，还马马虎虎能说得过去。但偏偏东吴将士都不是省油的灯，他们不想就这么草草结束。

你大张旗鼓地要来打我，结果一枪未放就想全身而退，你是来吓唬我的吗？天下没那么便宜的事，你没办法打我，我有办法咬你几口。

大江虽然在曹丕眼中是一道坚不可摧的屏障，但对从小就在水里泡大的东吴人来说就不算个事儿。

东吴杨威将军、广陵太守孙韶见曹丕要退军，便决意要打几下，杀一杀曹军的威风。他派部将高寿率五百敢死之士，偷偷渡江后抄小路袭击曹军。

曹军本已经做好了打道回府的准备，根本就没想到东吴士兵会渡过大江偷袭，所以，一下子被这东吴的五百拼命儿郎打乱了阵脚。更要命的是曹丕的仪仗队也遭遇了突袭。

面对从天而降的东吴兵将，曹丕大吃一惊，敌情不明，啥也不说了，赶紧逃命吧。于是，曹丕带着几名亲信随从落荒而逃。

高寿毕竟只有五百人，若等曹军回过神来反击，很难全身而退，所以，也就是吓一吓曹军，没打算死咬住曹军不放。见曹丕逃跑后便停止追击，捡了曹丕慌乱中丢下的羽盖、副车等仪仗用品回东吴领赏去了。

再看曹丕，一路逃回洛阳后，想想那些杀人杀得眼红的东吴兵，还心有余悸。此番军事行动就这样结束了，没有取得任何让人满意地战绩，反倒被突袭，弄了个落荒而逃。本想敲打敲打孙权，出出被他在外交上戏弄的恶气，没想到恶气没出得了，反倒又添了新堵，这次真是丢人丢到家了。

虽然南征的军事行动失利了，但后勤工作搞得还是有声有色的，该表扬的还得要表扬啊。

于是，曹丕给司马懿下了一道圣旨："朕在东边，你就管西边；朕在西边，你就管东边。"（吾东，抚军当总西事；吾西，抚军当总东事。）

这道圣旨的分量不轻，几乎把司马懿摆到了和曹丕一样高的位置。可见，曹丕向世人发出了这样一个信号：曹魏离不开司马懿。

曹丕回到洛阳已经是黄初七年（226年）的正月，由于惊吓和羞愧，他病倒了。

本以为躺几天就可以下床了，因为曹丕今年毕竟才四十岁。没想到，在接下来的几个月曹丕的病情总是不见好转，到了五月份，他便再也下不了床了，离大限之日不远了。

都是南征惹的祸，如果没有这次徒劳无功的南征，也许曹丕就不会病入膏肓。现在说什么都晚了，曹丕眼见就要不行了，到了要交代后事的时候了。

在洛阳城崇华殿的南堂，中军大将军曹真、镇军大将军陈群、抚军大将军司马懿静静地立在两旁，等待着曹丕最后的指示。

曹丕用尽全身力气，勉强半躺着，看看年轻的太子曹叡，又看看曹真、陈群、司马懿三位重臣，最后，他的目光又落在太子曹叡身上，虚弱地说："若有人说这三位的坏话，千万不要听，更不要怀疑他们。"（有间此三公者，慎勿疑之。）

人之将死，其言也善。无论是英雄还是奸雄，在临死的时候都是不需要任何伪装的，更不会忽悠自己的儿子。

所以，曹叡点点头，把父王的嘱咐铭记于心。

嘱咐完儿子后，曹丕还是不放心，又转头对三位重臣说了一些忠心辅政、早日灭掉吴蜀统一中国之类的话，便累得有些支撑不住了。

看着躺在床上奄奄一息的曹丕，大家心里都明白，曹魏帝国即将迎来新的帝王了。

黄初七年（226年）五月，魏文帝曹丕在洛阳驾崩，终年四十岁。二十出头的曹叡，即位为帝，史称魏明帝。司马懿作为托孤大臣之一，辅佐新帝。

属于曹丕的时代就此结束了，他的一生几乎有一半的时光是在宫廷的勾心斗角中度过的，为了博得父亲的喜爱，苦苦伪装自己。他在位的短短七年时间，虽然不怎么出彩，但好歹兢兢业业地做了很多事，比如，重视文教，修复洛阳，营建五都，推广儒学文化；创立九品中正制，开创士族政治之先河；巩固中央集权，限制后党、宦官权力；多次击败鲜卑骚扰，巩固北疆边防，等等。这些事情还是让他颇感欣慰的。

历史的脚步永远不会停歇，总有人要退出历史舞台给新人让位。虽然曹丕走了，但司马懿最终搭上了曹丕这把登天之梯，成为三位托孤重臣中的一员。毫无疑问，司马懿是胜利者，他必将迎来人生的又一个高峰。

【第八章】借刀杀人，杀的就是你

 姓曹还是姓袁，谜一样的口吃皇帝

曹叡即位为皇帝，曹魏帝国又翻开了新的一页，这个新政府的领导班子的核心人物无疑是以曹真、陈群和司马懿为首的三位辅政大臣。司马懿本以为这位新皇帝会不打折扣地执行曹丕的临终嘱托，但他错了。

这位二十出头的年轻皇帝虽然在礼节上对辅政大臣恭敬有加，但在权力上毫不含糊，一上台便牢牢控制了中枢大权，而且处事沉着、刚毅，明识善断。

司马懿感叹，这个小皇帝不简单啊。

一般来说，刚当皇帝后，都爱显摆，有事没事都要召集大臣说道说道，享受那种万人之上的至尊感。不过，曹叡是个另类，虽然成了曹魏帝国的掌舵人，但他依旧像在东宫一样深居简出，不喜欢热闹。再加上他有口吃的毛病，话出奇地少，所以他很少与外人有来往，大臣们见他的机会并不多。

司马懿虽然是托孤大臣，但也很少见到曹叡。不过，他被封为舞阳侯，得到了高爵位，遗憾的是职权没有变。

都说距离产生美，身为帝王，与群臣之间要保持适当的距离，这样才能保持绝对的威严和神秘感，一切迹象表明曹叡深谙此道，这样的皇帝小看

不得。

虽然皇帝不怎么露面，但大臣们该干什么还得干，这曹魏的国家机器还得运转啊。

神龙见首不见尾，这新君到底是个什么样的人啊。一个有幸被召见的人给出了评价，这位幸运儿便是刘晔。

当被众人围追堵截追问时，他这样回答："秦皇汉武一类的人物，不过才能略有不及。"（秦始皇、汉孝武之俦，才具微不及耳。）

刘晔无论是看人还是预测，一向都比较准。从他给出的评价来看，曹叡无疑是一个明君，若果真如此曹魏的百姓就有福啦。

当曹叡还不是皇帝时，没什么人关注这个沉默寡言的孩子；当曹叡成了曹魏的新皇帝时，人们便开始关注这位新君了。

人都有好奇心，都喜欢八卦一些似有似无的事情，尤其是对大人物背后的一些隐秘更喜欢捕风捉影。

曹叡的皇帝宝座还没有坐热，一则谣言便在曹魏境内开始疯传。谣言道：曹叡不姓曹，而姓袁，他不是曹丕的儿子，而是袁熙的儿子。

这是给曹氏皇室脸上抹黑，谁这么大胆竟然敢造曹魏皇帝的谣。难道是蜀汉和东吴的间谍所为，以此来动摇曹叡执政的根基，让曹魏内部乱起来吗？

不管是谁，绝对不允许拿王室的事八卦。历来，民众和政府相比，都处于信息不对称的地位，最容易受舆论的影响，宣传工作的重要性不言而喻。

曹叡处理这则谣言的方法很简单，就两个字：压制。他颁布法令，胆敢议论王室者，砍头；胆敢传播谣言者，灭族。一时令行禁止，国内肃然，人们再也不敢提曹叡到底姓不姓曹的问题了。

其实，任何事都不是空穴来风，总能找到一些蛛丝马迹。关于曹叡的身世的确是一个谜。之所以这么说是因为他有一个特殊的母亲——甄姬。

甄姬本来是袁熙的妻子，袁绍的儿媳妇。在建安九年（204 年）八月，曹操攻破邺城后，曹丕收到的胜利果实中有一位沉鱼落雁的美女，他就是甄姬。虽然夺人之妻不太光彩，但曹丕自从见到甄姬后便迈不动步了。英雄难过美人关，这话的确不假。当曹操听到此事后，便为儿子明媒正娶，把甄姬纳入了曹丕的后宫。

本来抱得美人归是一件很享受的事情，而且甄姬还为曹丕生了一个儿子曹叡，这事儿应该有一个圆满的结局。但建立在美貌基础上的爱情岂会长久？当女人慢慢变老，容颜不再时，男人还会在意她吗？答案是不会。

十六年后，当曹丕即位为魏文帝时，他的身边有了李贵人、阴贵人、刘协的两个女儿，这些更年轻更娇媚的女人让花心的曹丕应接不暇，至于当年曾让他痴迷的甄姬，已经是明日黄花了。

甄姬不仅受到了冷落，更大的打击还在后面。

坐上皇帝宝座的曹丕准备册立皇后，能够与甄姬争夺后位的只有郭永的女儿郭女王。郭女王虽然年轻漂亮，但没有生下儿子，于是郭女王以曹叡是不足月生下来的为由，诬称甄氏与曹丕结婚时已经怀孕，也就是说曹叡是否为曹家的骨肉很值得怀疑。

根据《三国志》的记载，曹叡终年三十六岁，死于公元 239 年；那么他出生时间应该在公元 204 年，历史上的建安九年。曹丕乘乱纳甄姬是在建安九年八月，那么这么一算，即使曹叡生于年底，甄姬在见到曹丕之前就已经怀孕六个月了。照此推算，甄姬生下的儿子应该是袁氏血脉。

其实，当初曹丕纳甄姬的时候，甄姬的肚子大没大，他是最清楚不过了，但可笑的是他竟然听信了郭女王的诬称去责问甄姬。本来已经受到冷落的甄姬岂能忍受这种奇耻大辱，便与曹丕大动干戈，愤怒的曹丕最终赐甄姬自尽了，郭女王便很顺利地成为皇后。

退一步讲，如果曹丕为了能抱得美人归而说了谎，隐瞒了事情的真相，最终也不会逃过精明的曹操的眼睛。所以，有这样一种观点：裴松之根据《文帝纪》和《明帝纪》对曹叡受封武德侯年份的矛盾记载，推出曹叡应当是生于公元 206 年，终年三十四岁。

这样一来，曹叡就铁定姓曹无疑了。

历史记载总会有一些出入，这样才吸引了众多的爱好者来研究推算，才让历史显得更加丰富多彩。

忍辱负重，临危不乱，真君子也

关于曹叡的身世就探讨到这里，这个话语不多、不爱露面的孩子的忍耐力是惊人的。当初母亲甄姬被逼自尽后，他异常悲痛，发誓要为母亲报仇。不过，在偌大的宫中没有了母亲这把保护伞，他感到异常的孤单和无助。

接下来，发生了一件让人大跌眼镜的事儿：不知情的曹丕竟然诏令没有子嗣的郭女王抚养曹叡。虽然仇人相见，分外眼红，但君子报仇，十年不晚。几乎没有靠山的曹叡只有借助郭女王的势力来拿到每一个皇子都想拿到的太子头衔，于是他隐忍下来。每天早晨和傍晚都亲自入中宫，通过女官朝见嫡母郭皇后，而郭女王因为自身无子，对曹叡也疼爱有加，视如亲生。

虽然曹丕起初不喜欢曹叡，有意立徐姬之子京兆王曹礼为太子，但架不住郭皇后的耳边风，于是曹丕在病终前诏立平原王曹叡为嗣。这样，曹叡才顺利继位，并尊郭女王为皇太后，称永安宫太后。

青龙三年（235年）春，郭女王在许昌去世，按照文帝关于葬制的文告营建陵墓，三月庚寅，合葬在曹丕首阳陵西侧。

还有一种说法是，曹叡始终放不下杀母之仇，所以逼杀嫡母郭女王替生母甄氏报仇，并无大殓，还把尸体披发覆面，以糠塞口，和当初甄氏的死状一模一样。不过，这些为稗官之言，不为诸正史所取。

不管怎么说，每天能和仇人笑脸相迎，单凭这一点就不能小看曹叡。再加上刘晔说曹叡是秦皇、汉武一样的帝王，司马懿知道，自己虽然肩负托孤重任，但只有更加勤恳地工作，才能保住现有的来之不易的地位。

司马懿想，虽然曹叡的城府很深，但他毕竟年轻，在军事上应该还得仰仗手下的文武百官，但接下来发生的事证明曹叡在军事上也有两把刷子。

虽然古人云："兵不伐丧。"但孙权更信奉趁火打劫。所以，曹丕刚死了三个月，便在八月份带领大军围困江夏。

孙权此举很不地道，有落井下石之嫌。不过，司马懿听到这个消息后，变得兴奋起来，因为他觉得这是个机会，新帝一定会急得手足无措，并向托孤重臣询问应对之策。但司马懿这次又想错了。

当江夏守将文聘的告急文书传到曹叡手中时，满朝文武群情激奋，有的人谴责孙权就是一个地地道道的乘人之危的小人，还有的人请战救援江夏，誓死守卫曹魏的南大门。

面对打上门来的东吴大军，曹叡异常镇静，等大臣们发泄得差不多了，他示意大家安静一下。

“朕有个问题问大家，孙权军最擅长的是水战，还是陆战？”曹叡带着有些口吃的语气问。

“这还用说，当然是水战了。”群臣嚷嚷道。

“孙权军的长项在于水战，如今弃舟上岸围困江夏，无疑是想搞个突袭，讨些便宜罢了。”（权习水战，所以敢下船陆攻者，几掩不备也。）

群臣有些迷糊了，这新帝到底要说什么啊。

曹叡顿了顿，继续说：“如今孙权军已经和文聘相持不下，他的闪电战已经失败了，再加上他本来就不擅长陆地上攻城，而守城的我军粮草充足，比进攻的孙权军容易多了。如今的孙权，战略意图没有实现，又不占据优势，他还会坚持攻城吗？”

听着曹丕头头是道的分析，司马懿暗自佩服这位二十出头的新帝，不愧是曹操的后代，临危不乱，颇有帝王风范。

“陛下，毕竟文聘势单力薄，万一坚守不住，怎么办？”有大臣斗胆发问。

曹叡笑了。

这是一种得意的笑。

“朕料到有人会乘人之危，已经派了治书侍御史荀禹前往边境劳军，荀禹文武全才，一定会助文聘一臂之力，化解此次危机的。”

群臣明白了，怪不得魏明帝稳坐钓鱼台呢，原来他早有准备啊。

再看荀禹，果然不负众望，面对围困江夏的孙权军，他发动周边县里的兵勇及所从步骑千人，登山举火以为疑军。

而孙权虽然多次对江夏发起猛烈攻击，却怎么也拿不下这座城池，当看到荀禹布下的疑军后，误以为曹魏的援军已到，便下令撤军了。

就这样，江夏之围被化解了，而孙权什么也没得到，几乎是白忙乎一场。

当然，我们也不能小看了孙权，他既然决定要在曹魏新帝登基、内部不稳的情况下咬一口，就不会只打这么一下就草草收手。

就在孙权围困江夏时，东吴的另一路由诸葛瑾、张霸带领的人马也在围攻襄阳（今湖北襄樊市）。鸡蛋不能放在同一个篮子里，同样，行军打仗也不能把宝都押在一处。孙权梦想着多处开花，如今他带领的一路人马无功而返，只能寄希望于另一路人马能有所斩获了。

襄阳告急，曹叡会如何应对？他还会按兵不动，或早已埋伏了奇兵吗？

大臣们都满怀希望地看着曹叡。

我又不是神仙，能处处算出对手的进攻路线。

没想到，这孙权的胃口真不小，看来不咬我一口是不会罢休的。

兵来将挡，水来土掩，既然你已经亮剑，我也不是好欺负的，接招了。

这次，曹叡命令司马懿带兵还击，痛击进犯的东吴军队。

司马懿自从当了抚军大将军后，还没有带兵上过战场，真刀真枪地干一场呢。

如今，机会来了。

对司马懿来说，这异常重要，他必须打赢这场处女战，证明自己并不是徒有虚名，以便给新帝留下一个好印象。

诸葛瑾虽然在东吴很有名，但他并不是带兵的一把好手。当司马懿领兵到襄阳后，发现这位仁兄的排兵布阵太过平常，料定他不会有什么奇策，便下令将士们发动强攻。结果，诸葛瑾的军队连曹军的第一轮冲击波都没有抵挡得住，被杀了个七零八落，而且大将张霸也被斩杀在了马下。

诸葛瑾一看，败局已定，便赶紧收拾残兵败将撤回到了东吴。

这是司马懿在他的军事生涯上的第一次亮相，结果就打了个大胜仗，从此奠定了他在曹魏的军事地位。

不管是一个小的团队，还是一个大的国家，有赏有罚，才能调动人的积极性。所以，到了年底，曹叡大封群臣：封太尉锺繇为太傅，征东大将军曹休为大司马，中军大将军曹真为大将军，司徒华歆为太尉，司空王朗为司徒，镇军大将军陈群为司空，抚军大将军司马懿为骠骑大将军。

当时，大司马、大将军和骠骑大将军是军界让人眼馋的三个重量级职位，司马懿已经光荣地成为军界的第三号人物。

跻身官场的人都希望手中握有实权，尤其是军权，如果能在军界说上话，那么就没有人敢小看你了。如今，司马懿获得了这种殊荣，他连做梦都忍不住偷偷在笑。

人无千日好，花无百日红

转眼到了太和元年（227 年）六月，曹叡诏令司马懿屯驻在曹魏南方战区的大本营宛城，加督荆、豫二州诸军事。至此，夏侯尚留下的位置完全由司马懿接替了。

近几年，司马懿的好运接二连三，他已经成为曹魏数得着的几个大人物之一了，可谓是大红大紫。在司马懿升官发财时，有一个人却混得越来越差了，他就是新城太守孟达。

孟达，扶风郡（今陕西兴平东南）人，其父孟他做过东汉凉州刺史，孟达在建安初与同郡法正入蜀投奔刘璋，但一直无法得到重用，于是改投刘备。奇袭荆州之战时因不发兵救关羽触怒了刘备，孟达自知在刘备手下没好果子吃了，便观望究竟投奔孙权还是曹丕。权衡之后，他觉得还是曹魏的势力比较大，而且听说曹丕是一位明君，便不再犹豫，带领部属四千余家投奔到了曹丕的帐下。

良禽择木而栖，贤臣择主而事。任何一位忠臣都想辅佐一位贤明的君主。可事实上，一位良臣找一位志同道合的君主是一件比较难的事。在大多数人眼中，孟达与忠臣是挂不上钩的，因为他多次背叛旧主。如果换一个角度来看，为了谋一个好前程，孟达多次跳槽，这能是他的错吗？毕竟，人往高处走，水往低处流。

关于孟达所为的争议，我们不好多说什么。毕竟，每个人都有自己的选择，对孟达来讲，他当初的选择肯定是最好的选择。

孟达容貌出众，才气过人，他的魅力深深吸引和打动了曹丕。在曹丕眼中，孟达有“将帅之才也”，或曰“卿相之器也”，是一个文武全才的人。

既然是人才，就要委以重任，于是，封孟达为散骑常侍、建武将军、平阳亭侯，还把上庸、新城、房陵三郡并为一郡，任命孟达为新城太守。

把一个叛将抬举得这么高，这让曹魏的百官有些想不通。因为在他们眼中，孟达就是一个十足的投机小人。皇帝一定是被孟达的伎俩蒙蔽了眼睛，进谏是必须的。

先是刘晔，他认为孟达虽然有才，但投降曹魏不过是为势所迫、为利所驱，这样的人没有感恩之心，一旦有变，是帝国的一大祸患。接着是司马懿，他认为孟达言行狡诈，不可以授以边疆重任。（言行倾巧，不可任。）

此刻，曹丕对孟达非常器重，甚至引与同辇，所以根本不理会这些逆耳的谏言。而孟达又与夏侯尚交好，可谓春风得意，前途一片光明。

人无千日好，花无百日红。一个人春风得意的日子总是非常短暂的。当曹丕驾崩，夏侯尚病死后，孟达在曹魏感到了一种前所未有的孤独。他总感觉有一堵又一堵看不见的墙壁，限制着他，阻隔着他，让他无法融入曹魏的官场。每当想到七年前，那些反对自己的人，他心中就不寒而栗，被一种不祥的预感笼罩着。

没有了曹丕这个大靠山，没有了夏侯尚这位好朋友，孟达在曹魏简直就是在熬日子。再加上几年前，上庸地界的地头蛇申仪也归降曹魏，受封为魏兴太守，这就如同在孟达身边安插了一双眼睛，他的一举一动都被申仪看在眼中。因为二人的关系不咋地，所以申仪常常上书说孟达的坏话。朝廷本来就不看好孟达，让申仪这么一搅和，孟达的日子就更不好过了。

眼见别人飞黄腾达，升官发财，我孟达却原地踏步，甚至还后退几步。既然曹魏已经不是自己的最佳选择，那么自己还可以去哪里呢？

孟达又把目光投向了蜀汉，也许那里才是自己真正的归宿。

 笑着让你死，借刀杀人要狠

天无绝人之路，就在孟达想着再一次跳回蜀汉时，一封来自蜀汉的书信让他对此更加信心十足，因为寄信的人是蜀汉的两大军政巨头李严和诸葛亮。

蜀汉的两大巨头怎么想起拉拢孟达了呢？原来，自从关羽失荆州后，蜀汉便一天不如一天，大有散伙各奔东西的趋势，幸亏诸葛亮用他超人的才能

和群臣紧咬牙关，一步一步攻克难关，才让蜀汉度过了危机。

南蛮叛乱时，诸葛亮亲自带兵七擒孟获，最终平定了南中。在撤兵回来的途中，他与从曹魏投降过来的李鸿闲聊时，得知了孟达不得志的近况。心思深沉缜密的诸葛亮非常厌恶孟达的为人，如果让这样的人再回到蜀汉的怀抱，必定是一个大隐患，因为你不知道他什么时候又会弃你而去。所以，诸葛亮决定一定要把这个人拒之门外。

在蜀汉内部，大体上有两大集团：一是以诸葛亮为代表的荆州集团；一是以李严为代表的东州集团。刘备为了平衡派系，所以在死前特意命诸葛亮和李严为两大托孤重臣。

有人的地方就有江湖，有江湖的地方就有派系，有派系的地方就有争斗，有争斗的地方就有成与败。刘备本以为自己的决定很高明，其实不然。在他死后，诸葛亮把军政大权牢牢地紧握在自己手中，东州集团的地位一落千丈。李严不能忍受这种境况，他发誓要加强本集团的实力。

就在这时，李严想到了叛逃的孟达，并打探到在曹魏的孟达过得并不如意。孟达原来是刘璋的旧部，属于东州集团，而且与李严的私交甚密。如果能让孟达和他的军队回归，无疑会助自己一臂之力，于是李严便想把这个人拉入自己的阵营，从而壮大东州集团的实力，在蜀汉内部争取更多的利益。

但诸葛亮的目标是完成北伐大计，消灭曹贼，如果蜀汉搞内斗的话，根本就没有精力北伐了，所以他绝对不允许李严玩内耗搞破坏。

既然如此，李严想拉孟达入伙，在诸葛亮那里是行不通的，从这一刻起，孟达就被诸葛亮判了死刑。不过诸葛亮还不想和李严撕破脸皮，毕竟团结还是第一位的。所以在李严面前，他要很好地伪装自己，摆出另一副面孔。

就这样，李严和诸葛亮表面上一团和气，暗地里却较着劲，处于劣势的李严在蜀汉的地位日渐尴尬。为了扫清孟达回归蜀汉的道路，诸葛亮这一关是一定要过的。

“孟达有回归之意，丞相意下如何？”

诸葛亮已经猜到李严会拿孟达说事，如果不赞成的话，就会被对方抓住排斥异己、任人唯亲的把柄。诸葛亮是何等聪明之人，自然不会把把柄落在别人手中。

“好事啊，李将军与孟达的关系不错，此事就由你来办吧。”

太阳难道从西边出来了？李严被打了个措手不及，本来准备了一大堆说辞，结果一句也用不上，不过他非常喜欢诸葛亮的这个态度。

得到诸葛亮的首肯，孟达的回归貌似已经不再是问题了，李严屁颠屁颠地离开了。

看着李严远去的背影，诸葛亮笑了，一种得意又略带阴险的笑。

这是为何？诸葛亮本该反对孟达回归才对，他为何举双手赞成呢？其实，在答应让孟达回归的时候，诸葛亮心中已经有了一条妙计，一条借刀杀人的妙计。

在李严看来，孟达的回归能壮大蜀汉的实力，诸葛亮不加阻拦也在情理之中，便没想那么多，也没想到诸葛亮会给他下套，内心无比激动的他急忙给老朋友孟达写了一封热情洋溢信，内容是：“我和孔明受先主托付，忧深责重，非常希望能得到一个好帮手。”（吾与孔明俱受寄托，忧深责重，思得良伴。）

虽然李严身为辅政大臣“统内外军事”，却只能坐镇永安、江州等地，根本没有机会参与到朝廷军政决策之中，备受冷落。这封信表达了他急切期盼孟达归来，共辅蜀汉政权的愿望。

李严的来信让郁闷无比的孟达看到了希望，回想当年在蜀汉与李严并肩作战的往事，仿佛就发生在昨天一样。如今，李严向自己伸出了橄榄枝，孟达心中虽然无限感激，但他还没有完全下定决心要回归蜀汉。因为蜀汉的另一位重量级人物诸葛亮还没有任何动静，蜀汉的大门是否完全向自己打开，还不一定呢。

就在孟达犹豫不决时，他又收到了诸葛亮的亲笔书信：“往年南征，岁末乃还，正好与李鸿在汉阳相遇，得知你的近况后，不胜感慨。当年是刘封侵犯你在先，破坏了先主的待士之义。每当想到你的好，我便依依东望，所以送来了这封书信。”诸葛亮的书信情真意切，表达了他迫切希望孟达幡然悔悟，回归故国的意愿，可谓是用心良苦。

接连两封书信把孟达彻底打败了，不如意的他正寻思着出路在何方呢，这下好了，既然蜀汉还念旧情，那么我就投蜀汉了。

孟达派人回信：送上纶帽、玉玦，表明自己归意已“决”。（今送纶帽、玉玦各一，以征意焉。）

一切都照着诸葛亮设计好的剧本往下演，见鱼儿已经上钩，第一步进行得非常完美，接下来该进行第二步了。这一步非常关键，既要让曹魏知道孟达将反的消息，又要做得不留痕迹，看不出是自己把消息透露给曹魏的。

诸葛亮找到了心腹郭模，说了这样一番话：

“孟达将要回归我蜀汉，你去诈降，助他一臂之力。另外，魏兴太守申仪也是从蜀汉这边降过去的，若把他也争取过来，我给你记头功。”

郭模领命而去。

本来是孟达要回归，这关申仪什么事，为何要把申仪给牵扯进来呢？这就彰显了诸葛亮的高明之处。孟达和申仪有一个共同点，那就是都是从蜀汉叛降曹魏的，但这二人却尿不到一个壶里，虽然都在曹魏效力，却都看着对方不顺眼，恨不得把对方置于死地而后快。

诸葛亮让郭模去争取申仪，就是让他无意中把孟达的事抖搂出去，这样申仪肯定会上报孟达将反的消息，曹魏便会派人征讨孟达，诸葛亮就成功借助曹魏的力量除掉让他吃不好睡不香的孟达。

借刀杀人的妙计被诸葛亮演绎得如此出神入化，不愧为一代军师。

 出其不意，先发制人要快

诸葛亮的局已经布好了，曹魏这把尖刀能把孟达除掉吗？这还得看曹魏派谁前来征讨，毕竟上庸、新城、房陵三郡地势险要，易守难攻。诸葛亮该演的戏都演完了，接下来该腾地方让别人上场了。

申仪原先是西平、上庸间的豪强大户，申耽之弟，在当地的势力很大，如果能争取过来，必定会成为蜀汉对抗曹魏的一支生力军。

诈降曹魏的郭模很敬业，前去拜访了魏兴太守申仪，并把孟达要回蜀汉的事一五一十地说了一遍，最后还不忘问了一句：

“一起回蜀汉，如何？”

申仪算明白了，郭模是诈降，不过，他对这个不感兴趣，在意的是孟达

反叛曹魏。他早就想扳倒孟达了，只是苦于没有机会。如今，把孟达置于死地的机会来了。真是，踏破铁鞋无觅处，得来全不费工夫。

“这个，我得考虑考虑。”

敷衍并送走郭模后，申仪马上给屯驻宛城的司马懿上书，报告了孟达将反的消息。

得到申仪的密报后，司马懿非常兴奋，等了七年，孟达终于憋不住了，露出了马脚。事实证明自己七年前对孟达的判断是正确的，这种不忠义的小人是靠不住的。司马懿恨不得马上出兵灭了孟达，但他发现了一个问题。

按照一般的程序，进行重大的军事行动要获得朝廷的批准才行，所以，自己应该请示报告，得到皇帝的诏书才能对孟达发起攻击。但宛城离洛阳八百里，宛城至新城一千二百里。如果得到皇帝的诏书再进攻孟达的话，来回就是两千八百里的行程，至少需要往复一个月的时间，到那时黄花菜也凉了。再者，如果吴、蜀两国也来搅和一下，派援兵到达的话，后果就更加不堪设想了。

战机稍纵即逝，如果错过了这个机会，也许只能眼睁睁地看着孟达叛魏归蜀了。将在外，君命有所不受。一个优秀的将领，不会拘泥于已定的条条框框，会根据千变万化的战场形势做出自己的合理判断。

是狗熊，还是英雄；是庸才，还是精英。考验司马懿的时刻到了。

司马懿在想，如果自己是孟达的话，一定也会想到这一点。如果给孟达一个月的时间加固城池，备足粮草，再加上吴、蜀两国的相助，那么，等待曹军的只能是一个屠宰场。

战争中最讲先发制人,《兵经百字·上卷智部·先》云:“兵有先天，有先机，有先手，有先声……先为最，先天之用尤为最，能用先者，能用全经矣。”如果能先发制人，打孟达一个措手不及，那么，曹军的胜算率就会大大提高。所以，这场战争胜负的关键，就是时间。

如今，有两条路摆在司马懿面前：第一条，按规矩办事，得到皇帝的诏令后，再采取军事行动；第二条，一边上疏报告情况，解释原因，一边率大军即刻出发，攻打孟达。虽然第一条稳妥，即使败了，也不会挨罚，但对国家不利。司马懿考虑再三，还是决定应该以国家利益为重，自己的成败得失并不重要，于是，他决定走第二条路。

为了稳住孟达，司马懿做足了表面工作，他给孟达写了一份信：“孟将军过去弃暗投明是明智之举，国家把西南防事委托给您，对您无比器重和信赖。蜀人对您痛恨无比，诸葛亮多次想讨伐您，只是没有机会。如今郭模说您要反叛，这是天大的事，诸葛亮绝对不会轻易泄露，显然是离间计，朝廷依然器重将军，您就放心吧。”

司马懿的这封信来得正是时候，当时，孟达正与郭模密谈，当得知申仪也知道自己要反叛后，惊得一下子站了起来。因为申仪是他的死对头，这无疑是要把他置于死地，他正要考虑要不要提前反叛时，接到了司马懿的来信。

虽然他对司马懿并不完全信任，但至少从这封信可以看到司马懿暂时还没有向自己动武的打算。再说，即使想攻打自己，那也是一个月以后的事了。到时候凭险据守，谁也奈何不了自己，也就没什么好怕的了。

孟达心里的一块石头落地了，他可以优哉游哉地筹备叛魏归蜀的事宜了。

暂时稳住对手后，司马懿决定搞个突袭，先斩后奏。手下的参谋们建议，孟达造反的迹象还不明朗，不如先看看再说。司马懿说：“孟达没有信义，天下共知，蜀汉也并不完全信任他真的要叛魏，现在是解决孟达的最好时机。”见司马懿主意已定，众人便不再言语了。

于是，司马懿亲率大军急行一千二百里，八天之后便已经在上庸城下安营扎寨了。

看着城下黑压压的军队，孟达傻眼了，他知道自己叛魏的事已经露馅，也被司马懿实实在在地忽悠了一把。

既然敌人已经兵临城下，没的说，打吧。我孟达毕竟身经百战，也不是孬种。

孟达之所以敢战，是有资本的。上庸城三面环水，城下还修筑了一道木栅防御工事，完全可以凭险固守多日。再说，他已经和吴和蜀建立了联系，他们肯定不会眼睁睁地看着自己被灭，等援兵一到，来个反包围，把司马懿的军队包了饺子，也不是不可能的事。

司马懿既然敢带兵搞突袭，就已经考虑得很全面了。当大军刚抵达城下时，就分兵在安桥、木阑塞两处驻防，阻挡来自东吴和蜀汉的援兵。围点打援的阵势已经摆开，只等一声令下就可以攻城拔寨了。

曹军的这次突袭，讲的就是一个“快”字，既然要发动闪电战，就要在敌人清醒之前彻底把他们打晕，所以，司马懿稍作休整，便下令发起了攻击。

战鼓已经擂响，曹军像潮水般涌向上庸城，转眼间，城外的木栅防御工事便被攻破。站在城头的孟达望眼欲穿，就是不见援军的身影，如果再不来的话，这上庸城就危险了。

难道根本就没有援军吗？答案是有。东吴还真发兵来救援孟达了，不过，吴兵就是来凑热闹，趁火打劫的。当到达安桥一带时，看到严阵以待的魏军，便不再前进一步了。

等待东吴兵救援已经无望，那么老东家蜀汉呢？应该发兵来救吧，毕竟，孟达就是因为要叛魏归蜀才被讨伐的。

虽然李严急切地想救孟达，但握有实权的诸葛亮不乐意，他就是要借刀杀人，岂会在关键时刻收手。不过，面子上的工作还是要做的。于是，诸葛亮也象征性地派出援军，抵达木阑塞时，还没和魏军交战就止步不前了。

就这样，孟达的救命稻草没有了，只能孤军奋战到底。

上庸城的外围阵地已经清理干净，接下来就该攻城了。这是一块硬骨头，因为没有计谋可以施展，也没有内应来呼应，只能靠血肉之躯来敲开上庸城的大门了。

一般来说，攻坚战要集中兵力，攻其一点，这样更容易形成杀伤力。但司马懿却把大军分作八支分队，从八个不同的角度猛烈攻打上庸城。

疯了，真是疯了。

面对一波又一波猛烈的攻势，孟达没辙了。

此刻，他明白自己就是孤军一支，蜀汉、东吴根本就靠不住，能依靠的只有自己和手下的兄弟们。

如果没有意外的话，孟达还能多坚守几天。但让他想不到的是，自己的外甥邓贤和部将李辅见大势已去，摇身一变成了司马懿的内应。结果，上庸城城门大开，魏军一拥而入。

战斗进行了十六天，便画上了句号。

当司马懿把孟达的首级送往洛阳后，曹叡没有追究他先斩后奏的责任，反而对他大加赞赏。司马懿凭借自己敏锐的嗅觉，消除了魏国的隐患，这次他又做对了。

再看诸葛亮，虽然借刀消灭了孟达，但也失去了重夺东三郡这一战略要地的大好时机。我们知道，东三郡位于沔水上游，“舟行下水差易而上水甚难”，蜀汉如果占据东三郡，则可顺流直下，并与东吴联合，直接威胁荆州地区由曹魏所控制的襄阳、樊城等地。这是一块肥肉，为了维持蜀汉内部的稳定，只能眼睁睁地让给别人。虽然胜利了，但这种胜利的意义有多大呢？

司马懿的闪电战打得很成功，孟达被消灭了，他可以收兵了吧。

不急，还有一件事要办。

虽然孟达被灭了，但他在此盘踞多年，形成了一定的势力，如果不把这股势力彻底除掉，那么上庸将不得安宁。所以司马懿奏请朝廷把和孟达势力有牵连的七千多家全部迁往东北的幽州。处理完这些事后，司马懿便带领军队回到驻地宛城。

在这次军事行动中，申仪发挥了穿针引线的作用，如果没有他的告密，司马懿就不能洞悉孟达的异心，更不能消灭孟达，也许孟达早已回归蜀汉了。按理来说申仪也算是功臣一个。

眼见死对头孟达被除掉了，申仪非常高兴，甚至在家门口放鞭炮来庆祝，殊不知霉运即将降临到他头上。

司马懿早就听说，申仪也不是个省油的灯，他在三郡作威作福，把那里当成了自己的小王国。如今孟达被灭了，申仪一定会更加肆无忌惮，必须要除掉这样的人，造福一方百姓。对这种地头蛇大动干戈有些不妥，如果能把申仪骗到宛城，那事情就好办多了。于是，司马懿心生一计。

兴高采烈的申仪正在庆贺，司马懿派的人突然大驾光临。

“申太守，你太不懂规矩了，我们大帅取得这么大的胜利，各地郡守都送礼祝贺，你怎么迟迟没有动静呢？”

申仪一下子清醒过来，对呀，以后还得仰仗司马懿呢，可不能得罪这样的狠角色啊。说实话，他不愿意离开自己的一亩三分地，但司马懿又不能得罪，无奈之下，只好备了一份厚礼，亲自前往宛城祝贺。

申仪梦想着怎么也能有顿酒喝，可让他料想不到的是，等待他的不是酒宴，而是早已布好的陷阱。他怎么也想不到前几天见面还笑呵呵的司马懿，会突然翻脸不认人，给自己来个五花大绑。

面对被绑得像个粽子的申仪，司马懿当众细数了他的一条条罪过，便把他押解到洛阳接受审判了。

就这样，司马懿没费一枪一弹，便把申仪给解决了。

向强国叫板，打不赢的战争

如果说除掉孟达，司马懿是胜利者的话，那么，导演这场戏的诸葛亮更应该是胜利者。为了蜀汉内部的安定，他只能出此下策借刀杀人。在诸葛亮心中，有一个更大的计划，为了实施这个计划，他只能舍卒保车，稳住曹魏。

自从刘备死后，诸葛亮便把恢复汉室，统一中国作为自己的人生奋斗目标。如今刘备已经死去五年了，蜀汉的元气也恢复得差不多了，是时候向曹魏亮出宝剑了。其实，早在司马懿擒斩孟达的上一年，诸葛亮就悄悄地排兵布阵，派了大量的军队北驻汉中，摆出了进攻曹魏的阵势。

诸葛亮如此用兵，难道曹魏就没有察觉吗？在魏国人看来，自从关羽、刘备相继死去之后，蜀汉元气大伤，再也没有实力向魏国挑衅了，想“收复中原”，只是一厢情愿的美梦罢了。所以，曹魏放松了对蜀汉的警惕。

这对诸葛亮来说，是一个机会，是时候实现先主刘备的遗愿了。

曹魏太和二年、蜀汉建兴六年（228 年）的春天，一切都已经准备妥当，诸葛亮决定向曹魏出兵。

此次从汉中攻打曹魏，可以进攻西边的陇右和东边的关中。诸葛亮选取的进攻路线为：从最西边的祁山一线出兵，先把陇右攻打下来作为基地，稳扎稳打，一步一个脚印，把魏国西部边疆的领土都纳入自己的腰包。

在蜀汉，诸葛亮就是神，他在军事方面的经验和能力无人能及，所以，一般来说，武将们对他制定的北伐计划都没什么异议。不过，也有例外。这次就有人提出了不同的意见，他就是蜀汉丞相司马、凉州刺史魏延。

魏延，字文长，义阳（今河南省信阳）人。初随刘备作战，智勇双全，勇冠三军，深得刘备信任，刘备称王后受封汉中太守，刘备称汉中王后被封为督汉中镇远将军，领汉中太守，蜀汉建立后升为镇北将军。可以说，魏延是刘备时期留存下来的为数不多的将星之一，因为镇守汉中，对这一带的地理环境非常熟悉。针对这次北伐行动，他的建议是：直接取道子午谷，全取关中。

诸葛亮的北伐计划是要稳中求胜，而魏延是要搞突袭，这是完全相反的两种军事思想。虽然出发点是相同的，都想让蜀汉取得胜利，但这是如同平行线的两条路，因为没有交会点，所以想折中一下都不可能。

虽然诸葛亮也想到过这条路，但他认为此举太过冒险。子午谷是一条通往关中的要道，地势险要，万一魏军设伏，必将全军覆没。即使没有伏兵，出子午谷，抵达关中，一个疲惫之师如何攻取重镇长安，而且如此急行军，后勤保障也跟不上，必将影响士气。

所以，一向谨慎周全的诸葛亮否决了魏延的“子午谷奇谋”。虽然魏延想率领精兵五千和携带粮食的后勤兵五千，兵出子午谷，直取长安，但所有的兵将都围绕诸葛亮的北伐计划安排好了，根本就没有多余的人给魏延。

但魏延觉得自己的计策天衣无缝，至少应该让自己带领人马去尝试一下，怎能如此草率地否决呢？所以，他既郁闷又愤怒，觉得诸葛亮是在给他穿小鞋。

许多人读到这里都忍不住扼腕叹息，如果诸葛亮能大胆一些，让魏延出奇兵直取长安，也许三国的历史就要改写了。

其实，对和错是相对而言的，诸葛亮从蜀国弱小曹魏强大的全局出发，认为弱小的蜀国不能有任何闪失，因为输不起，所以力求稳中求胜。如果从这个角度来看，我们便不能用简单的对和错来给诸葛亮扣帽子了。

作为最高的军事统帅，诸葛亮要用全军之力来实现自己的战略意图，他决定兵分三路，有虚有实，给曹魏以痛击。

第一路：派名将赵云与邓芝带领一支军队兵出褒斜道，进入箕谷，兵锋直指郿城，吸引曹军主力部队。

第二路：派先锋马谡带兵绕过祁山，直取街亭，建立基地。

第三路：诸葛亮带领其余众将围困祁山，然后试图与马谡会合。

当三路大军摆开架势准备进攻时，曹魏也得到了蜀军进攻的消息。不过大多数人都不相信蜀汉真的会发动攻击，因为两国的综合国力不在一个档次上，一个弱国竟然向一个强国叫板，这无疑是在找死。

虽然曹叡也有这种优越感，但他的头脑是清醒的，蜀汉只要有诸葛亮在，就可能会向曹魏动武。所以，当曹叡得知诸葛亮将亲率大军兵出褒斜道，直取郿城的密报后便急了。因为关中军区的总司令夏侯楙是靠关系上去的，没什么军事才干。这诸葛亮专打人的软肋，真是狠毒，于是便急令曹真带兵前往郿城加强防备。

当曹真带兵到了郿城后，果然在箕谷发现数量不明的蜀军，于是曹真便准备来个守株待兔，下令全军停止前进，等蜀军出谷后再迎头给予痛击。

就在曹真做着全歼蜀军、活捉诸葛亮的美梦时，却传来了坏消息：祁山和街亭告急。接着，天水郡、南安郡、安定郡先后落入了蜀汉之手。

至此，曹叡才明白原来诸葛亮是分三路大军进攻曹魏。虽然蜀汉的进攻势头很猛，但曹叡坚信没有了蜀汉险要地势的护佑，蜀军没什么可怕的。何况蜀军本来实力就不强，如今兵分三路更容易各个击破。

既然搞清楚了对手的虚实，接下来就好办了。

曹叡命令老将张郃带五万骑兵、步兵对付诸葛亮，并授权他监督驻关中的各路军队。而曹叡自己也驾临长安坐镇稳定军心。

既有名将张郃出马，又有皇帝背后压阵，魏军的士气大涨，暂时止住了溃败的趋势。

张郃不愧是一代名将，被寄予厚望的他没有让人失望，一到前线就敏锐地发现蜀汉攻势的七寸所在：在街亭的马谡。如果打掉了这支部队，那么蜀军进攻的步骤就被打乱了，借机消灭其他两路人马就不是什么难事了。

张郃的判断非常准确，马谡这路军是诸葛亮最担心的。当初之所以让马谡守街亭，一来是因为派不出其他让人满意的将领；二来是想锻炼培养一下足智多谋的马谡，所以才让擅长纸上谈兵的马谡担当了重任。为了以防万一，诸葛亮特意安排了老成持重的王平担任马谡的副手。

但诸葛亮还是犯了错误，在战场上最高指挥官有最终决定权，就是给他安排一千个副手也不管用啊。

果然，在街亭的马谡根本不听王平的劝谏，将大军驻守在南山。结果，蜀军被张郃的曹军团团围住，并切断了水源。最后，除了王平的那支分队，马谡率领的蜀军被打得落花流水。眼见败局已定，马谡只好只身逃回蜀国。

街亭失守让诸葛亮欲哭无泪，他最担心的事最终还是发生了。他知道蜀军的攻势就此将被终结，这次北伐注定是无功而返。

诸葛亮在仰头长叹，恨天不佑我，而魏军就不一样了，前线大捷的消息大大鼓舞了他们，个个像打了鸡血一样，嗷嗷叫着向蜀军发起冲锋。就这样，蜀军没有了优势，被迫转为防守，渐渐有些不支了。

再看曹真，见别人打了胜仗，手有些痒了，但在箕谷的赵云军队就是不露头。

好吧，既然你喜欢猫着，我偏偏不让你猫着。

曹真下令对赵云军队发起攻击，其实，赵云这路人马就是一个幌子，兵少将寡，主要任务是吸引曹魏主力，所以根本无法抵御曹真的进攻，结果，没打几下，就撤退了。

就这点兵力，原来是逗我玩啊。

曹真赶跑赵云后，回师收复三郡，蜀军又回到了进攻前的起点，白忙乎一场。

仗打成这样，诸葛亮也回天无力，只好下令挟持了一千多家曹魏居民，返回大本营蜀汉。打了败仗，就得问责，否则对上对下都无法交代。为了申明法度，诸葛亮首先自贬三级，接着挥泪斩马谡，并给予赵云等将领相应的处罚。

就这样，蜀汉最有希望成功的一次北伐行动以失败而告终了。

便宜不是好捡的，实力才是硬道理

身为一员武将，上阵杀敌立功是毕生的追求。眼见西线战事告捷，曹魏的一些将领坐不住了。

先看在中线防守的司马懿，天天盼望着有人来攻打他所在的宛城，但就是不见敌军的影子。既然盼不来敌军，令他出兵攻打蜀汉或东吴也可以啊，但就是见不到朝廷令他出兵的诏令。如果用两个字形容司马懿的心情，那就是郁闷；如果用四个字形容，那就是极度郁闷。

再看东线最高军事统帅曹休，他也坐立不安，为了立功，甚至主动请战出击东吴。

将领们争先恐后地争着杀敌立功，这是个好现象，曹叡对此非常满意。但吴、蜀两国都不是说灭就能灭掉的，蜀汉有险要的地势易守难攻，东吴有茫茫的大江阻隔，这一度让曹叡非常头痛。

一次，司马懿被曹叡召回京师问话。

“灭吴、蜀两国是先王的遗愿，朕日夜都想着办好这件大事，先灭哪一个比较好呢？”

“先灭吴。”司马懿的回答很干脆而且满怀信心。

按理来说，曹丕四次南征，都被大江阻隔，无功而返，实践已经证明攻打吴国是白忙乎一场，倒是和蜀国作战值得尝试一番。

但司马懿为何赞成先灭吴国呢？曹叡满脸疑惑。

“为何？”

司马懿底气十足地说：“在吴国人眼中，我魏国人不习惯打水战，所以他们在长江中游的东关、夏口一带没有布置重兵防守，这是一个机会。”

“什么机会？”

“擒贼先擒王，攻敌先攻心。东关、夏口一直是吴国的咽喉地带，如果先让陆军攻打皖城，借以吸引孙权的主力部队，然后，出其不意用水军攻打敌人防守薄弱的夏口，神兵从天而降，必定能一举破敌。”

“这个主意不错，但我魏国兵将大多是旱鸭子，让他们打水战是赶鸭子上架啊。”

“再强悍的军队都是训练出来的，只要肯下功夫，训练一支王牌水军不是不可能的事。”

行军打仗往往胜在出其不意，出谋划策也要讲究与众不同。只有让人眼睛一亮的计谋才能博得头彩，引起顶头上司的注意。

以往进攻吴国都是以陆军为主力，如今司马懿提出以水军为主力，这将给吴国一个出其不意的打击。而且他的这个计谋还兼具声东击西之妙，所以，司马懿的计谋很有创新性，无疑是成功的。

最终，曹叡采纳了司马懿的计谋，并对他大加赞赏，令他立刻回宛城驻守，加紧训练水军，早日练就一支强硬水军，实现这个新的战略目标。

领命后的司马懿心里美滋滋的，因为如果把这件事办成的话，他手下不仅可以拥有一支王牌水军，而且还能建立军功，提升自己的地位和影响力，这是一举两得的事情。

就在司马懿积极训练水军备战时，突然意外接到了领荆州兵团攻打江陵的命令。不是说好要训练水军攻打东关、夏口吗？怎么又要攻打江陵呢？

原来，曹叡接到曹休的密报：东吴的鄱阳太守周鲂有心投诚魏国。这是个好机会，如果能借机来个里应外合，一定能扩大战果，获取胜利。于是，曹叡下令，大司马、扬州牧曹休领扬州兵团十万步骑进攻皖城，策应周鲂投诚，并见机扩大战果。为了万无一失，还派出两路疑兵，一路攻打东关，一路攻打江陵。就这样，三路大军从东、中、西三个方向向东吴发起进攻。

周鲂要反水，这不太可能，因为这个人少年好学，被举荐为孝廉，很有施政和军事才能。因功勋卓著被升为鄱阳太守，赏善罚恶，恩威并行。他为官的名声不错，不像是那种能干出背叛之事的人。

尔虞我诈的事情，司马懿见多了，所以他并不看好这次军事行动。但军人以服从命令为天职，所以司马懿还是下令荆州兵团向江陵进发，不过，行军速度放慢了很多。毕竟，这次主角不是自己，自己只不过是配合一下，虚张声势亮亮嗓子罢了。

司马懿的预测非常准确，这次周鲂反水果然是个骗局，周鲂扮演一个大诱饵的角色，曹休就是一条被钓上钩的大鱼。

结果，等待曹休的不是周鲂的降军，而是大都督陆逊的围攻，曹休被打了一个措手不及。本以为是一次简单的受降接管任务，没想到却成了棘手的遭遇战。没办法，打吧，毕竟咱手下有十万大军，没什么好怕的。

在石亭，双方摆开架势决战。

由于没有做充分的战前动员，曹军大都抱着转一圈便打道回府的心态，而遭遇的敌手又是东吴名将陆逊。所以，面对黑压压的东吴军，魏国十万兵马一战即溃。

便宜是捡不上了，还是逃命吧。

回天无力的曹休只好甩开膀子一路狂奔，逃回到魏国。

曹休这一路主力军战败后，另两路疑兵只好原路返回，白跑一趟。

虽然曹休捡回了一条命，但狼狈逃回魏国的他羞愧难当，抑郁难平，背上发疽，溃烂成片，脓腐渐出。最后，在魏太和二年（228 年）八月被活活气死了。

魏国赔了夫人又折兵，白白损失了曹休这员大将，这是一件让人悲痛的事情。不过，司马懿除了悲痛，还有一丝欢喜。因为曹休一死，大司马的位置就空了，按理应该由大将军曹真上任，而曹真的职位应该由身为骠骑将军的他来接任。

虽然打了败仗，如果能升官的话也是一件很美的事情。

【第九章】

巅峰对决，就是要耗死你

一员将领加一座城池，跨不过的一道坎

三国时代，就连空气中都充斥着阴谋阳谋，尔虞我诈随处可见，你打我一拳，我回你一脚，已经是家常便饭了。

魏太和二年（228 年）年底，诸葛亮得知曹魏为了应对石亭之战，几乎所有主力部队都调到东边，关中极度空虚。而第一次北伐失败的蜀汉军队经过数月的整训，已经恢复了战斗力，于是，诸葛亮决定乘这个机会再次发动北伐。

这次既然要采用闪电战搞突袭，就要讲究一个“快”字。所以，诸葛亮选择了最快捷的路线：出散关，取陈仓。

在西线负责防守的曹真精通军略，料定蜀汉军队会再度进攻，既然先前在陇右吃了亏，如果再进攻的话，很可能效韩信之举，从武都出散关由故道而进。所以，他在西北、西南通向关中的交通要冲陈仓留下了一员善于守城的大将郝昭负责防守。

郝昭是太原郡人，他少年从军，屡立战功，逐渐晋升为杂号将军，后受曹真的推荐镇守陈仓，防御蜀汉。《魏略》给了他这样的评价：“雄壮”，也就是说他非常有气魄。

一员将领加一座城池，难道就能抵挡地住诸葛亮大军前进的步伐吗？

曹真的眼光不错，郝昭没有让他失望。

面对数万兵临城下的蜀汉军队，虽然郝昭的部下不过一千多人，但他没有丝毫的慌乱。早就听说诸葛亮是一代军事奇才，今日能与高手过招，是他求之不得的。

在诸葛亮眼中，小小的陈仓不值得他发兵攻打，只要把大军一摆，对方就应该乖乖地打开城门投降。所以，诸葛亮准备“不战而屈人之兵”，他首先派了一个叫靳详的手下去劝降。

靳详和郝昭是老乡，关系也不错，本以为有数万蜀军做后盾，这件事不费吹灰之力就能办成。没想到郝昭却不买账，来了个闭门羹，还撂下了一句话：“让诸葛亮来攻城吧，我不惧。”

敬酒不吃吃罚酒，那就别怪我不客气了。

诸葛亮便下令攻城。

蜀军先是摆出了云梯和冲车，上登城楼、下撞城门。郝昭的应对之策是：发射火箭（箭头上裹油布点燃），把云梯烧毁；用穿有绳索的大石头对准冲车狠砸下去，结果冲车被砸了个稀巴烂。

算你郝昭有种，接下来给你来点儿狠的。

蜀军不仅开始暗挖通往城内的地道以便发动偷袭，而且还使用“井阑”直接攻击城内。

井阑，相传是战国墨子的发明，是一种移动箭塔。高达百尺（二十三米），可以居高临下往城墙上射箭。这样一来，城墙上防守的士兵就没有什么优势可言了。

郝昭早已想到了应对之策，在城中筑了一座城墙厚实的内城，让士兵都撤入到内城，井阑便不能发挥作用了。

至此，诸葛亮才明白遇到了防守城池的高手，现在只能寄希望于挖地道的蜀军了，希望能有所突破，打开僵局。

郝昭对于敌人挖地道也有防备之策，他早已在城内横着挖了一圈又宽又深的壕沟，等蜀汉的地道兵挖到壕沟边时，还没反应过来就被乱箭射死了。

就这样，郝昭死扛了二十多天。

诸葛亮快攻的战略意图没有实现，即使攻下陈仓，意义也不大了。再说，蜀军粮草不足，士气受挫，不易继续进攻了，而且曹魏的援军也快到了。于是，无奈的诸葛亮只好下令撤兵了。

以一千多人守城二十多天，郝昭创造了一个奇迹。等援军到来后，郝昭已经累得浑身虚脱，晕了过去。

陈仓之战的胜利是郝昭拼了命取得的，他是最大的功臣，因此被封为列侯的爵位。但他已经无缘享受了，一场陈仓保卫战把他的精力消耗殆尽。这位一战成名的将领年仅三十八岁便就此辞世了。

破坏蜀军第二次北伐的郝昭过早地离开了人世，再也没有人打扰他，让他舞刀弄枪了。虽然郝昭可以不再打仗了，但活着的诸葛亮却不能过悠闲的日子，他必须为兴复汉室而继续努力奋斗。

第二次北伐的失败让诸葛亮感觉输得很窝心，在他看来这是一种耻辱，不能就这么算了，这口恶气一定要出。

魏太和三年（229 年）春，诸葛亮便开始积极备战，准备第三次北伐。

在第一、二次北伐中，诸葛亮的战役目的是占领魏国的土地或战略要点，结果都以失败告终。所以，从第三次北伐开始，诸葛亮便改变了战役指导思想，主要以消灭魏军为主。

首先，诸葛亮放出了一个诱饵，他派遣蜀将陈式攻打魏国武都（今甘肃成县西）、阴平（今甘肃文县西北）二郡，借以引诱魏国方面的大鱼上钩。

眼见没啥名气的陈式都蹦跶起来了，魏雍州刺史郭淮受不了了，便引兵前来救援。但让人奇怪的是，陈式只顾继续攻打武都、阴平二郡，根本没把郭淮的大军放在眼里。

这就怪了，是陈式不怕死，还是自己不够格呢？

当郭淮百思不得其解时，诸葛亮率领的大军在建威（今甘肃成县西北）出现。至此郭淮才明白陈式不是一个人在战斗，他的背后有巨人诸葛亮给他撑腰，所以才那么牛气。

结果，郭淮的大军被诸葛亮轻松击退，武都、阴平二郡也被诸葛亮和陈式轻松拿下，蜀汉领土扩大了，诸葛亮胜利班师回朝，后主刘禅很高兴，便复拜诸葛亮为丞相。

在这一年，四月十三日，孙权在武昌南郊即皇帝位，后又迁都建业（今江苏南京）。另外，吴与蜀还建立了联盟，约中分天下，以豫、青、徐、幽属吴，兖、冀、并、凉属蜀，司州以函谷关（今河南陕县至灵宝间崤山山区）为界。

诸葛亮在西陲边境频频动作，孙权终于也称帝了，吴与蜀还结盟了。这对曹魏来说不是什么好消息，必须想法应对这些危机。

盘点一下魏国的大将，能独当一面的司马懿必将成为战场上的主角，他即将与蜀军交战，与他一生的劲敌诸葛亮面对面地交锋。

进攻是最好的防守，被逼急的攻伐

转眼到了魏太和四年（230 年），曹真被升任为大司马，他原先的官职大将军由骠骑大将军司马懿来接替。就这样，司马懿毫无悬念地成为曹魏军界的二号人物，距离大司马这个职位只有一步之遥了。

官场中人都梦想着能升官发财，如今曹真和司马懿成了曹魏军界数一数二的核心人物，这是可喜可贺的事情，即使做梦也能笑醒。继续在宛城驻守的司马懿就美滋滋的，但曹真就没这么逍遥了。

诸葛亮频繁出击，已经取得了武都、阴平二郡，没准哪一天蜀军还会再来一次北伐。面对漫长的边境线，负责西部防区的曹真感到压力很大，因为他不知道蜀军会从哪个地方冒出来。

都说最好的防守是进攻。与其担惊受怕，不如找到敌人的短处迎头痛击。有时候主动一点，会别有洞天。

咱曹魏也不是打不起仗，既然你诸葛亮总是打我曹魏的主意，那好吧，让你也尝一尝我曹魏铁骑的厉害。

曹真向来雷厉风行，既然有了伐蜀的打算，便立刻上了表章，建议分兵数路进攻蜀汉，自己则带兵从斜谷进军，只要多路大军共同伐蜀，一定能够取得完胜。

曹叡对蜀汉的屡次进犯也无比恼火，早就想给诸葛亮一点儿颜色看看，曹真的请战书正合他意，便马上召集群臣讨论。

再怎么说，咱曹魏也是三国中的老大，岂能害怕蜀汉，所以大多数人都没有什么异议。但陈群却表示反对，他的理由是：当年曹操攻打张鲁的时候就是走的斜谷，结果因为斜谷险阻无比，后勤保障跟不上而影响了行军速度。

陈群是魏文帝指定的三大托孤辅臣之一，为百官之首，既然如此重量级的大臣提出了反对意见，曹叡还真得掂量掂量，于是便把反对意见转给曹真参考。

在曹真眼中陈群就是一个书生，书生之见岂能全信，但为了减少阻力，便修改了作战计划，把主要进攻路线定为子午谷。这地方就是诸葛亮在第一次北伐时，魏延提出奇袭长安的道路。魏军如果从这里进军，补给要比斜谷方便得多。

曹真已经退了一步了，这次应该没有反对的声音了吧。没想到陈群仍然对子午谷进军计划保留意见，不过，态度有所缓和，提出了如果要开战后勤工作一定要搞好的意见。

好了，那就进攻吧。

经过一番准备后，粮草、衣甲、军械全部备齐。军队集结完毕了，只等一声令下，就可以出兵了。

魏太和四年（230 年）的七月，曹叡在洛阳召开誓师大会，为将士们送行。曹真发誓一定要攻破蜀汉。

这次伐蜀的军事行动共集结了四十万大军，分以下几路人马：

第一路，由曹真率领关中军团的主力从长安出发，走子午谷南下；

第二路，由司马懿率领荆州军团，沿汉水而上，从上庸地区的西城进攻；

这两路主力约好在汉中的经济、政治、军事、文化中心——南郑县会合。

第三路，走斜谷道；

第四路，进攻武都。

这两路主要是牵制蜀汉机动兵力，迷惑敌人。

当司马懿接到进攻蜀汉的命令后，摇头苦笑，放着吴国不打，偏要攻打占据地理优势的蜀汉，能取得胜利吗？不过有一点是他非常期待的，诸葛亮的大名如雷贯耳，这次是他与这位军事天才的第一次接触，能与这样的高手过招，那是相当过瘾的。

曹魏已经宝剑出鞘，兵锋直指蜀汉，那蜀汉呢？能扛得住曹魏的进攻吗？

诸葛亮不愧是人精中的人精，曹魏的进攻早在他的预料之中，并且做好了防备措施。去年冬天，他就已经在汉中首府南郑的东西两个方向修筑了两个军事要塞：汉城和乐城。这样一来，汉中郡的防御体系就比较完善了。曹军若想进攻汉中，就必须先突破这两个要塞。

我们知道，诸葛亮一次又一次地发动北伐，难道这次他要凭险固守吗？非也，进攻一向是诸葛亮的招牌动作，这一次也不例外。

既然你能打我的汉中，那么我也可以打你的陇西。所以，诸葛亮准备西征，在敌人的后方狠狠地捅上一刀子。

但蜀国的实力毕竟不如曹魏，诸葛亮手中的兵力有限，防御曹军的进攻已经有些吃力，根本无法分兵搞一次远距离的奔袭。

虽然与吴国结盟了，但不到生死关头，指望吴国帮忙是不现实的，只能在蜀国内部找帮手了。诸葛亮想到了驻防江州（今重庆）的李严，因为他手里握有蜀汉近三分之一的军队。

李严与诸葛亮都是白帝托孤的两大重臣，但二人为了把持蜀汉军政大权根本就尿不到一个壶里，指望李严出兵抵抗曹军的进攻，有些不靠谱。

世上没有永远的朋友，也没有永远的敌人，只有永远的利益。诸葛亮相信自己一定能把貌合神离的李严拉拢过来。于是，诸葛亮把曹真分兵多路准备伐蜀的情况告诉了李严，请求他带兵北上抵御曹军的进攻。

再看李严，他怎么也想不到诸葛亮还会有求自己的一天。想当初，诸葛亮北伐，要调动自己北上镇守汉中，自己本想把四川东部的五个郡划为巴州，弄个刺史当当，没想到诸葛亮一点面子也不给，认为自己要搞军阀割据。如今求到老子头上了，老子告诉你，就两个字：没戏。

等李严冷静下来后转念一想，这诸葛亮是蜀汉军政的一把手，轻易得罪不得，但李严在江州，要风得风要雨得雨，他着实是不想离开这个安乐窝。得想一个好一些的理由拒绝诸葛亮，对，这次再来一个狠一点儿的。李严给诸葛亮的回话只两个字：开府。

开府是指古代指高级官员（如三公、大将军、将军等）建立府署并自选僚属之意。汉朝三公、大将军可以开府。在蜀汉，只有诸葛亮一人开府，现在李严要与诸葛亮分庭抗礼。

不怕你贪得欢，就怕你没贪欲。只要你有贪念，迟早都能收拾你。于是，诸葛亮很痛快地满足了李严的要求。

第一，晋升李严为骠骑将军，这是仅次于大将军的武官了，金印紫绶，位同三公。因为蜀汉没有设大将军，所以李严算是蜀汉最高的将领了。

第二，任命李严的儿子李丰为江州都督督军，在李严不在的时候代理一切军政事务。也就是说，虽然你不在江州，但江州还是姓李，这是为了消除李严的后顾之忧。

李严没想到诸葛亮能这么痛快就答应自己的要求，本想将军，结果被反将了一军。不过，这也不错，毕竟自己名利都有了。于是，李严屁颠屁颠地率领两万江州兵，北上汉中增援，加上汉中军团的五六万人，凭借险要地势防守已经绰绰有余了。

得到李严的支持后，诸葛亮马上作了如下部署：派镇北将军魏延、讨逆将军吴懿，率领一支奇兵从阴平深入曹魏后方偷袭。自己则亲率主力部队，在南郑东北的成固、赤坂一带严阵以待曹军的到来。

阵势已经摆开，来吧，曹真，我定让你徒劳无功而返。

诸葛亮站在山顶，胡须在晚风微微飘动，他仿佛已经看到曹军在山险之地进退不得的窘境，脸上不由地浮现出了一丝笑意。

 都是大雨惹的祸，被气死的将军

也许你会说，用不到十万人马对付四十万大军，即使有地理优势，这仗也不好打啊，诸葛亮未必太自信了吧。其实，诸葛亮不是盲目自信，而是胸有成竹，因为蜀军还有天时的优势。

诸葛亮通晓天文地理，他夜观天象，发现这个月内必定有大雨淋漓，将不利于曹军的行军和进攻。而蜀军占尽了天时地利人和的优势，所以这场战争的胜负已经不言而喻了。

诸葛亮统率大军出汉中，传令各处隘口预备干柴草料细粮，都要够一月

人马支用，以防秋雨。就这样，蜀军以逸待劳，只等曹魏数路大军翻山越岭而来，然后给予痛击。

大战已经拉开了序幕，秋雨也开始淅淅沥沥地下了起来。

司马懿对这次讨伐蜀国的军事行动不怎么看好，心中有一定的抵触情绪，再加上秋雨，更让他觉得这次行动必将是徒劳无功一场。所以，他虽然率军从西城出发，水陆并进，但这只是做做样子罢了。因为从七月份出发到九月份班师，司马懿的军队只行了不到五百里，而他曾经是八日行军一千二百里记录的保持者。

有人对司马懿的行军速度提出了质疑，司马懿却坚定地认为在秋雨季节如果贸然深入蜀国重地，取胜还能让人接受，倘若疏忽失败，则人马受苦，想要撤退都是一件难事。与其冒险蹚浑水，还不如减速行军，等待撤退的命令。

虽然司马懿在磨洋工，但有人在不折不扣地执行着命令，他就是夏侯霸，率先抵达汉中。他之所以如此玩命，有一个很重要的原因就是报杀父之仇，当年父亲夏侯渊死在了蜀汉名将黄忠的刀下，夏侯霸便发誓一定要用蜀汉兵将的鲜血祭奠亡父的忠魂。如今机会就摆在眼前，他自然要紧紧地握在手中。

蜀道之难，难于上青天。普通人在蜀道行走都非常艰难，而负重的士兵就更不容易了，再加上连绵不断的秋雨更加加剧了蜀道的艰险程度。虽然夏侯霸的军队到达了汉中，但掉下悬崖的士兵不计其数，整个军队士气低落，体力几乎耗尽，战斗力大打折扣。

在这种情况下和蜀军作战，只有投降的份儿了。所以，夏侯霸下令三军将士在曲谷中扎营休整，尽快恢复战斗力，以便和蜀军决战。

不过，在蜀汉的地盘上不是你说了算，你想休息不见得蜀军就会让你休息。

距夏侯霸扎营不远的地方就是蜀军的军事据点——兴势围。夏侯霸怎么也想不到这里将会成为他的伤心之地。因为夏侯霸的军队不仅没有了战斗力，还成为一支突入敌军阵营的孤军，完全成为蜀军嘴里的一块肥肉。

当据守兴势围的蜀军探子探知一支东倒西歪的魏军军队正在不远处休整

后，急报守将。守将正纳闷呢，这段时间只见秋雨绵绵就是不见魏军的影子，他甚至怀疑魏军是否半路打道回府了。如今探知魏军的踪迹后，自然不会放过这队冒失的孤军，于是立即下令全线出击。

一群养精蓄锐的士兵攻击一支疲惫之师，结果可想而知。

面对这支从秋雨中突然杀出的蜀军，魏军一下子被打乱了阵脚，好多士兵还在睡梦中就被砍了脑袋。这也难怪，魏军实在是太累了，他们本想好好休息一下，但却从此再也睁不开眼睛了。

被一支小股敌人就杀得落花流水，我夏侯霸以后还有何颜面见人？想到这里，夏侯霸发狠地挥动着手里的兵器，砍倒一个又一个蜀军，虽然他竭力奋战，杀死蜀军无数，但以一己之力根本就挽不回败局，而且自己身上也多处负伤，体力也渐渐不支了。

难道我们父子注定都要葬身在汉中郡吗？苍天啊……

夏侯霸怒吼一声，又砍倒了一个扑上来的蜀军，他已经做好了战死沙场的准备，虽然没有为父报仇，但能为国尽忠也不枉来世间走一回了。

就在夏侯霸绝望到极点时，援军终于到来了。蜀军本是守的一方，如今占了便宜，见对方的帮手到了，便回撤到兴势围防守，夏侯霸因此躲过了这一劫，捡了条命回来。

再看曹真，虽然他已经做好了蜀道难行的心理准备，但一场没日没夜倾盆而至的暴雨让蜀道变得更加崎岖难行。魏军本来占据人数上的优势，但在山地根本就不能发挥集团军作战的优势，反倒更适合打游击。

看着眼前由水汽和雾气交织成的白茫茫一片，听着士兵因失足掉下悬崖的惨叫声，曹真开始质疑这次由自己发起的讨蜀行动。尤其是得知前锋夏侯霸失败的消息后，他彻底灰心了。因为即使大军到达汉中郡，面对以逸待劳的蜀军，自己也只能走夏侯霸的老路，那时谁会来救自己呢？

进退两难的曹真后悔了，他希望曹叡能下令班师，给自己一个台阶下。

坐镇洛阳的曹叡也密切关注着这次军事行动，一个月的秋雨也让他非常揪心，因为在这种条件下和蜀军作战，胜算的几率不大。

前线传回的消息是：前锋夏侯霸兵败，而且连日大雨，军器尽湿，人不得睡，昼夜不安。马无草料，死者无数，军士怨声不绝。

这种场景是曹叡在战前想不到的，心里无比焦急的他设坛祈求老天爷给个晴天，但没起什么作用，大雨丝毫没有要停的意思。

既然是一场没有把握打赢的战争，不如就此收手，以免损兵折将。

黄门侍郎王肃上疏道："走千万里路运送粮草，接济不便，士兵会挨饿，这是平路行军会遇到的情况。如今大军深入险地，还要凿山开路前进，就更加不易了。再加上天下大雨，山路湿滑，士兵拥挤不前，军粮路远运输不便；这些都是行军的大忌。听说曹真将军的部队出发一个多月才走了一半的路程，而蜀军养精蓄锐等待我们疲劳之师，这是行军打仗的将领所畏惧害怕的。以往武王伐纣的时候，出了关又返回去了。而武帝和文帝征讨孙权，到了长江边却无功而返。这些人都顺应上天，知晓时势，随机应变，所以，我希望陛下能下令班师。"

王肃的谏言一语中的，这是身在前线进退两难的曹真所急盼的。就在曹叡犹豫之际，少府杨阜、太尉华歆也上疏进谏从蜀地退兵。

的确，不能再让前线将士泡在雨水中了，既然攻打蜀国的时机还不成熟，那么就退一步吧。无奈之下曹叡下达了班师的命令。

当在蜀道艰难前行的曹真大军接到诏书后，连哭的心都有了。曹真也总算是解脱了，便马上下令后队变前队，赶紧逃离了这块是非之地。

而司马懿接到撤退的命令后，一点儿也不意外，这完全在他的意料之中。不过，他再也不用装模作样了，简单收拾一下后便率领大军撤退了。

虽然这次伐蜀行动是徒劳一场，但也没损失什么兵力。懊恼的曹真虽然心有不甘，但也使不上力，只能哀叹苍天无眼，偏偏在这关键时刻下了一场没完没了的大雨。

魏军无功而返，那么蜀军呢？诸葛亮从来不做赔本的买卖，虽然这一次是防守，但他也要从中捞点油水。那支派出去由魏延带领的奇兵发挥了作用。

当这支奇兵出现在南安郡的时候，雍州刺史郭淮怎么也不相信蜀军会绕到自己后方来偷袭，当他睁大眼睛确定并且肯定眼前的大军是蜀军后，便一面准备出兵迎战，一面派人向驻守关中的大将费曜求援。

费曜虽然不相信蜀军还能腾出手来搞偷袭，但为了保险起见还是带着关中的留守将士与郭淮会合迎战偷袭的蜀军。

魏延知道自己手下的兵将擅长在山地作战，便在阳溪（南安郡内，今甘肃省武山西南一带）的一个山谷中埋下伏兵，另派一队士兵引诱魏军进入伏击圈。不明真相的费曜与郭淮以为这只是一群散兵游勇便一路追到了山谷中，结果被伏兵打了个落花流水。

魏延完成了奇袭任务后便潇洒地撤兵了，回国后被封为征西大将军、假节、南郑侯。

诸葛亮不仅成功防守，而且还在魏军后方挠痒痒，可谓是风光无限。而曹真就没那么好命了，虽然他没有战败，但无法忍受众人鄙视的目光。因为急火攻心，曹真一下子病倒了，这一躺下就再也没有起来，到了下一年三月份，便病死了。

本来信誓旦旦要建功立业，没想到却因此命丧黄泉，而且曹真的结局简直就是曹休的翻版，难道这是老曹家的人难逃的劫数吗？

曹真的突然离世，让曹叡很伤心，眼见曹家能征善战的兄弟一个接一个地离自己而去，他一下子感到非常孤独。

曾经在曹魏军界风光无限的四大巨头曹真、曹休、夏侯尚、司马懿，已经光荣了三个，如今只剩下司马懿一个人了。从此以后再也没有什么牵绊，司马懿终于可以放手和诸葛亮一较高低了。

一场巅峰对决即将隆重上演。

接烫手山芋，非我莫属

诸葛亮本打算吃一顿大餐，没想到魏军溜得太快了。这没什么，魏军再跑也不可能跑出地球去，虽然你不想打我了，但我却手痒痒了。

魏太和五年（231 年），诸葛亮发动第四次北伐，围困祁山。在祁山负责防守的大将贾嗣、魏平告急。

曹魏在去年的伐蜀行动中不仅没有占到便宜，而且还把曹真给折磨死了。曹叡对蜀军无比痛恨，如今蜀军又来抢地盘，没的说，开打。放眼朝廷内外，谁能担当得起统领大军的重任呢？盘算来，盘算去，也只有司马懿了。

此时，身在宛城的司马懿等候着朝廷的召唤，接到圣旨后，便马不停蹄地赶到洛阳，商讨应敌大计。

本来防守西部边境事务一向是由曹真管理的，如今他撒手归西，群龙无首。本来西部边防这一摊子事就够纷乱如麻了，再加上虎视眈眈的蜀军围困祁山，一下子使西部防区变得紧张起来。

当司马懿赶到洛阳后，整个朝堂已经乱成一锅粥了。没有了曹真这个主心骨，大家一下子觉得本来很强大的魏国竟然找不到一个够资格和诸葛亮较量的人物了。

司马懿的出现让大家眼前一亮，毕竟他是曹丕时代上位的军界四大人物之一，什么大世面都见过，对付诸葛亮的北伐应该没什么大问题。

曹叡更是动情地说："西方有战事，只有你能担此重任了。"（西方有事，非君莫可付者。）

于是，派遣司马懿西屯长安，都督雍、梁二州诸军事，统车骑将军张郃、后将军费曜、征蜀护军戴凌、雍州刺史郭淮等抵御诸葛亮的进攻。

虽然这是司马懿日思夜想的事情，但他没想到会在这种情况下接受这种艰巨的任务。因为此刻西部防区总指挥无疑是一个烫手山芋，谁接手都不敢保证能把这件事办得漂漂亮亮的，因为诸葛亮不是别人，栽在他手上一点儿也不奇怪。但曹叡已经下了命令，司马懿只能服从，他只好先到前线看看情况，再决定下一步该怎么办。

在司马懿的印象中，诸葛亮前几次北伐有一个致命的弱点，那就是粮草不足，这一次应该也不能从根本上解决这个问题。所以，司马懿决定采取"磨"字战术，看谁能耗过谁。

其实，就困扰蜀军的粮草问题，诸葛亮也在想办法试图去解决，这次他就用了自己的新发明——木牛流马。

简单说，这是一种运输粮草的交通工具，载重量为"一岁粮"，大约四百斤以上，每日行程为"特行者数十里，群行二十里"，为蜀国十万大军提供粮食。

在《三国演义》第一百零二回中，有这样的描述："搬运粮米，甚是便利，牛马皆不水食，可以昼夜（转运）不绝。"当司马懿听到这样的奇闻后，便派人去抢了数匹并仿制二千余匹，并让军士驱驾木牛、流马搬运粮草。谁知诸葛亮留了一手，他派人假扮魏军混入运输队，暗中将木牛、流马口中舌头扭转，牛马便不能行动。在魏兵疑惑之际，诸葛亮又派五百军士装神弄鬼，驱牛马而行。魏兵以为诸葛亮有神鬼相助，不敢追赶，就这样，诸葛亮轻而易举地获得了许多粮草。

现代的机械化运输还离不开汽油，这木牛、流马真是神了，皆不水食，便能运输粮草。有诗赞曰：“剑关险峻驱流马，斜谷崎岖驾木牛。后世若能行此法，输将安得使人愁？”但不少人认为这是小说家的杜撰，太过玄妙，不足为信。

其实，南北朝时裴松之给“诸葛亮传”作注时对诸葛亮作“木牛流马”引用了《诸葛亮集》中有关“木牛流马”的文字。用短短五六百的文字把木牛、流马的外形构造，包括形状和大小尺寸，精确到几寸几分。

可见，木牛和流马并不是样子像牛像马，而是指它们的作用和牛马一样能驮运东西。但由于没有任何实物与图形存留后世，多年来人们围绕着木牛、流马有过许多猜测，大体来说有两种观点。

一种观点是，木牛、流马是普通独轮推车或四轮车。是诸葛亮在汉代木制独轮小车的基础上加以改进的，只是在前人基础上的一个创新。

另一种观点是，木牛、流马是一种新颖的自动机械。持这种观点的人是有依据的，在《南齐书·祖冲之传》中就有这样的记载：“以诸葛亮有木牛流马，乃造一器，不因风水，施机自运，不劳人力。”意思是说，复原并改良了诸葛亮的木牛流马，造出了性能更加优良的自动机械。

木牛流马到底是什么样子，自古以来，莫衷一是。说什么的都有，但是没有一种说法比较符合原状。近年来各地能工巧匠纷纷制造出了不靠人力、电力而能自动行走、负重数百斤的木牛流马。这让我们有足够的理由相信，当年诸葛亮确实研制出了这种新型的运输工具。

不打无把握之仗，做一个合格的跟屁虫

诸葛亮这次除了动用木牛流马，让身在汉中的李严坐镇负责督运粮草，一定程度上缓解了粮草问题。值得一提的是，诸葛亮在这次北伐中还找了

个帮手，他招诱了鲜卑族的首领轲比能，从侧翼给曹魏制造麻烦，牵制魏军兵力。

轲比能，鲜卑民族的杰出首领，他作战勇敢，执法公平，不贪财物，统率的部众战守有法，战斗力相当强大，一度对魏国的边境造成了不小的威胁。

可见诸葛亮这次北伐做足了功课，司马懿该如何应对呢?

这毕竟是司马懿与名声在外的诸葛亮的首次交锋，说实话司马懿心里也没底，而且他又是新任的将领，能否打好这场保卫战还真是个未知数。

箭在弦上，不得不发。司马懿已经骑虎难下，他只得率大军向西边的祁山进发。

当大军经过郿、雍二城时，张郃建议分兵，留一支预备队在这里防守，理由是：诸葛亮向来喜欢玩声东击西的把戏，分兵是为了防备蜀军奇袭郿、雍二城。

按理说，郿、雍二城正对着褒斜道的出口，蜀军从这里杀出来不是没有可能，而且张郃在曹操时代就已经是名将了，他对蜀作战的经验非常丰富，在军中有很高的威信。所以，司马懿应该听取建议，留下部分兵力既可以做预备队，又可以起到防守的作用。

不过司马懿自有打算，他是这样回答的："如果按将军的意思分兵能打败蜀军，那将军的预测是正确的；如果因为分兵造成兵力不足，不能抵挡蜀军的进攻，那么前军就会被消灭。前军一旦失败，那么留守郿、雍的后防军也只能接受失败的命运。这就是楚分三军而被黥布各个击破的原因。"

可见，司马懿认为分兵后很可能失去集团军的规模优势，有可能被各个击破，所以他更愿意握紧拳头给敌人以重击。

张郃的建议没有被采纳，他觉得自己丢面子丢大了，对这位新任的上级非常不满，内心相当不服气。不过，军人以服从命令为天职，虽然看不惯司马懿，但他还得执行命令，毕竟司马懿是魏军的最高统帅。

司马懿一直认为蜀军的弱点是补给跟不上，蜀军的后勤部队若想从崎岖不平的蜀道给前线的将士运出粮食，那得费九牛二虎之力。所以，只要看好自家院里的粮草，不给蜀军劫掠的机会，蜀军最终会因为补给跟不上而自动退兵。

所以，司马懿对于产麦区上邽非常重视，他觉得单靠郭淮的雍州兵把守略显单薄，便特意留费曜、戴陵和四千精兵参与防守，自觉万无一失后，才率领主力部队前去解祁山被围之困。

其实，张郃猜对了一半，诸葛亮这次又玩了一把声东击西，不过不是袭击郿、雍二城，而是盯上了产麦区上邽。虽然司马懿留下了兵将加强防守，但未必就会如愿。

面对即将到来的魏军援兵，诸葛亮也感到了压力，虽然有木牛流马运输补给，但还是有些供不应求，为了彻底解决部队的粮草问题，他盯上了产麦区上邽。

歌中唱得好：没有枪，没有炮，敌人给我们造。

如今，蜀军缺粮，诸葛亮便想着法地掏魏军的口袋。所以只留了少数兵力继续围攻祁山，以便牵制和吸引魏军，而他自己则亲率主力部队直奔上邽来抢粮。既然主要目的是抢粮，所以蜀军极力避开了赶着增援祁山的魏军。就这样，两支军队擦肩而过。司马懿又被诸葛亮牵着鼻子溜了一圈。

虽然司马懿留了一手，加强了上邽的防守，但那点儿兵力在诸葛亮眼中根本就不值得一提。

上邽的守将费曜、戴陵和郭淮纳闷了，这司马懿率领大军前脚刚走，怎么蜀军就出现在上邽城外了呢？难道这些蜀军是从天而降的不成？

现在想什么都晚了，指望司马懿的大军回救也不现实，只有拿手中的几千兵力和诸葛亮拼了。

这场争夺战毫无悬念，魏军大败，诸葛亮率领大军占领了上邽。望着眼前金灿灿的麦田，诸葛亮乐了，这下不用愁粮食问题了。

当司马懿得到上邽失守的消息后，差点气炸了肺。

好你个诸葛亮，都说你鬼精鬼精的，今天算是领教了，竟然从我眼皮子底下悄无声息地溜了过去，害得我白跑了一趟。

被涮了一把的司马懿心里虽然非常不爽，但没有丧失理智，他对惊恐害怕的众将说："这没什么大不了的，权当锻炼身体了。诸葛亮考虑的多决定的少，他一定先修筑工事，稳固营盘，然后才割麦。我们两天日夜兼行便能到达上邽，量他诸葛亮也不会割多少麦子，到时候我们就可以打他个落花流水了。”

在司马懿的鼓励下，众将看到了希望，士气大振。

于是，司马懿下令大军前队变后队，原路返回，找诸葛亮算账。都说冲动是魔鬼，的确，人在发怒的时候最容易犯错。现在怒气冲冲的司马懿就正在向诸葛亮布好的圈套一步一步地靠近。

诸葛亮早就盘算好了，自己既能抢收麦子又能以逸待劳，杀杀司马懿大军的锐气，这是一举两得的事情。

在回师上邽的途中，司马懿逐渐冷静了下来。此刻蜀军养尊处优，而自己则在上邽和祁山往返了一个来回，疲惫至极。如果在这种情况下和蜀军交战，很难取胜，而蜀军以逸待劳，胜算的几率反倒比较大。

想到这里，司马懿的脊背冒出了冷汗，又差点上了诸葛亮的当，对这个对手得保持十二分的小心啊。

于是，司马懿放弃了立即进攻蜀军的打算，命令三军将士在距离上邽几十里的山下安营扎寨，进行休整，与割麦的蜀军对峙。

眼见自家的麦子被别人收割，有些魏军将领受不了了，纷纷请战，司马懿却一口回绝了。虽然这些人勇气可嘉，但他绝对不允许自己手下的兵将白白去送死。

再看诸葛亮，他本想吃顿大餐，没想到司马懿选择了与自己对峙。虽然大餐没有吃成，但粮食已经装到了自己的口袋，既然此行的目的已经达到，那就撤吧。

魏国不是你想来就来想走就走的，你真把这里当自个儿家了？再说，你空手而来，满载归去，这是我司马懿不能容忍的。

于是司马懿下令三军紧随在撤退的蜀军后面，准备伺机而动，给予蜀军以痛击。

在汉阳，司马懿排兵布阵，摆好架势，准备与诸葛亮的蜀军决战，他特意派部将牛金带领一队轻骑兵前往骚扰蜀军，希望能创造两军交战的机会。没想到，诸葛亮根本就不接招，只是一味地往祁山方向撤退。

就这样，司马懿又一路率军追到了祁山，他倒要看看这诸葛亮到底在搞什么鬼。

到达祁山后，诸葛亮下令围攻祁山的军队撤围，两军会合后撤到了卤城（今甘肃天水南）。

原来，诸葛亮先前之所以不和司马懿的魏军作战，是因为他当时处在司马懿援军和祁山守军之间，万一和司马懿纠缠在一起的话，很容易被内外夹击，那样就危险了。

虽然魏军在人数和后勤补给方面占有优势，但在追击蜀军时，司马懿下令先头部队要和蜀军保持一定的距离，不能追得太急，靠得太近。因为诸葛亮太精，万一中了圈套，后悔也来不及了。

魏军中的一些将领实在是看不懂主帅司马懿此举的意图何在，尤其是张郃，他打了大半辈子仗，从没有像现在这样跟在敌人屁股后面转悠，实在是憋屈，便找司马懿倒苦水："蜀军远道而来，进攻却并不顺利，我们坚守应敌是正确的策略。此时祁山守军知道援军已经近在咫尺，定然士气大振。我们应该在此安营扎寨，并派出奇兵侵扰敌人，如果像这样只是像个跟屁虫似的跟着敌人，还不敢跟太近，这算是怎么回事啊？这样会失去民心的。现在诸葛亮不仅是孤军，而且后勤补给也跟不上，这是消灭他的绝好机会啊。"

按理说，张郃的建议也不无道理，但司马懿却另有打算：一来，他怕上了诸葛亮的当；二来，他内心还是坚持要打持久战，和诸葛亮拼实力，看谁能耗过谁。等蜀军耗不起的时候，司马懿自然就是最终的胜利者。

所以，司马懿依旧没有采纳张郃的谏言，命令将士登山掘营，密切监视蜀军的动向。

眼见蜀军在自家的地盘逍遥自在，作为军人岂能就这么干坐着不加理会？虽然张郃的谏言被否决了，但司马懿不出战的态度并不能减弱其他魏军将领进攻敌人的热情。于是，贾诩、魏平也多次请战，说话也相当不客气："大帅，您畏蜀如虎，也不怕天下人笑话！"

虽然是以下犯上，但出发点是好的，所以司马懿也没有生气，只是挥挥手，让这两名小将离开了自己的将帅大帐。

再看诸葛亮，他本想等魏军来攻，消耗魏军的有生力量，但左等右等就是不见魏军进攻的迹象。打持久战是他不愿意看到的结果，因为他确实是耗不起，虽然有木牛流马运送粮草，又有从上邽割来的麦子，但军中的粮食已经不多了。再这么耗下去的话，他只能再一次无功而返了。

失算，低估对手的代价

诸葛亮在兵力上不占优势，而且后勤保障也有问题，如果主动进攻司马懿的营寨很不划算，所以，他等待着司马懿的进攻，从中寻找战机，给魏军以重创。

高手对决，往往是以静制动，先动者往往会输一招。

诸葛亮在咬牙等待着机会，司马懿的日子也不好过，他也在煎熬中度日，压力不是来自敌人蜀军，而是来自军队内部。虽然他严令将领出战，但请战者络绎不绝。身为军人，保家卫国是首要的职责，建立军功获得奖赏当然也是每个军人的追求和荣耀。如今，势力不强的蜀军就在眼前，而且在自家地盘上飞扬跋扈，岂有不出兵的理由？但主帅司马懿偏偏不出兵攻打，这让众将士无比郁闷。所以，在魏军将士眼中，司马懿已经被诸葛亮吓破了胆，成了一个彻头彻尾的缩头乌龟。

摊上这样的主帅，真是无语到家了。

既然主帅无心打仗，下面的人就是喊破喉咙、打破脑袋请战也无济于事。就这样，在司马懿不出兵的严令下，虽然请战风波渐渐平息了，但魏军将士们的内心却憋了一肚子气，军心也开始不稳了。

难道司马懿真的怕诸葛亮吗？其实不是，他这么做自有他的道理。

双方就这样僵持了一个多月，司马懿估计诸葛亮携带的军粮和从上邽抢收的麦子差不多吃完了，如果此时出战，蜀军定会因为后勤保障跟不上而无心应战，战斗力自然也会大打折扣。

为了稳定军心，让憋了一肚子气的魏军发泄发泄，司马懿准备进攻了。

五月，司马懿突然召集众将士开战前会议。

已经很久没有体会这种紧张气氛了，众将士虽然悠闲自在了一个多月，但一听说有仗要打，个个精神抖擞，丝毫不掉链子。

“攻打蜀军的时机已到，谁愿意做急先锋？”

“我去。”

张郃终于等到了和蜀军作战的机会，便毫不犹豫地请战。

"好，论资历和对蜀作战的经验，非张郃将军莫属，你就带领军队围攻卤城的南围。其余将士随我包围诸葛亮的北围，能否生擒诸葛亮在此一举，希望众将士尽全力杀敌，战后，本帅为大家请功。"

笼罩在魏军大营的阴霾终于散去了，众将摩拳擦掌，准备多杀几个蜀兵，大干一场。

再看诸葛亮，粮草眼见告罄，如果寻找不到战机的话，真要白忙乎一场了。就在诸葛亮在等待中煎熬时，得知魏军终于有所行动，他长出一口气，心中暗想：司马懿啊，司马懿，虽然你是个难缠的对手，但你最终还是坐不住了，还是嫩了点儿啊。

既然敌人送上门了，就要好好招待一番。

诸葛亮下令：王平死守南围；魏延、高翔、吴班诸将迎战包抄过来的司马懿大军。

先看围攻卤城南围的张郃，当他得知守城的蜀将是上次在街亭之战让他大吃过苦头的王平时，便发誓要取王平的脑袋。虽然久经沙场的张郃拼尽全力进攻，但就是无法突破王平大军驻守的防线。

再看司马懿，他本以为此刻的蜀军个个都软弱无力，是待宰的羔羊，但当真正面对蜀军时，他才发现自己低估了对手。

人多虽然是打胜仗的一个条件，但不是唯一条件，指挥官的出色指挥，将士的英勇程度都会左右战争胜负的走向。

此刻，虽然魏军在人数上占有一定的优势，但诸葛亮的大名和蜀将的英勇足以化解魏军的优势。结果，魏延、高翔、吴班诸将在魏军中纵横厮杀，如入无人之境。而司马懿只有招架之功，根本无法组织起有效的防守和进攻。

无奈之下，司马懿只好下令全军撤退。

结果，蜀军大获全胜，斩获敌甲首三千级，玄铠（重型铠甲）五千领，角弩（远程射击武器）三千一百张。这是蜀军北伐以来取得的最大的一次胜利。

虽然蜀军都在欢呼雀跃，庆祝胜利，但诸葛亮脸上的阴云却没有散去，因为虽然斩杀了敌人，缴获了武器，但最根本的粮食问题依旧没有解决，这就好像是瓶颈一样，死死掐住了蜀军的脖子。

作为胜利的一方心事重重，那么失败者呢？

逃回大本营的司马懿沉痛总结教训：自己轻敌冒进，负有不可推卸的责任。勇于承认并承担责任，可以说司马懿是一个好领导，毕竟，胜败乃兵家常事。但张郃却牢骚满腹，抱怨司马懿指挥不当，否则也不会这么被动。

司马懿虽然很恼火，但大军新败，若再处罚将领会让军心更加不稳，便当做了耳旁风。不过，他对于这员给自己添堵的刺儿头将领也很挠头。事不过三，既然你和我尿不到一个壶里，那好吧，不是你走，就是我走。

官场上的人都希望能被领导想着，这样就会有被提拔的机会。所以，一定要让领导心中有你，一见到你就能叫出你的名字，这样你才算在官场没有白混。但此刻的张郃却有不一样的心境，他虽然也想成为上级眼中的红人，但他实在是不能容忍司马懿行军打仗的风格，所以多次提出异议并公开表示反对，

张郃虽然是武官，但在官场混迹多年的他明白抱怨领导不会有好果子吃，所以他恨不得司马懿能失忆，忘记自己和他结下的梁子，但司马懿好端端的。张郃知道自己不久就会被穿小鞋，所以特意收敛了一些和领导相悖的言行。但已经晚了，在司马懿那里挂了号的人岂会有安生日子过？

得罪领导的下场

司马懿虽然战败了，但他坚信眼前的失利是暂时的，用不了多久诸葛亮就会撤兵，到时候自己自然会成为胜利者。

正如司马懿所料，打了胜仗的诸葛亮正在纠结：军中的粮草勉强还可以维持一个月，但一个月之后呢？他没有把握能在一个月之内拿下粘着自己的司马懿。如果此刻选择撤兵，还有些颜面；如果在弹尽粮绝后撤兵，就会损兵折将颜面扫地了。

帐外连绵的雨丝毫没有要停的意思，这更加让诸葛亮的心情灰暗无比。就在诸葛亮举棋不定时，收到了李严派人送来的蜀汉皇上的口谕：粮运不继，速速班师。

这真是出自刘禅之口吗？诸葛亮确信这不可能，那么隐藏在刘禅背后的人是谁呢？他把朝中的人想了个遍，也找不出嫌疑人。谁有这么大胆子下假命令呢？诸葛亮的大脑在快速地运转，但就是理不出头绪。

都说，将在外，君命有所不受。如果诸葛亮再坚持一个月的话，凭他在蜀汉的影响力没有人敢挑刺。不过，诸葛亮很聪明，与其做一件没有把握的事，还不如顺着这个台阶就此罢手。于是，诸葛亮下令撤军。

残阳如血，帅旗被大风刮得呼呼作响，注视着诸葛亮撤退的方向，司马懿得意地捋着胡须，心想：你诸葛亮不是有能耐吗？最终还是败退了。没有强大的国家做后盾，你个人就是再强，也难逃失败的命运。

在得意之余，司马懿又想起了屡次让他不爽的张郃，虽然此人最近消停了不少，但司马懿还是想修理他一下，以便提升自己在全军的威望。

“张将军骁勇善战，天下皆知，蜀军上下都对将军敬畏有加。”

张郃知道司马懿不会无缘无故地夸自己，便赶紧回答道：

“不敢当，只是侥幸打了几个胜仗罢了。”

“将军谦虚了，眼下蜀军正在慌乱逃窜，将军可以率领一队人马追击，如果能砍下诸葛亮的人头，那将是大功一件。”

靠，想算计我就明说，何必拐弯抹角啊，傻子都能看得出蜀军不是败逃，而是在有序地撤退。想打败诸葛亮都很难，拿他的人头请功更是痴人做梦。

张郃不想钻这个套，便不情愿地说：“军法上说，围城必开出路，归兵勿追。”

司马懿不乐意了，你不是嚷着要和诸葛亮打吗？现在机会就摆在面前，怎么就怂了呢？既然软的行不通，那只好来硬的了。

“张将军，军中无戏言，你不会是想抗命吧。”

张郃本以为有缓和的余地，眼见司马懿铁了心要给自己小鞋穿，只好带兵尾追诸葛亮而去。

说实话，司马懿只想教训一下这员刺儿头老将，没想要把他置于死地，但他低估了诸葛亮的能力，蜀军虽然是在撤退，但却在路上设下了重重机关。张郃军就此踏上了一条不归路。

刚开始，张郃军还顺风顺水，追杀了不少落单的蜀军，但这种情形没保持多久，就来了个一百八十度的大转变。当张郃军进入狭窄的木门道时，四周一下子安静了下来，也不见了蜀军的影子，让人窒息的安静让张郃感觉到危险正在步步逼近，他正要下令撤退时，已经晚了。只见两边山崖绝壁之上突然冒出了无数手持连弩的蜀军，张郃大呼上当。接着天上便下起了箭雨，魏军被杀得哭爹喊娘，整个山谷瞬间变成了血红一片。

张郃虽然拼命杀出了一条血路，但他的右膝中箭，血流不止。回去不久，年过六旬的他便因伤势太重，不治身亡了。

一代名将就这样落幕了，让人有些接受不了。

这不是司马懿想要的结果，他没想要张郃死，不过一将功成万骨枯，烈士张郃战死沙场，也算是一名军人最好的归宿了。

死者可以安息了，生者还得继续战斗。只要诸葛亮还活着，蜀和魏的战争就不会停止。司马懿握紧拳头，在心底默默地说：来吧，我一定奉陪到底。

三年备战，大战前静悄悄

虽然诸葛亮是因为后勤保障跟不上而主动撤退的，司马懿有些胜之不武，但原因不重要，关键是结果，这场战事的结果是以司马懿的胜利告终的，这就足够了。

既然前方将士打了胜仗，作为魏国天子曹叡自然要对有功之臣进行封赏，于是派遣使者到前线劳军，增加封邑。以便激发这些魏国将士更大的潜力，保家卫国。

有时候，只靠口头的许诺或精神上的引领是不够的，毕竟人都是有私欲的，只有用实实在在的物质手段来刺激一下，才能让这些拿刀拿枪的人更加死心塌地地为他曹叡卖命。

魏国的将士们没付出什么大的代价，就白捡了一个大便宜，还获得了朝廷的赏赐恩典，此时，他们算真正理解司马懿当初为何极力阻止攻打诸葛亮了。虽然军人要靠建军功来体现自己的价值，但谁也不想把命丢在战场上，命都没了，建军功还有何用。所以他们更愿意跟着司马懿干，对司马懿更加死心塌地地忠诚。

就在大家兴高采烈庆祝胜利时，有人未雨绸缪，提出了富有前瞻性的建议。毕竟蜀军是主动撤退，没有消耗多少实力，这对魏国来说是一个潜在的威胁。

军师杜袭、督军薛悌认为诸葛亮在明年麦熟时还会入侵，所以他们建议道："趁冬天调运粮草，解决陇右粮少的问题。"

手下的将士没有被胜利冲昏头脑，还有人保持清醒，这很难得，但司马懿却不这么认为，他觉得诸葛亮不会走失败的老路。

"诸葛亮两次攻打祁山，一次围攻陈仓，结果都没有讨得便宜，失败而归，在围城方面吃尽苦头的蜀军还会攻城吗？我估计蜀军下次来犯，肯定要把野战摆在首位，所以十有八九会从陇东出兵，而不是从陇西。再说，蜀军多次失败的原因是粮食不够吃，如果我是诸葛亮这次回去一定会广积粮，把后勤工作搞好后再发动进攻。所以，我估计诸葛亮在三年之内是不敢再出兵的。"

虽然司马懿分析得头头是道，但将士们还是半信半疑。毕竟司马懿不是诸葛亮，诸葛亮向来都以出奇兵而著称，万一他来个反其道而行之，那魏军就有苦头吃了。

不得不承认，司马懿还是有相当战略眼光的，他算得很准，接下来蜀魏之间安定了三年，双方都在积极备战，为即将到来的大战做好了充分的准备。

先看司马懿，既然战略方向确定了，那具体准备工作就好做了。他首先上书曹叡，请求迁徙一批冀州的农夫到上邽，以便让这片产麦区出产更多的小麦。接着，司马懿又在京兆、天水、南安设立"监冶谒者"（掌管金属冶炼的专官），大兴冶炼业，从而解决了锻造兵器的原材料问题。这还没完，为了造福关中百姓，司马懿又花了一年的时间兴修了成国渠和临晋陂，灌溉数千顷良田，从而大大提升了关中平原的产粮能力。

这富饶的关中平原难道真的要成为诸葛亮的葬身之地了吗？他在这三年中又干了些什么呢？

诸葛亮何等精明，他眼里揉不得沙子，虽然他很感谢那份让他有台阶下的撤退口谕，但对此却疑虑重重，不仅怀疑这份口谕的真实性，也忧虑蜀汉内部是否出了问题。就这样，诸葛亮心怀疑虑带兵回到了汉中。

李严见到班师回朝的诸葛亮后，冒出了这么一句话："粮食还多着呢，你怎么就提前回来了呢？"（军粮饶足，何以便归。）

诸葛亮纳闷了：你是装傻还是真傻，皇上的口谕是你派人送来的，难道你会不知道？

"战事不利，提前回来了，李将军在后方费心了。"

"丞相辛苦。"

寒暄几句后，诸葛亮便回府了。

李严看出了诸葛亮对自己的怀疑，既然有了第一个谎言，就只有不断用新的谎言来圆谎。于是又上表蜀汉后主刘禅："诸葛亮是假装撤退，以便诱敌深入，然后歼灭他们。"

李严之所以撒谎假传口谕，是因为不能忍受眼前的落差。想当初在江州时，呼风唤雨，只手遮天，那种感觉让他无比留恋。如今为了骠骑将军的头衔来到汉中搞后勤，充其量就是诸葛亮的一个马仔而已，他想回到江州继续那种唯我独尊生活，但国事千头万绪，他岂能说走就走，唯一的办法就是赶紧把诸葛亮弄回来，自己好交差开溜。李严虽然没有谋国的野心，但他假传口谕，已经犯法，他还能回到江州吗？

回到府中的诸葛亮一刻也没有闲着，赶紧着手调查这件事。天下没有不透风的墙，通过对比李严前后的手笔书疏后，所有的矛头都指向了他。面对确凿的证据，李严找不到理由辩解，只好认罪。

结果，李严被免除了一切职务，废为平民，安置到靠近边境的梓潼郡。李严的儿子李丰也被从江州督的位置上拉了下来，让他担任一些次要的职务。

本想回到自己的一亩三分地逍遥快活，没想到却玩火自焚，被废为平民的李严郁闷无比，但他还希望有朝一日能被诸葛亮重新启用，他靠这点渺茫的希望艰难地活着。后来，当他听到诸葛亮在五丈原逝世的消息后，便认为后继者再也不可能给他戴罪立功的机会了，于是在悲愤中忧郁而死，这当然是后话了。

削了李严的官职后，再也没有人可以掣肘诸葛亮了，他可以随意调动江州的兵力全力讨伐曹魏了。

正如司马懿所料，这次诸葛亮没有急着继续北伐，而是休养了三年，大力发展生产，为最后一击积蓄力量。

首先，调遣江州的部队到汉中防守，增加北伐的兵力；其次，在沔水附近修建了一个黄沙屯，诸葛亮在此劝农耕桑，做了大量发展生产的工作；再次，他派人修筑汉朝萧何修建的山河堰，在丘陵地带和平川地区修造蓄水池，开创了在丘陵地带种植水稻的先河。另外，除了修造大量的木牛流马和兵器外，诸葛亮还派使者到东吴联系孙权，约定来年一起进攻曹魏。

三年的休战，虽然老百姓享受了难得的和平，但谁都知道，这只是大战前的宁静，接下来诸葛亮向曹魏发起强有力挑战的凶险将超过以往任何一次。

两次进攻，两次失利

曹魏青龙二年（234 年）二月，诸葛亮拿出了蜀汉的全部老底——集结了十万蜀军，兵出斜谷攻魏，在四月份就抵达了郿城（今陕西眉县北），进驻渭水之南。

吴国这次也很够意思，派出十万人分三路直逼曹魏。

二十万大军压境，曹叡高度紧张，他最怕的就是吴蜀抱成团，偏偏吴蜀同时发兵，如果分兵应对的话，恐怕很难获得完胜，没准还会因此亡国。经过冷静分析后，曹叡认为，这次诸葛亮无疑再次扮演了领导者和组织者的角色，如果西线战败的话，那么吴国会趁机捞更多的油水，如果打败诸葛亮，相信吴国就会乖乖地退回去，不敢有大的动作。

擒贼先擒王，只有先打败了蜀军，才能掌握战争的主动权，化解这次危机。所以，曹叡把宝押在了负责西线防守的司马懿身上，能否度过这个劫难，就看司马懿的了。为了万无一失，曹叡还派遣征蜀护军秦朗率步骑二万前往西线，听候司马懿的调遣。

在得知诸葛亮兵出斜谷的军情后，司马懿不敢怠慢，除了留下部分兵力防守后方外，亲率大军主力奔赴前线。尤其是得知曹叡又给自己加派了两万步骑后，更加感到自己肩上的担子不轻。

魏军到达前线后，在布置防线时发生了争议。诸将想把大营驻扎在渭水以北，理由是：把渭水作为一道天然防线，胜算的几率更大些。司马懿却认为这样做极其不妥，因为这明显是把整个渭南拱手让给了诸葛亮，这不是他的风格。再说，边疆百姓和粮食积聚都在渭南，注定渭南是兵家必争之地。所以，司马懿力排众议，下令在渭南构筑防线，背水扎营，誓死不放弃渭南。

当诸葛亮率大军到达渭水附近时，发现魏军已经在渭南深沟高垒，构筑了坚固的防线。在短时间内是搞不定司马懿的，于是，诸葛亮下令大军西上五丈原（今陕西眉县西南），扎牢营盘，考虑下一步的行动。

再看魏军，背水扎营有些破釜沉舟的意味，因为防线一旦被蜀军攻破，那就意味的彻底的失败，想撤退都来不及了。

为了安抚众将，司马懿说："诸葛亮如果从武功出发，依山而东，直逼长安三辅，必将给我们造成极大的忧患；如果西上五丈原，那我们就可以放心睡大觉了。"

大家的表情都十分严肃，因为诸葛亮究竟走哪一条路，谁也说不准，而这场战役又不允许有任何闪失。

这时，探马带来了前方的军情：蜀军都西上五丈原了。

五丈原北临渭水，南近太白山，东面皆有深沟，位于八百里秦川的西端，在今陕西岐山县城南二十公里处，是一座高约一百五十米，宽约一公里，长约五公里的平坝。关于五丈原得名，有人说，秦二世西巡到这里时，原头曾刮起五丈尘柱大风，因而得名五丈原；也有人说，这里前阔后狭，最狭处仅五丈，故得名五丈原；还有人说，这里原来高五十余丈，原称五十丈原，后来讹传为五丈原。

蜀军最终上了五丈原，大家这下放心了，脸上露出了轻松的表情，军中也开始流传：天佑曹魏，此战必胜。

其实，这只不过是司马懿稳定军心的策略罢了，即使诸葛亮西上五丈原，他也没有想到破敌之计，诸葛亮的计谋一向出人意料，这次他又会使什么手段呢？司马懿心里没谱，只好走一步看一步了。

就在众将沉浸在喜悦中时，雍州刺史郭淮是清醒的，他提出了自己的忧虑："诸葛亮必然要争夺北原，我军应该在蜀军占领北原之前占据这个战略要地。"

北原在五丈原的西边成国渠和渭水之间，如果蜀军真的占据了北原，那么就可以与五丈原形成掎角之势，从而完成对魏军的西北合围。可以说，驻守西北十多年的郭淮还是有先见之明的，但司马懿和众将却一下子没有转过转个弯来。再说司马懿已经定了主基调，只要蜀军在五丈原驻扎，魏军就高枕无忧了，你郭淮唱反调，算哪根葱啊？所以大家基本一致否定了郭淮的意见。

好在司马懿是明智的，他没有理会这种否定之声，而给了郭淮继续说下去的机会。领导就应该有这样的胸怀和气度，对于下属不同的言论都要用心聆听，从而反思自己的决策是否存在漏洞并进一步改进，这样才能获得胜利和成功。

郭淮继续说："登五丈原的诸葛亮已经占据了制高点，如果再控制了北原，就控制了渭水，切断了陇右与关中的水上通道。如果再煽动羌胡造反叛乱，那将会把我军置于非常危险的境地。"

郭淮的话有理有据，让众人不寒而栗。盲目的喜悦和自信还真要不得啊，幸亏有郭淮的提醒，否则很可能会被蜀军包了饺子。

司马懿也心头大震，既然北原有如此重要的战略地位就绝对不能落入蜀军手中。于是下令郭淮率领军队抢占北原，修筑防御工事，抵御蜀军的进攻。

英雄所见略同，这一点是毋庸置疑的。就在郭淮领命进驻北原时，诸葛亮也派了一队人马前往北原。但蜀军毕竟在人家的地盘上行军，人生地不熟，也许还被本地的老乡忽悠了一把，反正当他们赶到北原时，郭淮的军队已经在北原修筑防御工事了。好在魏军营垒还没有完全建好，这给蜀军夺取北原创造了机会。

再看郭淮，面对来势汹汹的蜀军，再看看修了一半的防御工事，他决定拼了，即使血洒疆场，也不能丢了北原。

郭淮发表一番极具煽动性的言语后，身先士卒，冲向了蜀军的阵营。在郭淮的带动下，魏军嗷嗷叫着与蜀军展开了厮杀。

狭路相逢勇者胜，谁在士气上占优势，谁就掌握了战争的主动权。魏军不要命的拼杀最终把蜀军杀得接连败退。接着，郭淮下令收兵，抓紧时间修筑防御工事，把北原牢牢地控制在了自己手中。

看着从北原落败而归的蜀军，在五丈原的诸葛亮隐隐有一丝不好的预感。不过，这仅仅是战争的开始，胜负难料，他摇着扇子，一条妙计在头脑中已经有了雏形。

经过和司马懿的多次交手，诸葛亮判断这个老狐狸惯于打持久战，若想消灭魏军的有生力量，只有让魏军动起来，在运动中创造战机。所以诸葛亮决定采用声东击西之计给予魏军以痛击。这次诸葛亮看上了魏军东面的阳遂，为了迷惑敌人，除了留守五丈原的部分兵力外，诸葛亮亲率大军向魏军西面的西围奔袭，大有不拿下西围誓不罢休之势。

当司马懿得知蜀军西进的消息后有些纳闷，因为西围已经有重兵把守，诸葛亮为何还要进攻呢？他一向善于以巧取胜，这不像是他的风格。

众参谋们坐不住了，纷纷建议向西围增兵，毕竟，对手是诸葛亮亲率的蜀军主力。万一西围被攻破，将会被打破好不容易形成的对五丈原的合围之势。

这西围不能丢啊，司马懿有些动摇了。

此时，凭着多年与蜀作战的经验和对诸葛亮的了解，郭淮又一次站了出来，他说："西围已经有重兵把守，诸葛亮一时半会儿是很难攻破的，没必要现在就向西围增兵。再说，诸葛亮一向谨慎稳重，怎么会打这种杀敌一千自损八百的仗呢？倒是他惯用声东击西之计，貌似要夺取西围，本意却很可能是在东面的阳遂。"

司马懿一听，言之有理，西围暂时不会有危险，倒是阳遂的防守兵力比较薄弱，万一诸葛亮真的是奔阳遂而去，那阳遂就危险了。于是司马懿当机立断，派遣将军胡遵、郭淮带领增援部队前往阳遂，预防蜀军的偷袭。

就这样，诸葛亮的意图再一次被郭淮识破，从这一刻起，注定他将又一次白忙乎一场。

诸葛亮用大军佯攻西围，自己悄悄率领一支军队趁着夜色向阳遂挺进，他希望这次能出其不意拿下阳遂，给渭南的司马懿大营埋一颗随时都会爆炸的地雷。

当大军到达离阳遂还有一段距离的积石原时，突然发现前面出现了大量魏军，诸葛亮大呼不妙，没想自己的计谋竟然被司马懿看穿了。

这些突然出现在积石原的魏军就是奉命增援阳遂的胡遵和郭淮军，他们没有到阳遂防守，而是选择了到阳遂的必经之路积石原阻击，给蜀军来一个突然袭击。

本来是要偷袭魏军，结果被魏军来个反突袭。面对如潮水般涌来的魏军，没有准备第二套方案的诸葛亮只有招架之力，边打边撤，丢下几百具尸体后撤回到了五丈原。就这样，诸葛亮策划的这次军事行动又以失败告终了。

本来预想北原和阳遂都是自己志在必得的地盘，没想到都被司马懿搅了局，诸葛亮决定重新审视自己的这个对手，不再轻易有所动作。

这两次较量，魏军之所以都能取得胜利离不开郭淮在关键时刻的建议。司马懿心想：这小子还真有两下子。

两次失利后，诸葛亮暂时没有什么大的举动，司马懿可以松一口气了。察看一下地形图，司马懿发现此时的形势对曹魏非常有利：虽然蜀军在五丈原一带的渭河南岸地区占据了一块阵地，但却处在魏军的包围之中。东面是司马懿的主力沿渭河一线驻扎的渭南大营，西面是坚不可摧的陈仓，北面是郭淮军构筑的北原防线，只有南面为蜀军敞开了大门，而这条路正是诸葛亮此次北伐的出口斜谷。

照这样看来，如果没有奇迹发生的话，诸葛亮只能灰溜溜地怎么来再怎么走了。

此后，蜀魏两军基本上处于相持阶段，偶尔也搞一些小动作。比如，司马懿就利用诸葛亮的一个疏忽，出动骑兵侵扰了蜀军的后方，斩五百余级，获牲口千余，降者六百余人。魏军速战速决，讨得便宜后，便又退回到大营坚守。而诸葛亮也及时弥补了这个防守上的漏洞，让魏军再也无机可乘了。

打持久战，魏军是乐意奉陪的，蜀军上次就是因为没饭吃而退兵的，所以司马懿这次也梦想着诸葛亮用不了多久就会退兵。

蜀军方面，虽然诸葛亮不乐意打持久战，但这次没有像三年前那么心慌了，因为手中有粮，底气也足了。这次出兵，他特意令人在斜谷南口储备了三年的粮食，而斜谷内遍布了蜀军的存粮点，同时还动用了大量的木牛流马运送粮食，节省了不少人力。另外，他还采取军事屯田政策，在五丈原一带，沿渭水河岸，由武装战士开垦当地居民田亩外的荒田，争取自给自足。

解决了粮食问题后，蜀军就可以全力以赴作战了。本来指望孙权能帮上忙，减轻一点儿压力，但诸葛亮得到的消息是：孙权的三路大军相继受挫，已经撤军了。

这下，曹魏便可以全力应对西线战事了，诸葛亮的压力又增大了，他已经五十四岁了，这次北伐能取得胜利吗？说实话，诸葛亮心里没底，他从来都没有这样不自信过。难道自己真的老了吗？诸葛亮在心里不断反问着自己。

 说我女人也无妨，就是要耗死你

在洛阳，曹叡把酒当歌，心情大好。一来，孙权已经撤军；二来，司马懿在西线小胜几场，来了个开门红。

这是个好兆头，天佑我朝，诸葛亮退兵也是早晚的事。

虽然前方战事一片大好，但为了万无一失，曹叡特意在六月给司马懿下诏："朕要你坚守营垒，摧毁敌人的士气，让他们无法进攻，也找不到机会决战，等他们吃完了手中的粮食，又没有地方可以抢夺，自然会选择撤退。在他们撤退的时候给予痛击，便能够大获全胜。"

总的来看，曹叡的战略思想和司马懿是相同的，即打持久战，消耗蜀军的粮食和耐性直到自动撤退为止。

对于魏军的战略意图，诸葛亮是知晓的；对于司马懿这个强悍的对手，诸葛亮也早已领教过。指望司马懿主动攻击在短期内是无法实现的，而打持久战对远道而来的蜀军也是非常不利的，所以必须得想个好办法让魏军不得安生，最好能把蜷缩在老窝的司马懿这个缩头乌龟引诱出来。

诸葛亮便派人到司马懿的大营前叫骂，什么话难听就骂什么，把司马懿的祖宗十八代都骂了个遍。

有句话是这样说的：想知道一个人缺什么，就看他努力秀什么。

所以，当司马懿听到这种恶毒的咒骂时，不仅没生气而且还非常乐呵，因为他确信自己把准了诸葛亮的脉。你诸葛亮迫不及待地希望我和你交战，我偏偏不搭理你。

眼见被人欺负到了家门口，魏军将领们受不了了，纷纷请求出战，但司

马懿不许，而且还下了死命令，但凡有私自出营迎战者，按军法处置。

没办法，既然不许打，但骂是不被禁止的，于是，魏蜀两军开始对骂，还配上敲锣打鼓，那场面叫一个壮观啊。

接连几天下来，虽然每天打口水仗，但不能从根本上解决问题，诸葛亮决定来招新鲜的，彻底击碎司马懿的自尊心。

这天，大营外面特别安静，以往叫骂的蜀军士兵都消失了。怎么回事，难道诸葛亮撤兵了？但探子回报说，蜀军大营还驻扎在五丈原。

司马懿纳闷了，这诸葛亮又要耍什么花招啊？

这时，大营外有蜀军使者求见。

啥意思？司马懿一头雾水。

本以为使者是一个五大三粗的人，没想到却是一个看上去老实巴交的人。这蜀营难道真是没人了？竟然派这样一个拿不出手的人来。

“是谁派你来的？”

“我家丞相。”

“什么事？是来送投降书的吗？”

“丞相确实有礼物送给将军。”

“哦？快呈上来。”

侍卫便急忙把礼盒呈送到司马懿的案头。司马懿希望里面装的是诸葛亮的妥协，因为他迫切想战胜名声在外的诸葛亮，即使是对手主动妥协，他也感到非常光荣。但当他打开礼盒后，却极度失望和愤怒，因为展现在他面前的不是诸葛亮的妥协，而是一套女人的衣服和首饰。

本来满营将士就因为蜀军连日叫骂憋了一肚子火，如今看到诸葛亮又用女人的衣服和首饰来羞辱主帅，多日的怒火终于爆发了。这些武将纷纷拔出宝剑要斩了来使，而来使哪里见过这种阵势，早就吓得瘫在地上动也动不了了。

愤怒的司马懿会做怎样的处理呢？说实话，刚看到诸葛亮送来的礼物时，司马懿也是满腔怒火，恨不得把诸葛亮撕成两半。这是人之常情，毕竟士可杀不可辱，再怎么样你也不能说我像个女人一样吧。

愤怒归愤怒，司马懿没有被愤怒冲昏了头脑。片刻过后，他便又恢复了冷静。先是叫骂，接着是送女人衣服，诸葛亮连这种下三滥的手段都用上了，目的无非就是激怒自己，让自己率军出战。我现在的日子过得好好的，每天看看天，吹吹风，下下棋，何必要冒风险和你一战呢？虽然我手中的兵力足以与你一战。

拉倒吧，想让我发怒，我偏偏心情大好，气死你。

能把诸葛亮逼到这个份儿上，说明我司马懿还是有两下子的。

虽然司马懿想开了，但手下的将士们却还愤怒无比，眼见要砍杀来使解气，司马懿赶紧阻拦。

被人羞辱到了这种地步，竟然还一点儿也不生气，难道真的不要颜面了吗？将士们实在是搞不懂主帅是怎么想的。

司马懿没有安抚满脸愤怒和不解的将士们，反而对吓得脸色发白的来使颇感兴趣。

“起来，本帅保证不杀你，但你要如实回答本帅的提问。”

几乎被判了死刑的使者见有活命的机会，便倍加珍惜，眼巴巴地看着司马懿，等着对方发问。

诸将以为要套问一些军事机密，没想到司马懿却唠起了家常。

“诸葛丞相的睡眠怎么样？能保证质量吗？”

“我们丞相一早便起床，很晚才就寝，忙着处理公务呢。”

“蛮勤奋的啊，都处理哪些公务啊？”

“二十板以上的军法处分，都要亲自过问裁决。”

“连这种小事也要亲自处理，那他每顿吃不少饭吧？”

“错，每顿只吃小半碗，而且还忙得无法按点吃饭。”

使者在回答问题时，脸色洋溢着一种得意的表情，在他看来，他们的诸葛丞相勤政爱民，是天底下最好的丞相。

使者离开后，司马懿乐得哼起了小曲。

部将们更加纳闷了，主帅这是怎么啦？被羞辱了不生气，而且还很有兴致地了解诸葛亮的饮食起居，这是唱的哪一出啊？

看着满脸迷茫的部将们，司马懿乐呵呵地说：“诸葛亮食少事烦，如此劳累，能活得长久吗？”

于是，司马懿更加坚定地认为自己的决策没有错，不仅要坐等蜀军主动撤退，还要坐等诸葛亮自己挂掉。

 千古第一贤相，饮恨五丈原

虽然司马懿对耗死诸葛亮满怀信心，但部将们却有其他的想法，在他们看来，被羞辱之仇一定要报。既然使者不能杀，那么攻打蜀军没问题吧，于是众将一致请战。

面对情绪激动的请战将士，司马懿有些犯难了。

如果一味压制将士们的请战，不仅有伤士气，而且很可能会出现违抗军命的现象，到时候就不好处理了。但他又不忍心看着将士们去送死，本来坐着就能获胜，为何要两败俱伤呢？必须想一个两全其美的办法。司马懿想到了远在洛阳的曹叡，也许只有他能安抚这些愤怒的将士们了。

“我理解大家的心情，这诸葛亮太欺负人了。”

“对，打吧，让不知天高地厚的蜀军领教领教我们曹魏铁骑的厉害。”

“说实话，我恨不得扇诸葛亮两耳光，但圣上有令，只需坚守，不准进攻。”

“将在外，君命有所不受，等我们打了胜仗，圣上自然不会怪罪我们。”

“不妥吧，要不我给圣上修书一封，只要圣上同意出兵，我们便立马攻上五丈原，活捉诸葛亮。”

“好……”

终于得到了众将士的一致认可，本来已经火药味十足的气氛也缓和了不少。司马懿长出一口气，赶紧给曹叡修书一封，询问能否出战。

也许你会问，难道司马懿就不怕曹叡真的让他出战吗？其实，司马懿此举的目的是要和曹叡唱双簧，从而稳定军心。

现在，最关键的人物是曹叡，只有明白了司马懿的良苦用心，这出戏才能继续演下去。司马懿确信曹叡能明白自己此次上疏的目的，我们不得不佩服司马懿的那份自信，结果是他的判断非常准确。曹叡明白了他的意图后，便再次下诏：继续防守，胆敢擅自出战者，军法从事。

另外，为了展示朝廷贯彻防御战略的决心，还特意任正直之臣卫尉辛毗为大将军军师，手持符节，到前线监军。

辛毗，字佐治，颍川阳翟人，是曹家三朝元老，刚正不阿，朝廷上下都对他忌惮三分。曹叡能派出如此重量级的人物做司马懿的后盾，对司马懿的工作也算支持到家了。

辛毗虽然年纪不小了，可干起活来一点儿也不马虎，每天像门神一样，手持符节，早早地站在军门旁，威风不减当年。

众将本以为能得到圣上允许出战的旨意，没想到碰了一鼻子灰，还招惹来一个带刺儿的老家伙，这下指望和蜀军痛快淋漓地厮杀一番的计划算是彻底泡汤了。

再看诸葛亮，他等的花儿都谢了，可就是等不来司马懿带兵前来攻打，自己苦心设计的机关，布置的圈套就毫无用处了。

当探子报告有一个老头手持符节立在魏军大营门口禁止魏军出战的消息后，诸葛亮轻叹一口气，道："这个老头一定是辛毗了。"

护军姜维说："辛毗一到魏军大营，司马懿肯定更不敢出战了。"

姜维，字伯约，天水冀县（今甘肃甘谷东南）人。原来是曹魏天水郡的中郎将，后来投降蜀汉，官至凉州刺史、大将军（拥有最高军事指挥权）。诸葛亮去世后，他继承诸葛亮的遗志，继续率领蜀汉军队北伐曹魏。诸葛亮这次北伐特意把他带在身边，就有把他培养成接班人的意思。

诸葛亮苦笑道："司马懿压根儿就不打算出战，千里请战不过是给属下摆出一个想打的姿态罢了。将在外君命有所不受。如果真能打得过我们，何必自导自演这出千里请战的双簧戏？"

司马懿这个人不简单啊，姜维暗暗把这个人记在了心底。

为了减少不必要的牺牲，司马懿坚决贯彻防御战略，但在后方关于他的风言风语被传得沸沸扬扬，说他胆小如鼠，还没有女人有能力，就是一个缩头乌龟……总之，让他这样的人来统帅三军，简直就是一种耻辱。

司马懿的弟弟司马孚实在是受不了了，写信询问前线的军情，司马懿回信说："诸葛亮虽然有远大的志向，但没有机遇，多谋少决断，喜好用兵但不会随机应变，虽然率领十万士卒，但已经堕入到我的圈套之中，我一定能打败他们。”

选择战略防御，一定自有他的道理，司马孚这下放心了。

就这样，双方进入了对峙相持阶段。

转眼到了八月，司马懿跟诸葛亮在五丈原已经僵持一百多天了。

这天夜里，司马懿在帐外训行军营，忽然看见一颗彗星从东北方向西南方落下，最后坠落在诸葛亮大营的方向。这种有大星陨落的异象往往意味着有重要人物将要离开人世，难道诸葛亮真的要不久于人世了吗？

想到这里，司马懿心里突然有一种莫名的难过，说实话他不希望诸葛亮这个强硬对手就这样过早地劳累而死，他一直梦想着能面对面和诸葛亮较量一番，那场景一定非常刺激。但这注定是一个无法实现的梦想了，因为此时的诸葛亮已经心力交瘁，只是凭借着坚强的信念支撑着自己不要倒下去。

这一百多天的僵持，对司马懿来说是小菜一碟；而对诸葛亮来说，却是在煎熬中度日。虽然粮食问题解决了，但十万蜀军在五丈原上风餐露宿，如果十天半月还能抗一下，但三个多月都在重复着这种单调的苦日子，连壮小伙都有些吃不消了，何况是已经五十四岁整日操劳繁重军务的诸葛亮。

眼见北伐毫无进展，将士们跟着自己受苦，诸葛亮最终因体力不支倒在了工作岗位上。

扫除奸佞，复兴汉室，这是诸葛亮毕生的追求。他二十七岁随刘备出山，整整征战二十七年，虽有经天纬地之才，也实现了隆中三分天下的谋划，帮白手起家的刘备当上了皇帝，但老天和位极人臣的他开了个大大的玩笑，虽然兢兢业业，六出祁山，讨伐曹魏，但最终还是无功而返。无力回天的诸葛亮曾仰天长叹：“悠悠苍天，何薄于我。”可见，他已经痛心到了极点。

痛心归痛心，卧病在床的诸葛亮知道自己的时间不多了，自己走了不要紧，身后的这一大摊子事总得有人要管，蜀国这台国家机器还得正常运转，自己“扫除奸佞，复兴汉室”的宏伟志向也得有人继续去实现。

到了该安排后事的时候了，诸葛亮把杨仪、姜维、费祎等心腹叫到自己的床前，密语道：“我如果死在军中，等三军撤到斜谷后再发丧。如果魏军追击，则按以往的成法击退他们。三军撤退时，让魏延殿后，姜维次之。如果魏延抗命，则不必理会他，三军回撤便可。”

众将士听诸葛亮说完后都痛哭不已，他们不相信一向无所不能的丞相会一病不起，他们还是坚信诸葛亮会好起来，也许明天太阳升起时，诸葛亮就又活蹦乱跳病好如初了。但诸葛亮的状况明显越来越糟了，短短几句话，就已经累得气喘吁吁，咳嗽不止了。

在大后方的蜀汉帝刘禅得知诸葛亮病重的消息后，急得如热锅上的蚂蚁团团转。蜀汉离不开诸葛亮啊，你老人家快点儿好起来吧。

刘禅不仅默默地为诸葛亮祈福，希望他能快点好起来，还派政务署执行长（尚书仆射）李福到前线探望病情，并询问国家的大政方针。

诸葛亮虽然病重，但还是带病和李福磋商多时。这种带病坚持工作的精神值得嘉奖，真是做到了鞠躬尽瘁，死而后已。李福得指示后告辞返回成都。几天后，他又匆匆赶回到五丈原。

诸葛亮说："我知道你一定还会回来的，我也知道你要问我什么，你所问的事蒋琬是适当的人选。"

李福一惊，诸葛亮虽然已经病入膏肓，但依然神机妙算，真是神人也，连忙带着歉意说："之前实在是忘记请示：先生百年之后，谁可以担当国家大事？所以中途匆匆折回。那么请问，蒋琬之后，谁可以接班呢？"

诸葛亮微闭着眼睛说："费祎。"

李福接着问："费祎之后呢？"

诸葛亮紧闭双眼，不再作答。也许是疼痛难忍，打乱了他的思路；也许是他算透了蜀汉的国运，会被曹魏灭掉；也许他实在是看不了那么远，毕竟百年之后的事，有太多的变数……在这里就不做太多的假设了，史料有限，再多的猜测都显得那么苍白无力。

交代完后事，诸葛亮显得非常轻松，他已经好久没有享受这种感觉了。他仿佛又回到了在隆中躬耕的当年岁月，那种久违的清闲依然让他留恋万分。

虽然蜀军将士希望天佑蜀汉，渴望奇迹出现，但躺在病床上的诸葛亮没有好转的兆头，最终病逝在军中，享年五十四岁。

就这样，这个在三国赚尽天下人眼球的传奇人物永远地闭上了眼睛。诸葛亮虽然死了，但他一生不怕曹操，不惧孙权，硬是帮弱小的刘备打下了一片天下，以"千古第一贤相"的美誉流芳百世。

余威不减，死诸葛吓走活仲达

蜀军的北伐随着诸葛亮的逝世而宣告失败，三军将士强忍着内心的悲痛，在秘书长（长史）杨仪的指挥下，开始有序撤退，临了还放了一把火焚烧了营垒。

熊熊燃烧的大火惊动了魏军，司马懿纳闷了：好好的五丈原怎么就起火了呢？诸葛亮还好吗？他赶紧派探子前去探个究竟。

还没等探子回来，从五丈原跑来的一些百姓前来送信：不好啦，蜀军已经撤离了五丈原，逃跑啦。

什么？怎么这么快？这不应该呀，这不像是诸葛亮坚持到底的一贯作风。司马懿前思后想，觉得蜀军之所以匆匆撤退，唯一的合理解释就是诸葛亮已经死了。

按理来说，蜀军主动撤退，司马懿应该高兴才对，但他却怎么也高兴不起来，反而内心有些惆怅。因为他还没有放开手脚和诸葛亮一比高下，难道诸葛亮真的就这样累死了吗？

多日的坚守和忍让终于换来了胜利，不容易啊，所以蜀军的撤退让魏军将士着实高兴了好一阵，他们互相拥抱，甚至流出了眼泪。但当看到主帅一反常态的表情后，他们心中开始犯嘀咕了：什么情况？难道其中又有什么阴谋不成？毕竟，他们吃诸葛亮的亏吃太多了。

当魏军将士逐渐安静下来之后，司马懿也从沉思中回到了现实。不管蜀军撤退是不是因为诸葛亮已经死了，都要追上去看个究竟，于是，司马懿立即点齐兵马，目标五丈原，急行军。

当司马懿率大军赶到五丈原时，的确已经不见了蜀军的影子，在已经被烧毁大半的诸葛亮的营垒中，缴获了不少蜀军遗留下的图书、粮草。最让司马懿佩服的是诸葛亮在五丈原的排兵布阵，他长叹一声：“真是天下奇才啊。”

军事家向来都比较重视军事文书机密、兵马粮草等这些重要的东西，现在蜀军把这些都丢弃了，犹如丢弃了自己的五脏六腑，这不像是诸葛亮所为，难道诸葛亮真的已经死了吗？

司马懿一路带着疑问追击蜀军，终于赶上了殿后的蜀军。这些蜀军的撤退有章有法，一点儿也不混乱，完全是诸葛亮式的撤退方式。难道是诸葛亮的计策？也顾不了那么多了，反正也憋了这么久，打他一下也无妨。

司马懿正要下令士兵出击，蜀军突然战鼓雷鸣，本来向南的旌旗突然反转向北，直指司马懿。好家伙，差点儿上当，司马懿庆幸自己犹豫了一下，否则又要中计了。

结果，司马懿收军退回，再也不敢逼得太近，远远地看着蜀军从容退去。

于是，蜀军在杨仪的指挥下步步为营，直到进入斜谷之后才为统帅诸葛亮发丧，三军哭声震天。

至此，司马懿才确定诸葛亮已经死了，便率军追击，追到赤岸（今陕西省留坝县北），已经追赶不上了。因为此时已经错过了最佳的率军追击时间，既然蜀军已经走远，就由他去吧。

刚开始是像缩头乌龟一样，现在又被死人吓得不敢追击，当时的百姓对此事编了谚语讽刺司马懿，说“死诸葛亮吓走活司马懿。”（死诸葛走生仲达。）

司马懿听后倒没有生气，反而自我解嘲：“因为我善于料知活着的诸葛亮，不善于料知死了的诸葛亮。”（吾便料生，不便料死故也。）

其实，诸葛亮活着的时候，司马懿从来也没有算过他。现在诸葛亮死了，他倒可以吹吹牛了。反正他是胜利者，说这种话脸不红心不跳，坦然自若。不过司马懿跟诸葛亮还是有一拼的，至少也是“棋逢对手，将遇良才”，当诸葛亮遇到认准了死理就不动摇的司马懿后，便束手无策了。结果司马懿虽然没有打垮诸葛亮，愣是拖垮了诸葛亮，虽然取胜的方式不是那么轰轰烈烈，但结果是司马懿笑到了最后，他胜利了。

司马懿非常感谢诸葛亮这个强大的对手，因为正是诸葛亮让他变得更加坚韧，让他更加强大起来。所以有时候有一个强大对手不见得就是一件坏事，因为对手会让你有紧迫感，会给你强大的动力。

司马懿和诸葛亮就好像是两位大国手，谨慎地走着每一步棋，如今没有了诸葛亮这位强大的对手，司马懿是否会有一种孤单寂寞的感觉呢？不管怎么说，到这里，关于这二人的较量不得不画上一个句号了。接下来，将由司马懿一个人在历史舞台上继续表演，继续着他的传奇经历。

出来混，迟早是要还的

诸葛亮死了，蜀国没有了定海神针，难免会发生内讧。

这不三军将士都在遵照诸葛亮生前的安排有序撤退，但有一个人却怨气连天，他就是诸葛亮最担心的魏延。

本来，诸葛亮的遗令是让魏延一军断后，但魏延却不乐意，因为在他眼中，护军姜维是从魏国投降过来的，司马费祎只是一介书生，长史杨仪更是一个无耻小人。这些人都没什么能力，却在他面前指手画脚，如今又要让他殿后，掩护大部队撤退。

诸葛亮活着的时候，我给你们面子，让你们嘚瑟。如今诸葛亮已经死了，我凭什么还要看你们的眼色行事？都靠边站吧，虽然丞相身亡但还有我魏延呢，怎么能因一个人的死而荒废天下大事呢？

于是，魏延率领本部人马日夜兼程地往回跑，赶在了杨仪大军前面，还一路烧毁了所有栈道，想让杨仪永远回不了蜀国，最好是被司马懿砍死或活捉了。

同时，魏延还快马给朝廷上书，说杨仪已经造反了。

眼见魏延已经亮剑，杨仪这边也毫不示弱，一边修路搭桥往回赶，一边派人往成都报信说魏延已经造反了。

这下难住了在成都的刘禅，到底是谁在造反呢？众臣一致站在了杨仪这边，于是魏延成了孤家寡人，注定难逃失败的命运。

魏延占据了南谷口，率军出击杨仪大军，杨仪命令何平在前抵挡魏延。

何平怒斥魏延的部队：“丞相尸骨未寒，汝辈就敢如此？”

结果简单的一句话就彻底瓦解了魏延的大军。这也难怪，本来魏延军就理亏，如今蜀汉政府又站在了杨仪这边，魏延的日子自然就不好过了。

本来还有自己的本部人马，转眼间就分崩离析，魏延只好带着儿子和几个亲信逃亡，逃到汉中。杨仪派遣马岱追击，结果魏延被砍了脑袋。

虽然杨仪完好无损地把三军从五丈原撤了回来，并且还成功化解了魏延反叛的危机，功劳不小，但诸葛亮指定的接班人是蒋琬不是他杨仪。杨仪因为口出怨言而被革除了一切职务，最后因为害怕自杀了。

诸葛亮的接班人蒋琬主张休养生息，所以蜀魏两国迎来了难得的和平。

而司马懿因为是击退蜀汉进攻的最大功臣，从大将军荣升为太尉，因为大司马一职基本荒废，所以，司马懿成了曹魏军界实质上的头号人物。经过多年的拼搏，终于实现了当初的梦想，司马懿心中感慨良多，一时都不知说什么好了。

激动，兴奋，窃喜……

就在蜀国内讧期间，司马懿本想乘机打他一下，但没有得到朝廷的允许，只能作罢。司马懿虽然成了曹魏数一数二的风云人物，但他还是保持着一贯的低调作风，在西部防区总司令的位置上踏实工作。因为飞鸟尽，良弓藏，狡兔死，走狗烹，他可不想让自己成为政治斗争的牺牲品。

此时的曹叡并没有想那么多，他被刻骨的仇恨所缠绕，是时候为母亲大人报仇了。在青龙三年（235 年）正月，曹叡的养母郭女王突然暴毙，死因不明。

出来混，迟早是要还的。这场被推后十四年的复仇就此结束了。

【第十章】
勇于亮剑，致命回马枪

 树大必然招风，从天而降的羡慕嫉妒恨

诸葛亮死后，由于蒋琬注重休养生息，淡化了诸葛亮的北伐战略，所以太尉司马懿不用劳心去想着法儿地对付蜀军了，反倒过了两年无比惬意的日子。

但在平静之下总少不了小插曲。这不，蜀将马岱就曾发动了一起小规模的试探性入侵，结果被在战场久经考验的名将牛金击退了，被斩首一千余级。

没有了诸葛亮坐镇的蜀汉再也不能轻易对魏国发动战争了，蜀汉的雄风不再。世上总少不了墙头草，眼见蜀汉开始走下坡路，一些人便有了二心。有两个氐王苻双、强端带领六千多族人投降魏国。

这是个好兆头，看来蜀汉的灭亡是迟早的事。

除了有人归顺外，这一年，关中大丰收，各个粮仓都堆得满满的。不得不说，司马懿治理西部边境地区还是有两把刷子的。不巧的是关东大旱，粮食歉收，遍地都是逃荒的饥民。一方有难八方支援，都是魏国的子民，绝对不能眼睁睁看着百姓挨饿不管，司马懿下令把关中的五百万斛粮食运送到京师洛阳，以解燃眉之急。

司马懿送来的救济粮缓解了关东地区的灾情，饥民终于有口饭吃了。曹

叡竖起了大拇指，因为他没想到司马懿不仅在攻城杀敌方面是一把好手，而且在经济建设方面也相当了不起。

接下来发生的事更让曹叡感动不已，因为司马懿送来了一件稀罕物——白鹿。

原来，司马懿在一次打猎中意外捕获了一只白鹿，这一度轰动一时，因为当时的人们认为白鹿是祥瑞的吉兆，谁能得到它，谁将有享不尽的福报。司马懿没有独享，而是让人把这头白鹿献给了洛阳的曹叡。

时时刻刻为领导着想，司马懿毫无疑问是一个好员工。

看着眼前的这个罕见的品种，曹叡不住地感叹，亲笔写了书信，鼓励司马懿，内容是这样的："以前周公旦辅佐成王，曾经献上了白色的雉。如今你守卫在帝国的西部边陲，呈献上了白鹿。这不是简单的巧合，你的忠心与古人相辉映，这难道不是上天派你来守卫我曹魏王朝直到千秋万代吗？"（昔周公旦辅成王，有素雉之贡。今君受陕西之任，有白鹿之献，岂非忠诚协符，千载同契，俾乂邦家，以永厥休邪！）

从这段话中可以看出，曹叡对司马懿的感谢和夸奖是发自真心的，毕竟，司马懿辅佐曹家祖孙三代，立过无数战功。如果没有了司马懿，也许诸葛亮的北伐真的能够成功。所以说司马懿是曹魏的护佑者一点儿也不过分。

但树大必然招风，这是一条颠扑不破的真理。在勾心斗角的官场，如果你太过于优秀出众，总会招来一些人的嫉妒和围攻。

这不，有人看着司马懿不顺眼了。

首先发难的是尚书令陈矫。

在一次群臣闲聊中，曹叡对司马懿还是热度不减，他问陈矫："司马仲达忠心公正，算是社稷之臣了吧？"

按理来说，司马懿现在很吃得开，是曹叡眼中的能人，陈矫应该和领导保持一致，持肯定的态度才对，但陈矫却来了这么一句："说司马懿是朝廷之望，我没意见，但说他是社稷之望，我就要保留意见了。"（朝廷之望，社稷未知也。）

司马懿不断增大的权势，让陈矫有些担心，毕竟历史上因为臣子权势过大而发生叛乱的事情太多了。陈矫从这个角度来看问题也在情理之中。

曹叡听到这句话，一下子清醒了许多，不再那么狂热了。因为这是一种与朝内众臣所发出的不同的声音，也是一种让他非常担忧的声音，如果真的让陈矫言中，司马懿不忠于魏室（社稷），那就太可怕了。

司马懿难道真的靠不住吗?

带着这样的疑问，曹叡想到了之前皇叔曹植的上疏《求通亲亲表》和《陈审举表》，提到了要用宗室的力量来维护曹氏政权，曹魏政权的危机不在皇族内部而在异姓权臣等。

当时，曹丕给接班人曹叡挑选的三个顾命大臣中已死了一个，活着的只剩下陈群和司马懿了，而陈群大约已经七十多岁，也没多少活头了。而司马懿才五十二岁，是一个极具威胁力的异姓权臣。但曹叡非常看好司马懿，二人正处于蜜月期，所以虽然曹植上疏提醒，但曹叡并没有过多在意。因为在他看来，只要对朝廷忠心耿耿，姓不姓曹是不要紧的。

但随着司马懿权势的不断扩大和朝中大臣反对司马懿言论的增加，曹叡也感到一丝危机，尤其是当陈群死后，司马懿成为唯一的首辅元老，在朝野内外的声望俱增，一度成为年度最风云的人物。

功高震主，这是任何一个帝王都厌恶的事情，曹叡开始对司马懿有看法了。

尤其是以“忠直”著称的散骑常侍高堂隆的遗书更加坚定了曹叡重新审视司马懿的决心。

都说人之将死，其言也善。高堂隆在病危之际的上疏可谓是肺腑之言，内容大体是这样的:“老臣记得先帝黄初年间，在宫里燕子巢穴中发现有一只全身艳红的怪鸟。这是上天发出的警告，应该严防猛鹰飞扬的官僚，以免祸起萧墙。”（黄初之际，天兆其戒，异类之鸟，育长燕巢，口爪胸赤，此魏室之大异也，宜防鹰扬之臣于萧墙之内。）

另外，高堂隆还建议，让诸王在封地内建立军队，从而拱卫皇室保护中央，维护首都所在的京畿。

善占卜天象的高堂隆可谓是鞠躬尽瘁死而后已，把生命的最后一点儿光亮都贡献给了曹魏帝国，希望能引起曹叡的关注，不要发生祸起萧墙的叛乱。

这份上疏中所指何人，地球人都知道。曹叡也不傻，他被这位老臣的良苦用心彻底征服了。有这样的臣子，真是帝国的万幸。他细细揣摩着每一个字，仿佛又看到了若干年前皇叔曹植的上疏，不得不佩服这位才子的预见性。这不能简单认为是一种巧合，都说当局者迷旁观者清，也许是自己真的没有看到司马懿的另一面。好在还不晚，如果司马懿真有异心，收拾他还是绰绰有余的。

就这样，被大家称为“鹰扬之臣”的老太尉司马懿被莫名其妙地怀疑了。人怕出名猪怕壮，你司马懿太出众了，手中又握有大权，出现这种情况也在情理之中。但司马懿却没想到这一点，因为他一直觉得自己比较低调，履行为人臣子的职责，没有招摇过市，不会给曹叡功高震主的感觉。

其实，这只不过是司马懿的一厢情愿罢了，接着发生的一个小插曲，让他感到自己与领导曹叡的蜜月期已经结束了。

我们知道，曹叡在即位之初，明智果断，颇有为王的气度，但到了后期就像变了一个人，把热情都投到了大兴土木上，不再勤于朝政了。他控制不住自己修建宫殿的热情，经常拿着铁锹亲自到工地上和老百姓一起劳动。上行下效，在他的带动下，文武百官也弓着身子在建筑工地上干得热火朝天，生怕自己跟不上领导的步伐。（公卿以下至于学生，莫不展力，帝乃躬自掘土以率之。）

对于皇帝热衷于搞建筑的行为，司马懿没有像其他大臣一样跟在皇帝屁股后面挽起袖子跟石块土灰打交道，他认为，身为臣子应该竭力辅佐皇帝把帝国治理好，而不是不分青红皂白地献媚。所以在一次进朝时，司马懿大胆进谏：暂停国内的建筑项目，让百姓休养生息，从而节省更多的人力物力应对随时发生的战争情况。

曹叡本来就已经提防上司马懿了，听司马懿这么一说，脸色马上阴沉了下来。

怎么，我建几个宫殿就劳民伤财了？你司马懿管的也太宽了吧。

结果曹叡什么也没说，把司马懿晾在了一边。

看着曹叡离去的背影，司马懿想想都有些后怕，万一谏言惹恼了曹叡，责罚自己一番，真是没地方说理去。

伴君如伴虎，自己还是当初的司马懿，而曹叡已经不是当初的曹叡了。

既然如此，还是要保持低调，没必要当出头鸟，既然大家都觉得大兴土木没什么大错，自己何必要独树一帜，和皇帝唱反调呢？

但话又说回来，作为臣子，眼见皇帝沉溺于土木工程而不管不顾，这有失臣子的本分，司马懿非常矛盾。不过司马懿不会矛盾太久，因为接下来发生的事让他和曹叡都得到了解脱。

接烫手山芋，远征辽东

三国注定是一个不让人消停的时代，蜀汉稍稍安稳一些后，割据辽东的公孙渊又蹦跶了起来。

公孙家族从董卓时代就开始统治辽东，经历三代后传到了公孙渊手中，公孙渊是一个比较强悍的人，野心不小，已经不满足屈尊于宗主国曹魏之下了。

三国鼎立算什么？我要来个四国鼎立，甚至要唯我独尊。

于是，野心极度膨胀的公孙渊采取“远交近攻”的策略，一度和东吴打得火热，而对魏国使者口出恶言，完全不把曹叡放在眼里。

再怎么说，曹魏是当时三国的老大哥，你一个小小的公孙渊就敢如此放肆，如果不给你点儿颜色看看，我曹叡还有何颜面在曹魏的第一把交椅上坐着。于是，被激怒的曹叡在景初元年派幽州刺史毌丘俭兵临城下，宣诏公孙渊去洛阳上朝。

公孙渊知道这是曹魏对他下的最后通牒，但他认为辽东才是他真正的舞台，绝对不能把霸业拱手献给曹魏，于是翻脸迎战。结果魏军作战不利，在入辽东的咽喉要道——辽隧兵败，无功而返。

既然大家都撕破了脸，就没什么好藏着掖着了。干脆一不做二不休，有恃无恐的公孙渊自立为燕王，置百官有司，改元“绍汉”，公然反叛。并且派遣使者持节，封鲜卑王为“单于”，还联合周边的少数民族作乱，让曹魏边境不得安宁。

公孙渊的公然反叛，不得不让曹叡暂时从对土木建筑的迷恋中走出来全力应对。

你既然有胆量反叛，我就全力派兵灭了你，该派谁去征战公孙渊呢？

虽然曹魏能征善战的将军不在少数，但已经败过一次的曹叡必须要谨慎处理这件事了，一定要找一个重量级的人物来担当这次讨伐重任。

曹叡想到的第一个人是太尉司马懿，虽然他内心不愿意派司马懿出征，建立功勋，但实在是找不出比司马懿更合适的人选了。因为司马懿的威望最高，是这次长途奔袭讨伐的不二人选。不过任何事情都有两面性。司马懿拥重兵于关中、雍、凉，一直是曹叡的一块心病，正好借此机会把司马懿从关中调出来。远离了自己的老巢，看你司马懿还能如何嚣张。

景初二年（238 年）正月，驻兵雍凉的司马懿接到诏书：即刻启程赶往京师洛阳。

看着摆在案头的诏书，虽然没有点明要干什么事，司马懿已经猜到了曹叡的用意：对付公孙渊。

公孙渊的强悍是众人皆知的，长途奔袭辽东，能否有一个好的结果是个未知数，因为战争有太多的不确定因素，任何一个小细节都可能导致全盘皆输。

也许你会说，诸葛亮都不敌司马懿，最后被耗死了，难道还怕公孙渊不成？其实，司马懿谁也不怕，尤其是近几年清闲了几年，他反倒有些渴望硝烟弥漫的战场了。但若要讨伐公孙渊，就得离开关中、雍凉地区，自己在这里苦心经营多年，已经呈现一派生机勃勃的景象，说实话真不愿离开自己的老巢。而且司马懿已经感觉到了曹叡异样的眼光，如果离开这里自己还能保持现在所拥有的权势和地位吗？

太多的未知，让司马懿想得头都大了。该发生的总会发生的，有些事情是人力所不能控制的，所以有时候想得太远未必是一件好事。

既然理不清，就不理了。作为臣子，皇帝指到哪里就要打到哪里。所以司马懿暂且把这些问题搁置在脑后，日夜兼程奔赴洛阳，迎接他未知的命运。

到达洛阳后，果然不出司马懿所料，对付公孙渊这个烫手山芋他是扔不掉了。

因为要对司马懿委以重任，所以曹叡说话比较客气，一番嘘寒问暖的客套后，便直奔主题。

“本来，公孙渊造反的事情不想劳太尉大驾，但朝中内外只有太尉能彻底解决公孙渊的问题，永绝后患，所以才把太尉请到京城谋划。”（此不足以劳君，事欲必克，故以相烦耳。）

“辅佐皇上解决内忧外患是微臣的职责所在，微臣一定全力平叛。”

“太尉雄风不减，你觉得我军该如何对付公孙渊呢？”（君度其行何计？）

“这要看公孙渊如何防守，如果弃城逃跑，这是上策：如果据守辽水，把敌人挡在国门之外，这是中策；如果固守辽东首府襄平（今辽阳市），就是等着被杀，这是下策。”（弃城预走，上计也。据辽水以距大军，次计也。坐守襄平，此成擒耳。）

司马懿的分析很新鲜，尤其是弃城逃跑，这对魏军来说不就白捡个便宜吗？怎么会成为公孙渊的上策呢？曹叡迫不及待地想知道答案，便赶紧把这个疑问提了出来。

司马懿很得意地说：“就军事实力来讲，我军实力远远强于公孙渊。如果公孙渊给我军留一座空城，采取游击战术骚扰我军，我军只能疲于奔命，不能彻底消灭公孙渊。如果吴、蜀乘虚发难，我军只能回防，那么公孙渊就能重新在辽东站稳脚跟，我们就是白忙乎一场。”

“太尉的见解果然高明，那么，公孙渊会采用上中下哪一策呢？”（其计将安出？）

司马懿的自信在急剧膨胀，凭借对公孙渊的了解，他胸有成竹地说：“高明的人知己知彼，往往在关键时刻能舍弃该舍弃的东西，但公孙渊还没有达到这种境界，他不会忍痛舍弃辽东的。我军千里出征，公孙渊一定会认为我军不能打持久战，所以，他会先据守辽水，然后固守襄平，只会用中下计，根本就不会考虑弃城。”（惟明者能深度彼己，豫有所弃，此非其所及也。今悬军远征，将谓不能持久，必先距辽水而后守，此中下计也。）

不得不说，司马懿的分析头头是道，混到今天能混到太尉的头衔，还是有两把刷子的。在司马懿眼中，虽然还没有和公孙策谋面，但已经把他判了死刑。

曹叡被司马懿的分析征服了，他实在是搞不清，曹魏有了司马懿，是万幸还是不幸。不过至少从目前来看，司马懿又将为曹魏的这次平叛贡献出力。因为有了司马懿，曹叡更加坚信魏军此次出征一定会凯旋而归。

“太尉的见解果然高明，此战来回估计需要多长时间呢？”（往还几时？）

“去百天，回百天，战百天，休息六十天，有一年的时间足够了。”（往百日，还百日，攻百日，以六十日为休息，一年足矣。）

“好，就这么办。”

曹叡最终拍板，委任司马懿为主帅前往四千里之外的辽东征讨，同时，派步兵、骑兵四万供司马懿指挥，另外，还下令让幽州刺史毌丘俭也听任司马懿的指挥。曹叡为司马懿造足了气势，接下来就该男主角司马懿表演了。

司马懿就要远征了，但他还不忘进谏重任，眼见曹叡对大修宫室余热未减，便在送别之际又把肚里的那堆话倒了出来：“以前周公营造洛邑，萧何建造未央宫，建造宫室应该是臣子的责任。如今大河以北，百姓生活困苦，徭役太重，希望皇上暂停国内的施工，集全国之力打好这一仗。”

虽然曹叡很不爱听这些话，但他还是答应了司马懿，以便让这位老臣能安心上路，一门心思地打仗作战。

三军渐渐远去后，曹叡松了一口气，在他眼中公孙渊只不过是一个跳梁小丑而已，真正可怕的人是手握大权的司马懿。如今把这员老将调离关中，送到了四千里之外的辽东战场，终于消除了一个潜在的隐患。而曹叡又可以无所顾忌地修他的宫室了。

司马懿，都说你聪明，也不过如此，等你一年之后回来时，你再也别想回到关中地区了。想到这里，曹叡脸上浮现出了一丝得意的笑容。

衣锦还乡，咱也回家秀一把

为了彰显皇恩浩荡，曹叡不仅亲自为司马懿出征送行，而且还特意下诏让司马懿的三弟司马孚、长子司马师送司马懿到河内温县老家停留数日。

自从汉建安十三年（208 年）做官后，一直在外面忙忙碌碌，司马懿已经有三十年没有回故乡了。如今，已到花甲之年的他再次踏上故乡的土地，内心不禁感慨万分。看着路旁熟悉的一草一木，闻着故乡久违的气息，司马懿在内心呼喊：故乡啊，我终于又回来了。

三十年前，司马懿两手空空离开故乡；三十年后，司马懿已经成为太尉。

身份的变化让他变得尊贵无比。温县的父老乡亲都以他为荣，不管是在家教育孩子，还是出门办事，口头上都少不了司马懿的名字。在某种程度上，司马懿成了温县的特殊标签。

自古以来，衣锦还乡是每个人都具有的最基本情怀。项羽曾经说："富贵不还乡，如衣锦夜行。"他是这么说的，也是这么做的，硬是把国都定在自己的故乡，虽然很酷结果也成了他战败的一个因素。总的来说，中国古人衣锦还乡的心理还是非常普遍的，许多人都选择用衣锦还乡的方式来满足自己的成就感和虚荣心。

司马懿顶着太尉的头衔回到故里，有一种衣锦还乡之感是在所难免的。但他不是为了显摆和满足内心的虚荣才回到故乡的，能做到这一点儿，非常之不易。

虽然司马懿非常淡定，但河内温县的官员和百姓就控制不住激动的情绪了，毕竟是曹魏数一数二的实权派人物，在有生之年能一睹太尉大人的真容，也是一件非常有谈资的事情。所以，当司马懿北渡黄河途经家乡温县要做停留的消息传开后，整个河内地区都沸腾了，尤其是温县，百姓们都日夜期盼着这位让他们骄傲无比的大人物能早一点回到故乡。

在众人的翘首企盼中，司马懿如期回到了故乡温县。整个温县万人空巷，道路两旁挤满了前来欢迎的百姓。在最前列欢迎的是河内郡守和典农中郎将，后面是各县的县令。

虽然这种场面司马懿经历过不少，但真正面对故乡欢迎自己的官员和百姓时，司马懿内心还是无比激动的，他大声向大家宣布：我司马懿奉旨讨贼，路过温县，能得到大家的盛情欢迎，实感荣幸之至。陛下赐予温县父老乡亲谷米、布帛、牛肉和美酒。从今日起大摆筵席，彻夜狂欢，大家不醉不归。

有免费的肉吃，免费的酒喝，这是难得的好事，所以，大家齐声叫好，个个都乐得喜上眉梢。

在县城南门外济水河东岸的虢公台上，司马懿数日宴请地方官吏和父老乡亲。赞美之声不绝于耳，奉承的话更是一句接着一句。不管是出自肺腑的真心话，还是官场上的客套话，司马懿都微笑不语。因为当你高高在上时，下面的人会心生羡慕之情，说几句拍马屁的话是免不了的。

在宴会上，还有一个亮点。司马懿命乐队演奏《得胜鼓》助兴，震天动地的鼓声隆隆作响，在天地间久久回荡不绝，令人心旷神怡。

这《得胜鼓》鼓曲是司马懿命军中乐师依据音乐中宫、商、角、徵、羽五声的关系，选用大鼓、大镲、鞭鼓、云锣、月锣五种打击乐器创编而成的。该鼓曲一直在军中沿用。当将士出征时，以此鼓乐相送，壮气势扬军威；当将士凯旋而归时，以此鼓乐相迎，庆贺外出征战的将士平安归来。

听着这熟悉的鼓曲旋律，司马懿想起了以往征战沙场杀敌的壮烈事迹，如今又要出征，能否再创佳绩呢？应该错不了，因为普天之下已经没有了能和自己相匹敌的对手。司马懿连饮数杯，心中感慨万千，当场吟诗一首：

天地开辟，日月重光。

遭遇际会，毕力遐方。

将扫群秽，还过故乡。

肃清万里，总齐八荒。

告成归老，待罪舞阳。

大意是：苍天啊，大地啊，日月星辰啊，给了我这次远征的机会，我定会扫除所有的害人虫。等回军经过故乡，肃清万里，统一八方时，我就能光荣退休了。天子如果要治我办事不力的罪，我也会在舞阳老实地等着。

曹叡特意恩准司马懿在办差途中回老家看看，这个很有人情味的举动意在让司马懿风光一回。曹叡连这种细节都想到了，对司马懿的照顾可谓是细致入微了。但司马懿不是傻子，表象不会掩盖他的眼睛，他已经感觉到了曹叡对他的排挤。所以才有了“告成归老，待罪舞阳”的心态和感慨，希望能向曹叡表明心志，逢凶化吉。

虽然司马懿也追求“功成，名遂，身退，天之道”（语出《老子》）的浪漫人生模式。但何时进，何时退，何时才算圆满呢？

多少高官昨日还风光无限，转眼间便沦为阶下囚，甚至连留个全尸的愿望也实现不了。可见，当权者失权后失去的往往远不止权力这么简单。也许功成身退只是一个梦罢了，因为有些事是身不由己的，理想与现实往往不仅仅是一墙之隔。

孔子曾经说过：父母在，不远游，游必有方。当背井离乡的人回归故乡后，都会潸然泪下。司马懿虽然顶着太尉的头衔，但他的背上依旧深深地烙有故乡之印。不管你是普通百姓，还是一朝权臣，故乡情都是一道难以迈过的坎。

虽然司马懿舍不得离开温县，离开热情的父老乡亲，但天下没有不散的筵席，军务在身的他不敢在温县逗留太久。痛饮数日后，宴会结束了，也到了司马懿该离开的时候了。

与父老乡亲告别后，司马懿便带兵起程了。故乡熟悉的草木和气味离自己越来越远，不知道下一次踏上故乡的热土是什么时候了。

出尔反尔，做人竟然无耻到这种地步

司马懿的四万大军已经起程，目标是公孙渊盘踞的辽东。公孙渊得知这个情报后，有些慌神了。因为他知道曹叡能让老太尉司马懿出马，可见这曹魏的皇帝是玩命要灭自己呀。绝对不能掉以轻心，必须要想个办法来全力应对。

虽然自己在东北亚也算个强人，小打小闹不在话下，但只凭自己手中的兵力来应对司马懿的四万大军，还真非常吃力。应该找个帮手，找蜀汉太不现实，即使送出了信息，远水也解不了近渴呀；只有找东吴了，通过水路还是很便利的。但真有些张不开口，因为公孙渊和东吴已经结了梁子。

当初，公孙渊即位后，试图用平衡式外交在曹魏和东吴之间渔利，他自作聪明地在魏吴两国之间玩起了“三角恋爱”。

虽然中原的魏国是辽东名义上的宗主国，但辽东偏据一方，魏国忙着对付蜀汉和东吴，对辽东有些鞭长莫及，这就给公孙渊提供了活动的空间。

为了实现自己的野心，公孙渊与吴国往来暗通，这下激怒了魏国，因为曹魏不愿意看到辽东脱离自己的控制，更不愿意看到辽东反叛，与蜀吴结盟形成南北夹击的局面，不利于自己。于是，曹魏在魏太和六年（232 年）下令出兵讨伐公孙渊，结果首征辽东失利。

公孙渊知道激怒了曹魏老大哥没好果子吃，既然已经打了曹魏一棒子，接下来就该给块糖吃了。因为他曾向孙权上表称臣，正巧，孙权派遣太常张弥等率领大军万人携带金宝珍货，赴辽东封赏公孙渊，赐其为燕王。

孙权的举动出乎公孙渊的意料，因为他还不想和曹魏彻底翻脸，但孙权此举把他逼得没有了退路，普天之下的人们都知道自己认东吴为老大哥，和曹魏为敌了。不行，必须得想办法挽回局面。公孙渊斟酌再三，觉得可以和东吴耍无赖，但还不能得罪曹魏。于是，公孙渊派兵围取东吴使船，斩杀来使，把东吴的兵资珍宝都装入了自己的口袋，并将张弥、许晏等首级，传送洛阳，表明自己还是曹魏的小老弟。当年冬十二月，魏国便顺水推舟，拜公孙渊为大司马，封乐浪公。

虽然公孙渊玩得很爽，不仅得到了大司马的封号，而且还占了东吴不少便宜，但东吴也因此和公孙渊结下了仇恨。本来，孙权听到自己派去的使者被杀，军队和金宝珍货也成了别人腰包里的东西后，非常愤怒，要建设海军，跨过重洋攻打辽东的公孙渊，好在东吴的臣子们苦苦哀求，才平息了孙权心中的怒火，不过这个仇算是结下了。

大敌当前，已经顾不了那么多了，该求的人还是要去求的。于是，公孙渊一面加强操练士卒，加紧备战，一面派人渡海跑到东吴乞求支持。

一听是辽东派来求援的使者，孙权哈哈大笑："老天爷真是有眼啊，你公孙渊也有今天。"说完，便要斩杀辽东的使者。

一个臣子进谏道："高明的报仇方式不是做一个旁观者，而是要做一个参与者。"

"此话怎讲？"

"如果杀了来使，是逞匹夫之怒而废霸王之计。不如派一支海军在辽东半岛海域远远观望，如果公孙渊胜了，我们就上前帮忙，让公孙渊对我们感激不尽；如果公孙渊败了，我们就趁火打劫，捞上一把，满载而归。"

"妙极了，就这么办。"

孙权一拍桌子，这事儿就这么定了。

接着，孙权把辽东使者叫来，说："让公孙老弟放心吧，我孙权一定派兵鼎力相助，需要注意的是，这次魏军的主帅是司马懿这个老东西，此人用兵如神，我很为公孙老弟担心啊。"（深为弟忧也。）

辽东使者见事情有了转机，高兴极了，便屁颠屁颠地回去交差了。

向东北亚头号强人亮剑，致命回马枪

夏六月，司马懿率领的曹魏大军到达辽东前线。虽然得报东吴也派海军到达了辽东海域，但司马懿一点儿也不担心。因为他太了解孙权这个人了，一向习惯于渔翁得利，是不会轻易参战的，所以他面对的主要敌人还是辽东的公孙渊。

公孙渊知道这场战争非常关键，不是你死就是我亡，为了做防御工事，连吃奶的劲儿都使出来了。

虽然如司马懿所料，公孙渊没有采取上策，弃城而去，但展现在他面前的却似乎是一道难以逾越的坚固防线。

这道防线由两部分组成：一是驻防在辽隧的数万由卑衍、杨祚率领的辽东兵严阵以待；二是从南至北构筑围墙堑壕二十余里。

在别人眼中，这道防线是坚不可摧的，而且毌丘俭军就败在了这里，仿佛就是昨天才发生的事情。这可如何是好？司马懿的四万魏军历时四个月行了四千里路才来到了这里，难道还要步毌丘俭兵败的后尘吗？

虽然辽东兵占尽了天时地利，但魏军诸将不惧。正所谓强将手下无弱兵，在司马懿的带领下，即使前面是刀山火海，只要一声令下魏军将士也会奋不顾身地往前冲。

现在，司马懿还没有攻打辽东兵的打算，一些立功心切的魏军将领比如牛金、胡遵就坐不住了，纷纷请战杀敌。

眼见手下将士能有如此敢打敢拼的士气，司马懿很高兴，但他没有准许任何一名将领带兵攻打有重兵守卫的辽隧。因为辽隧易守难攻，即使能攻下来也会折损大半兵力，何况能否攻下来还是个未知数。

既然辽兵希望我攻打辽隧，消耗我军的实力，我偏偏反其道而行之，以巧取胜。

在司马懿心中，已经有了一条妙计。

虽然辽东兵可以用重兵防守要塞辽隧，但无法把整个辽水都防守得滴水不漏，司马懿正是抓住了这个漏洞，准备避其锋芒，绕到敌人背后，直指襄平，必会令其兵败城破。

经过探查发现，辽水北段的防守比较虚弱，是一个不错的突破口。于是，司马懿派出少量疑兵挥舞着大量的旗帜，向南面移动，佯装要从南面发起进攻。卑衍急了，急忙率领精锐部队追赶。

司马懿则亲率主力部队顺利北渡辽水，神不知鬼不觉地绕到了敌人的背后。而此刻防守辽隧的辽东兵却还在做着美梦，认为魏军想跨越他们设置的这道防线比登天还难。

司马懿用兵如神让手下诸将都佩服得五体投地，大家都认为此刻偷袭辽隧，一定会获得全胜。但司马懿的做法却让大家目瞪口呆。

司马懿不仅没有下令军队偷袭，而且还在辽隧守军的背后修起了防御工事，更要命的是凿沉了渡河的船只，还烧毁了架在辽水上的桥梁。接着，司马懿带兵杀向了公孙渊的大本营襄平。

这简直就是一种不要命的打法，如果襄平和辽隧的守军同时杀出来，那么魏军将处于被前后夹击的困境中，而且船只和桥梁都被毁了，魏军没有丝毫的退路，很可能会被全部歼灭。

虽然魏军都非常担心，但事已至此，跟着这种不要命的将领打仗，只能是破釜沉舟，全力求胜了。

不过诸将心中还是有一个疑问没有解开，便问："我们成功绕到了敌人后方，为何不偷袭，反而要加紧修筑防御工事呢？"

司马懿不紧不慢地说："敌人坚营高垒，想拖垮我军，如果进攻的话，正中其计。古人曰：'敌虽高垒，不得不与我战者，攻其所必救也。'公孙渊派重兵防守辽隧，后方一定空虚。如果我军直扑襄平，辽隧的守军一定会因为害怕大本营失守而积极回防。这时候和无险可守的辽东军作战，我们才会有百分之百获胜的把握。"

司马懿的口袋已经张开，接下来就看辽东兵会不会往里面钻了。

再看卑衍，他率军追了半天，虽然有所收获，但只是小股魏军，杀得很不过瘾。他正纳闷魏军的主力部队到底到哪里去了，接二连三的不利消息便报到了他的帐下：

第一条，魏军出现在辽隧后方。

这不打紧，辽隧的防守工作已经做到家了，即使魏军从后方偷袭，也不会占太大的便宜。不过卑衍、杨祚心里还是有些不踏实。

第二条，渡河的船只、桥梁都被魏军破坏了，魏军还在我后方修了防御工事。

这魏军玩的是哪一出？到底要打哪里啊？卑衍、杨祚已经一头雾水了。

第三条，魏军的主力部队直扑襄平而去。

这下卑衍、杨祚慌了，如果大本营丢了，那么他们的防守就失去了意义。绝对不能让司马懿的阴谋得逞，要不惜一切代价阻止魏军攻打襄平。

于是，卑衍、杨祚下令，辽隧的守军全体出动，追击攻打襄平的魏军主力部队。

本来是防守的一方，转眼间就变成了进攻者，辽隧的守军第一步要做的就是攻破司马懿修建的防御工事。

当得知辽隧的守军正玩命向大本营襄平方向赶来时，司马懿知道到了该收口袋的时候了，便对牛金、胡遵说："不进攻他们大营就是为了让他们来打咱们，时机已经成熟了，该诸位将领上场表演了。"

结果，司马懿很潇洒地来了一个回马枪，让憋了很久的魏军调头全力杀敌。

正在魏军修建的防御工事前进攻的辽隧守军眼见凭空冒出这么多魏军，一下子就崩溃了。卑衍、杨祚大败而逃，司马懿率军紧追不舍，三战三捷，把这数万人的辽东兵杀了个落花流水，然后才调转马头直奔此行的终结地——襄平。

坚持就是胜利，老天爷也得让路

身在襄平的公孙渊本以为建立了一道无法逾越的"马其诺防线"，可以高枕无忧了。没想到被司马懿轻松地突破了。

面对败退回来的卑衍、杨祚，公孙渊没有发怒，毕竟他们面对的敌人是司马懿，能活着逃回来参与襄平的防守，也算是一种胜利吧。

前沿阵地已经丢了，接下来，只有死守襄平才是唯一的出路。

经过公孙氏三代四主的连续修建，襄平城的防务已经达到了极致，再加上有重兵坚守，相信司马懿也奈何不得襄平城，只有乖乖地退回去的份儿。

既然要坚守，就要做个表率，公孙渊日夜巡城，让将士和百姓们都知道自己和他们在一起，同生共死。这样一来，襄平城似乎变得牢不可破了。

司马懿率领魏军兵临城下后，没有马上攻城，而是让四万大军把襄平城团团围住，并且在城的四周深挖战壕，打算饿死困死城里的贼兵。

襄平城已经被围得铁桶一般，公孙渊的败亡是早晚的事。但让司马懿纳闷的是，公孙渊并不着急，像没事一样每天在城头悠闲地观望着四周密密麻麻的魏军。

什么情况？难道这公孙渊还有救兵不成？

东吴是指望不上了，眼见公孙渊被围，已经打道回府了。那还有谁会来帮公孙渊呢？司马懿想破了脑袋也想不出来。

的确，公孙渊还真有帮手，所以即使被围困，他还那么淡定自如。这个帮手不是别人，而是老天爷。熟悉当地气候的他知道，雨季即将来临，魏军不可能每天泡在雨水里生活，撤围是必然的。到时候主动权就又回到自己手里了。

真的会这样，还是公孙渊的一厢情愿呢？我们接着往下看。

正如公孙渊所料，进入七月份后，连绵不绝的大霖雨如期而至。

“老天爷呀，连你都来帮我，我公孙渊怎么会失败呢？”公孙渊对着苍天大喊。

本来，魏军已经完成了对襄平的合围，用不了多久就能拿下襄平，打败公孙渊。但想不到的是，老天爷竟然前来捣乱，连绵不绝的大霖雨让魏军苦不堪言。

说到这大霖雨，魏军都惊恐不已，仿佛像魔咒一样困扰着魏军上下每一个人。远一点儿的有“五子良将”之一的于禁，被大霖雨搞得全军败退；近一些的有伐蜀的曹真，也因大霖雨无功而返。

如今由于辽东大雨不止，太子河水暴涨，平地水深三尺，全军都泡在秋雨冷水中，行坐不安。难道魏军又将继续走在大霖雨中败退的老路吗？

看着灰蒙蒙的天气，司马懿祈祷老天爷早日放晴；看着泡在雨水中的兵将，司马懿虽然心痛，却没有丝毫退却的意思。他相信，老天爷不会永远偏爱公孙渊的，早晚有一天好运会落在自己头上。坚持就是胜利，谁能咬牙坚

持到最后一刻，谁就是最终的胜利者。

虽然司马懿意在坚持，绝不放弃对襄平城的围困。但有人眼见魏军将士如此辛苦便开始发表建议：把军营移到干燥的高地驻扎。

毕竟军人也是人，虽然不能控制老天爷下雨，但人是活的，转移一下总还是可以的吧。

但是如果迁徙营地的话，就得放弃对襄平城的合围，公孙渊就有了出逃的机会，之前的努力就打了水漂，这是司马懿绝对不能容忍的。

所以对于这种建议迁徙军营的论调，司马懿斩钉截铁地否定了，并且声明如果再有人敢提议迁徙营地，立斩不赦。

既然主帅下了死命令，就应该不打折扣地执行，全军上下团结一致，争取攻下襄平城，但偏偏有人要以身试法。

都督令史张静犯颜直谏："军士泡在水中苦不堪言，还哪有精力攻城打仗，请太尉移营高处。"

军令如山，岂能视为儿戏？我是三军主帅，敢和我叫板，是不是不见红，你们就不消停？

司马懿很生气，后果很严重。

"军令已发，你公然抗命，是何居心？推出去斩首。"

结果张静被照军法斩首示众，首级被悬在了辕门之外。

其实，张静是站在士兵的立场上，想让士兵们少受些苦，虽然是好心，结果却没办成事，还把自己搭了进去。司马懿也没什么错，在军中，他就是权威，谁敢和他抗衡，必将被处以严刑重罚，这样才能树立威信，统领三军。

我们有理由相信，当司马懿下令要处死张静时，他的内心一定也非常痛苦，毕竟，谁也没错，但偏偏有人要死，这种感觉让人很痛心。

张静被处死这一事件让全军将士看到了司马懿的决心和冷酷，他们再也不敢有搬迁营地的念头了，只好祈祷老天爷不要再下雨了，赶紧放晴吧。

虽然军心逐渐稳定下来，但干扰因素还没完。

襄平城的辽东兵见魏军只是围而不攻，而且城外还发大水了，便开始放肆起来，他们大摇大摆地跑到城外打柴、放牧牛马，还偶尔捞几条鱼烧着吃。

这不是存心气人吗？

整天泡在雨水里的魏军受不了了，既然不许迁营地，去攻打这些嚣张的辽东兵总该可以吧，于是纷纷请战，司马懿却把头摇得像拨浪鼓，就一个字：不。

想当年，司马懿能容忍诸葛亮送女人衣服之辱，区区几个手舞足蹈的辽东兵算什么。但军中司马陈圭实在是看不过去了，便问：

“以前太尉攻打叛将孟达时，兵分八路，日夜兼程，八日便兵临上庸城下，速战速决。现在统帅四万大军，从四千里之外而来，却只是围而不打，让部将们处在泥泞之中，又任由贼众出城樵牧，这是何意？”

“从前孟达粮多兵少，我粮少兵多，所以速战才能取胜。现在敌众我寡，敌饥我饱，再加上阴雨绵绵，何必力攻？我只担心公孙渊跑，不担心他守。敌人凭着人多和连绵不断的霖雨，虽然饥困，也不会束手就擒的。我们要让城中人自行出逃，然后乘机攻占。我之所以让辽东兵樵牧，是故意放开一条路让他们出逃啊。”

兵者，诡道也。

与其去攻城造成大量的伤亡，不如加以围困，等着敌人举手投降。我们不得不佩服司马懿的深谋远虑。

不管在任何时候做任何事，都不能把希望寄托在别人身上，只有依靠自己才能完胜。如今，公孙渊把逼退魏军的希望寄托在大霖雨上，注定会让他失望至极。

即使天天成为落鸡汤，司马懿也绝不放弃。眼见司马懿如此执著，老天爷没办法了，不得不把胜利的天平偏向了司马懿这一边。

血洗襄平，搞到极致的恐怖

秋八月，天终于放晴了。

魏军开始欢呼，紧缩了对襄平的包围，并造土山，挖地道，紧锣密鼓地进行着攻城前的一切准备。

再看城内的公孙渊，他看着天空偌大的太阳，彻底绝望了。大霖雨没有把魏军逼走，而他也失去了战胜司马懿的信心。逃是没可能了，再说公孙渊

从一开始也没想着要逃，他要与襄平城同生共死。虽然没了足够的信心，但也不能束手就擒，即使死也要挣扎一番。

虽然公孙渊还想蹦跶几下，但司马懿会给他机会吗？要知道，弱者在强者面前是没有发言权的，只能意淫一下罢了。

果然，司马懿毫不客气，攻城准备就绪后，便下令对襄平发起了猛烈的攻击。魏军将士不仅利用云梯向城头发起冲击，还用冲车轰击城门。另外，还用上了数十丈高的楼车，弓箭手们在上面射杀城头的辽东兵，掩护魏军攻城。司马懿觉得这些还不够，还派魏军悄悄挖掘地道，制造突进城中的机会。可以说，司马懿把所有攻城的方法都用上了，在这种猛烈的攻势下，公孙渊只能疲于应付，根本就找不到机会反击。

魏军竟然有这么厉害的角色，如果用一个词语来形容辽东兵此刻的心情的话，那就是：恐怖。在他们眼中，司马懿统帅下的魏军就好像从地狱来的魔鬼一样，让人不寒而栗。

本来这些攻城手段就够“邪恶”的了，司马懿却又补充了一点：昼夜轮番进攻，让襄平城二十四小时都处在硝烟弥漫的战火中，彻底摧毁敌人的意志。推断一下，司马懿应该是把四万人分成了两拨，一拨白天进攻，一拨晚上进攻。

辽东兵已经看出司马懿对襄平城势在必得，在被昼夜蹂躏了一个多月后，他们开始怀疑公孙渊的大旗还能打多久。因为此刻的襄平城再也不是人间天堂，城内既无粮草，又无外援，人们开始宰杀战马来充饥，甚至发生了人吃人的惨剧，死者不计其数。

一些饿得实在受不了的人悄悄地翻过城墙向魏军投降了。襄平城内眼看就要乱了，毕竟连饭也没得吃，哪里还有心思打仗。

对于前来归降的辽东兵，司马懿是来者不拒，还让他们到城下拿着热馒头搞宣传，说魏军如何如何优待归降的人，说司马懿如何如何英明神武。

在这些归降辽东兵的宣传下，越来越多的人感到胜利无望，便都跑到了司马懿的阵营。尤其是杨祚等铁杆部下的投降更让公孙渊雪上加霜。就此，公孙渊败亡的结局基本已经注定了。

不仅手下的兵将不给力，连老天也来凑热闹。

就在公孙渊焦头烂额之际，一颗白色的流星拖着红色的长尾巴从天幕划过，从襄平城西南向东北方坠落下去，掉在了梁水（今辽宁太子河）附近，城中的人们更加震惊惶恐，认为连老天也不帮公孙渊了，跟着他铁定没有好果子吃。

公孙渊虽然想了一些办法阻止人们叛逃，但空头支票永远没有热乎的馒头来得实在，叛逃似乎成了一种无法阻挡的潮流，照这样下去，用不了多久襄平就会变成一座空城，被司马懿轻松地揽入怀中。

不能再这样下去了，必须得想个两全其美的好办法。

公孙渊决定用缓兵之计，让自己从眼前的困境中摆脱出来。他派部下相国王建、御史大夫柳甫前往司马懿的大营寻求和平解决的办法。

方案是这样的：只要司马懿解除包围，公孙渊等群臣便会自己捆绑自己，归降曹魏。

这个方案听起来不错，只要解除包围，便可拿下襄平，完成这次军事行动的目标后就可以班师回朝了。但司马懿不是三岁小孩，他之所以包围襄平，就是要把这些公然和曹魏作对的辽东兵全部灭掉，岂会给公孙渊缓兵的机会？

所以，司马懿下令砍了这二位的脑袋，还饶有兴致地给公孙渊写了一封信：

从前，楚、郑国是地位平等的两个国家，郑伯还脱去上衣，手牵活羊迎候楚军。如今，我身为天子大臣，位在上公，而王建等人居然妄想让我解除包围，这不成了楚与郑的关系，是不符合礼节的。我想这两个人一定是因为年纪大的缘故，头脑发昏，歪曲了公孙大司马的本意。鉴于此，我已经帮你把他们杀掉了。如果有诚意的话，希望派个年轻明断的人前来。

司马懿的意思已经说得很明确了，谈是可以的，但不要提任何条件，不要耍任何心眼，投降是公孙渊目前唯一的出路。

公孙渊看到这封信后，气得脸色发青，因为自他出生以来就是欺辱别人，从来没有被人欺负到这个份儿上。但好汉不吃眼前亏，就目前的情况来看，只有服软才能获得一线生机。于是他强忍着内心的愤怒，派侍中卫演再次到魏军军营中寻求生机。

有了上次的教训，卫演乖多了，他跪拜在地，很恭敬地说："公孙大司马希望用自己的儿子公孙修做人质，换取太尉大人退兵。"

司马懿听到这话，已经明白公孙渊只是想用缓兵之计，根本就没有真心要投降的意思。自己上次的信已经说得很清楚了，真是揣着明白装糊涂。看来得给他来个最后通牒，不要再有任何妄想了。

司马懿对卫演说："军事要旨有五，能战当战决胜负，不能战应当守，不能守应当撤，剩下的两条路就是投降和死了。既然不肯投降，那就在战场上见吧，我司马懿不需要什么狗屁'质子'。"

司马懿的强硬态度让公孙渊彻底绝望了，随着他自信心的丧失，襄平的防线也变得如同窗户纸一样脆弱，一捅就破。

面对没有了战斗意志的军队，魏军再次发动了攻击，终于把魏军的旗帜插到了襄平城头，

眼见襄平城保不住了，公孙渊父子便带领数百精锐骑兵突围而去，向东南方逃窜。围了这么久，岂能让公孙渊父子逃掉？司马懿派兵紧随其后，务必活要见人，死要见尸。

魏军追到梁水附近时，包围了公孙渊父子。眼见越围越多的魏军，公孙渊知道再无逃走的可能了。

都到了这个份儿上，即使投降也不会有好果子吃，与其苟活于人世，还不如来个痛快的，壮烈一点儿。

于是公孙渊挥舞着手中的兵器冲向了魏军。结果，一顿乱砍，这位东北王被捅成了马蜂窝，再也爬不起来了，他称霸的美梦就此破灭了。

巧合的是，公孙渊倒下的地方正是前几天流星落下的位置。

按理说，公孙渊被杀，襄平重回曹魏的怀抱，这件事就此圆满结束了。但还没完，司马懿要给这座城市打上自己的标签。

进城后，司马懿把辽东公卿百官、被俘的将官及十五岁以上参战的士兵统统召集在一起，他要发泄，发泄在雨水和湿冷中困守一个多月的恨意。

看着面前垂头丧气的败军，司马懿没有丝毫的怜悯，他要让辽东的所有人都知道叛国是没有好下场的。

"跟着公孙渊叛国，就要付出代价。"说完这句话，司马懿便下令屠城。

结果，公孙氏政权中公卿以下官员全部被杀，武将毕盛等将官二千多人以及十五岁以上兵民七千多人也未能逃脱被杀的命运。

瞬间，襄平城便陷入了悲痛和恐惧中，城内血流成河，八月的血水似乎比七月的雨水还要多。哭喊声，哀嚎声，充斥在襄平城的上空，原本一个繁华的襄平城成了血与火的人间地狱。

为了把恐惧搞到极点，让后人再也不敢叛国，司马懿还下令把年十五岁以上的被杀男子七千多人，筑成“京观”。

京观是我国古代战争中的一种现象，是把敌军的尸体堆在道路两旁，盖土夯实，形成金字塔形的土堆，以炫耀武力，威慑敌人。这是一种带有巫术意义的陋习，最早记载“京观”的是《左传》，现在通俗的说法叫纪念碑或者叫纪念碑工程。

后人常常拿屠城来佐证司马懿的残暴，其实屠城在汉末三国时期是常有的事情。人无完人，想让司马懿从当时“屠城”潮流中走出来，实在是难为他了。身为一个政客，斩草除根是不得不为之的事情。如果从这个角度来看，也许就能理解司马懿屠城的举动了。不过，说到底，屠城是不仁道的做法，任何理由都不足以成为屠城的借口。

总之，攻克辽东后，辽东六郡从此列入曹魏版图。司马懿收户四万，人口三十多万，彻底铲除了从汉末至今五十多年的割据势力，曹魏从此完成了对北方的统一。

【第十一章】看不见的刀锋，庙堂上的权力较量

朝堂上新来的老人

司马懿在辽东的使命完成了，他顶着胜利的光环无比荣耀地班师回朝了。刚走到蓟县便遇到了曹叡派来犒赏三军的使者，作为头号功臣，司马懿被增加了封地，其他将士也相应得到了赏赐。

一将功成万骨枯，在战争年代，军人的刀锋是嗜血的，他们只有通过踩踏无数对手尸体的方式往上爬，只有这样才能彰显自己的价值所在。

任务完成了，赏也领了，接下来的问题是司马懿该去向何处。在去辽东前，曹叡已经下定决心不让司马懿回关中了。关中应该是回不去了，朝廷会把他安排在什么地方呢？

奇怪的是不久使者便带来了曹叡的谕旨：从便道去镇守关中。这是司马懿求之不得的，如果真能再回到关中，自己就可以继续过逍遥日子了。但刚到了河内境内的白屋，忽然又接到诏书：紧急赶回洛阳。

司马懿纳闷了，怎么回事？难道曹叡对自己真的放心不下，要把自己留在洛阳吗？

这个谜团还没解开，在接下来的三天之内司马懿接到了五道紧急诏书，最后一道是曹叡的手诏说：“朕最近惊恐不安，盼望你早点儿到，到了之后直

接进宫，看我的脸。”（间侧息望到，到便直排阁入，视吾面。）

看着这份手诏，尤其是最后的三个字“视吾面”，司马懿感到非常熟悉，他想起了曾经做过的一个梦。

不久前，还在襄平时的一个夜里，司马懿加班批阅文件，由于连日劳累，不知不觉就趴在桌子上睡着了。突然刮来一阵阴风，司马懿感觉膝盖上有东西，睁开眼睛一看，吓了一跳，因为枕在他膝盖上的不是别人，而是当今的天子。司马懿正要起身行礼。曹叡却说：“视吾面。”司马懿仔细一看，发现曹叡的脸色惨白，没有一丝血色。他吓得大叫一声，人便醒了过来，发现只是一个梦而已。当初也没多想，因为曹叡今年才三十四岁，怎么可能会有不测。

没想到在手诏上也看到了这三个字，曹叡托梦给我，难道他……

司马懿不敢往下想了，当务之急是马上见到曹叡。于是他乘轻便驿车日夜兼程，从白屋出发四百多里路，一天就赶到了洛阳。

正如司马懿所猜想的，曹叡真的出事了，他快不行了。

曹叡虽然偏爱搞建筑，也贪恋女色，但他同时也是一位非常勤政的帝王。他在位期间，所有的大事都要由自己亲自决策，牢牢地控制着曹魏的政权，如果从这一点儿来说，他无疑是一位合格的掌舵者。裴松之就给出了这样的评价：魏明帝一时明主。

如今这位才三十四的帝王将不久于人世，让人不禁扼腕叹息。

到了洛阳后，司马懿不敢做丝毫的停留，便直奔宫中而去。

司马懿进到嘉福殿卧室，走到御床前，看到躺在床上奄奄一息的曹叡，禁不住流下了眼泪。

“陛下，臣来晚了。”司马懿说完，便跪倒在地。

“是太尉来啦？快过来。”曹叡伸出了手。

司马懿赶紧上前握住了曹叡的手，遗憾的是这只手再也不像以前那样温暖了，已经没有了正常人的温度，分明就是一只将死之人的手。

曹叡使出了最后一点儿力气，开口道：“为了托付后事，朕忍着不死。得以相见，再也没有什么遗恨了。太尉与曹爽一定要全力辅政，朕在九泉之下也可以瞑目了。”

见到了想见的人，说完了想说的话，只走过三十四个春秋的曹叡便缓缓地闭上了眼睛。虽然人生有些短暂，但他来过了，体会了人世间的酸甜苦辣。既然老天只给了他三十四年的阳寿，他就只能走到这一步了，接下来曹魏帝国会走向何方？他预料不到。

曹叡驾崩后，由他的养子齐王曹芳即位，大将军曹爽和司马懿共同接受遗诏辅佐少主。

司马懿升迁为侍中、持节、都督中外诸军、录尚书事，和曹爽各自统兵三千，共同执掌朝政，轮流在皇宫值班，可以坐舆上殿。

一向习惯于在沙场征战的司马懿要在朝堂之上听政议政，还真有些不得劲儿。在沙场，司马懿是一把好手，能出其不意地把敌人打得落花流水；在朝堂之上，更多的是看不见的阴谋诡计，这位已经六十一岁的老人还能游刃有余吗？我们不禁为他捏一把汗。

无功不受禄，有多大功就领多大赏

曹叡一死，即位的曹芳年幼，所以能左右曹魏政坛的就是曹爽和司马懿了。究竟谁能成为曹魏真正的一哥，还得经过一番你死我活的斗争。

若想战胜对手，必须先了解对手。

曹爽是曹魏宗室，大司马曹真之子，曹操族孙。他从小谦虚谨慎，获得了较好的口碑。因为和曹叡的关系比较铁，所以曹叡即位后，便被任命为散骑侍郎，累迁城门校尉，加散骑常侍，转任武卫将军。曹叡驾崩前，又被任命为大将军，假节钺。齐王曹芳即位后，又被加为侍中，改封武安侯，食邑一万二千户。

能在众多曹魏宗室子弟中脱颖而出，说明他智谋过人，所以曹爽绝对是一个厉害的对手。

敌不动，我不动，敌若动，我先动，不发则已，一发必中。虽然司马懿与曹爽水火不相容，但二人都没有急着出招。他们在表面上还要过得去，表现出和睦无间的样子，让曹魏的百姓安心。

在曹芳即位之初，曹爽不管大事小事都要与司马懿商议，不敢专行，摆出一副谦虚十足的样子。司马懿也不端架子，对晚辈非常客气。

一般来说，平静的表面下往往隐藏着惊涛骇浪，一场危机已经悄悄逼近了司马懿。

曹爽不能忍受这种和司马懿共同辅佐少主的局面，他决定先发难了。

这天夜里，曹爽到司马懿的府内拜访。

无事不登三宝殿，曹爽的到来在司马懿的意料之中，不过他还猜不透曹爽即将要出什么牌。

“深夜前来叨扰太尉大人，真是过意不去。”

“不要客气，倒是大将军为国事如此操劳，让老朽无比佩服。”

就这样，二人你一言我一语，互相恭维一番后进入了正题。

“太尉大人，劳苦功高，应该加官晋爵才对。”

“皇上对老朽的恩赐已经够多了，反倒是老朽心中有愧，唯恐辜负了皇上的重托。”

“太尉谦虚了，太尉是曹魏的大功臣，你的子弟们理应被封侯啊。”

曹爽大半夜不睡觉，来给自己戴高帽，是何居心？虽然司马懿一时还猜不透曹爽的意图，但他肯定以及确定曹爽不会这么好心。所以对此也只是笑笑而已，不做明确的答复。

曹爽见司马懿对自己的提议不怎么感冒，一时捉摸不透模棱两可的司马懿究竟是怎么想的，觉得无趣，起身离开了。

司马懿一直把曹爽送到门口，看着曹爽离开的背影，他轻哼一声：“好吧，既然你想玩，那我就奉陪到底。”

在一旁的长子司马师有些搞不懂了，问道：“父亲，高官厚禄摆在眼前，您为什么要推辞呢？”

“高处不胜寒，别人把你捧得越高，你将摔得越惨。”

看着似懂非懂的儿子，司马懿继续说：“如果我们贪图了太多的高官和财富，必定会引起朝中大臣们的非议，到那时，我们就会被孤立，这样岂不成全了曹爽小儿？”

司马师彻底明白了曹爽的阴谋诡计，对父亲的深谋远虑更加佩服了。

虽然司马懿不赞成曹爽的提议，但曹爽并没有就此罢休，他主动上书皇帝，请求给司马懿加官晋爵。

当时，身为太尉的司马懿已经位极人臣，没有多少更高的官职能加在他身上了。不过这难不倒曹爽，他想出了两个官职，一个是大司马，一个是太傅。

先说大司马，前几任大司马都没能善终，所以朝中大臣一致认为这个官职不吉利，便提议给司马懿加官太傅。

太傅，是中国古代职官，位列三公，正一品位，直接参与军国大事的拟定和决策。周代设置，为辅弼天子之任。汉代复置，仅次于“太师”。历代沿置，多用为大官加衔，无实职，基本上是荣誉性的官职。

虽然官阶比原来高，显得更加尊贵，但没什么实权，司马懿不太乐意接受，极力推辞，但朝中大臣都投了赞成票，因为他们觉得司马懿完全够格加这个头衔。无奈之下司马懿只好接受了。

于是，司马懿被加官太傅，进入殿内不用小步快走，朝见天子行礼不用报姓名，上殿时可以佩剑穿鞋，一切如同汉萧何的旧例。

另外，司马懿家婚嫁丧葬之事的费用全部由官府供给，也就是说司马懿一大家子的吃喝拉撒都由政府埋单。还有，任命世子司马师为散骑常侍，子弟三人为列侯，四人为骑都尉。一人得道，鸡犬升天。这句话一点儿也不假，但这让司马懿有些诚惶诚恐，他坚决辞让了子弟们的官衔。因为过多的荣誉和财富会压得他抬不起头来，而且内心的贪欲也会因此变得越来越强烈，更重要的是会引来同朝为官者的羡慕和嫉妒。

有得有失，这才是人生，得到多少，最终也会失去多少。有多大的功，就领多大的赏，无功不受禄，否则就会因膨胀的贪欲迷失了心智。

淡定自如，姜还是老的辣

明眼人都看得出来，司马懿和曹爽的蜜月期已经结束了，接下来，双方会为了夺取更多的权力进行一番你死我活的明争暗斗。

曹爽不会只是单单提名司马懿当太傅这么简单，他使出的是连环掌。他只有把人事和军事两项大权牢牢地控制在自己手中，才能睡个安稳觉。

司马懿也不傻，当被推举为太傅时，他就知道曹爽这小子没安什么好心，想削去自己的军权，于是提议自己的亲信蒋济接任太尉一职。一把手推荐的接班人自然不会差到哪里去，曹爽一时也找不到理由反对，便勉强同意了。

不过，虽然司马懿可以安排自己人当太尉，对禁军的人选安排就没辙了。

结果，蒋济原执掌禁卫大权的领军将军一职，改任命曹爽的二弟曹羲为中领军。另外，还以曹训为武卫将军，统领禁军武卫营，曹彦为散骑常侍，这样一来，曹爽兄弟完全掌握了京师的禁军。还有，曹爽的表弟夏侯玄为中护军，负责总统诸将，选拔荐举军队武官。

曹爽虽然牢牢控制了京师的禁军，但他还不满足，又把手伸向了人事部门。当时担任吏部尚书的是卢毓。

卢毓，字子家，涿郡涿县（河北省涿县）人，他是汉末一代大儒卢植的幼子。在任侍中时，他曾对科法律令的修改多次作出争辩，因而得到魏明帝曹叡的赏识，任命为吏部尚书。不幸的是，手中握有人事任免大权的他成为曹爽攻击的目标。

也许你会问，曹爽凭什么想整谁就整谁啊？一来他不仅是托孤大臣，而且是大将军；二来，他不是一个人在战斗，在他身边已经网络了一批甘心为他卖命的人，比如，何晏、丁谧、邓飏、夏侯玄、李胜、毕轨等人。曹爽要依靠这个小政治集团为自己打造一个美好的未来。

为了把人事任免大权紧紧地握在自己手中，掌握朝廷官员的升降，曹爽发飙了。他首先把卢毓升任为尚书仆射，让何晏接任吏部尚书一职，这样他的目的就达到了。这还没完，曹爽不管是左看还是右看卢毓，就是不顺眼，让这么一个人坐在尚书仆射这么重要的位置上，不妥。于是他让卢毓转任为负责执法的廷尉，但这卢毓终归不是自己人，既然已经拿他开刀，就“好事”办到底吧，曹爽又指使任司隶校尉的毕轨弹劾卢毓。

眼看卢毓就要被贬为老百姓了，朝中的官员们害怕了。卢毓的今天也许就是自己的明天，不行，必须得制止曹爽的这种行为。于是朝中官员们联名上奏，为卢毓鸣不平。众怒不可犯，眼见惹怒了朝中百官，曹爽便采取了一个折中的办法，把卢毓安排在了光禄勋的位置上。光禄勋是九卿之一，虽然是闲职，但品位较高。

百官不再说什么了，虽然貌似曹爽屈服了，但卢毓已经不是吏部尚书了，所以真正的胜利者是曹爽。

曹爽动作频频，势不可挡，那么，在朝野内外颇有威望的司马懿又在干什么呢？他会做出什么样的反应呢？

被曹爽逼到了这个份儿上，司马师和司马昭气得哇哇大叫，准备带领人马去攻打曹爽。司马懿虽然把这一切都看在了眼里，却装聋作哑，一点儿也不干涉曹爽的举动，一副气定神闲的样子。

“爹，行动吧，我们不能就这样被曹爽踩在脚下啊。”

“不急，谁笑到最后，谁才是真正的胜利者。”

“莫非爹已经有了对策？”

“曹爽貌似占了不少便宜，但他搞自己的小团体，又把卢毓拉下马来，已经把朝中大部分臣子排斥在外，孤立了自己。对一个孤立的人，我们有什么好怕的？要淡定。”

司马师和司马昭听司马懿这么一分析，豁然开朗，姜还是老的辣，这句话一点儿也没错，还得向老爹多加学习啊。

相对于忙着夺权的曹爽，司马懿显得淡定多了，既然新任太傅，就得为百姓办点儿实事，同时也为自己赢得良好的口碑。

我们知道，曹叡有一大爱好，就是大搞建筑工程，结果，因为大兴土木，百姓苦不堪言。如今曹叡时代已经结束了，繁多的工程也应该随之画上个句号。所以，司马懿从这里入手，他上奏让服劳役的一万多人回家种田，使百姓安居乐业。另外，当时宫廷的玩赏物品动辄数以千计，司马懿还奏请停止这种奢靡的行为。结果，天下人都认为司马懿是难得的一个好官，都对他仰慕不已，成了他的铁杆粉丝。

曹爽见司马懿迟迟不动，没人和他争权夺利，反倒有一种孤独的感觉，而且内心也有一丝不安，因为他一直觉得司马懿不会就这么轻易放弃手中的权力。但自己已经大刀阔斧地排除异己，司马懿为何没有一丝动静呢？这老家伙的葫芦里到底装着什么药呢？

不得不说，一个人的威望有一种无形的震慑力，会让对手望而却步。如今的曹爽就是如此，虽然他已经迈出了夺权的步伐，但还没敢给司马懿最后一击。从某种程度上讲，司马懿就是曹魏的魂，如果把司马懿彻底扳倒，他想象不到会出现什么样的局面。所以在威望颇高的司马懿面前，他有些迟疑，是否要把这个巨人彻底扳倒。

司马懿有大志而甚得民心，这是普天公认的，就连曹爽这帮人也不得不承认司马懿在得民心这一点儿上做得要比他们好。但只得民心也避免不了被人算计，大权握在谁手里谁就有话语权。

就在曹爽犹豫不决时，丁谧等一帮人在曹爽耳边煽风点火了。

“开弓没有回头箭，大将军，动手吧。”

曹爽知道这些人想让自己向谁下手，但他心中还是有些顾虑。

“这样做不好吧，太傅是德高望重的人啊。”

“斩草除根，既然砍了一刀，又何必在乎第二刀呢？太傅已经是老人了，就应该在家好好休息，这天下的事还是让像大将军这样的年轻人来做吧。”

曹爽一下醒悟了，既然已经向司马懿动刀了，就不能让他翻身，否则自己的大将军位置就可能不保了。

于是曹爽吩咐尚书台的尚书：奏事时先向自己汇报，由自己权衡轻重后再询问司马懿的意见。刚开始还比较积极，找寻司马懿商讨，后来就直接跨过司马懿开始自专政事。

就这样，虽然司马懿贵为太傅，但没什么事可干，只能整天窝在家里，写写字，喝喝茶，看看天……

曾经显赫一时的司马懿基本被架空了，成了一个光杆司令，如果没什么意外的话，他将这样终老，曹魏政坛上再也不会出现他的身影了。

但老天偏偏不让司马懿就这样赋闲在家，老对手孙权的出现帮了他大忙。

年龄不是问题，威望足以让人闻风丧胆

曹叡新亡不久，即位的曹芳是个年幼的孩子，朝中大臣又忙着争权夺利，曹魏政坛经历如此大的风波，自然矛盾重重，不再无懈可击了。这绝对是一个千载难逢的机会，在东吴的孙权岂会放过这种机会？便宜不占白不占，所以，他决定向曹魏出兵，趁乱捞些油水。

正始二年（241 年）正月，大雪平地深三尺，严寒笼罩着神州大地，都说

瑞雪兆丰年，但人们在严寒中只体会到阵阵沁入心骨的寒意，对于丰年却不敢奢望。因为他们已经习惯了随时擂响的战鼓，即使有瑞雪，也难以逃脱被战火蹂躏的命运。

果然，当严寒退去，好不容易进入了四月天，人们还没来得及享受好天气，神州大地便又燃起了战火。

这次挑起战事的是孙权，他派出了四路人马杀向曹魏：派全琮攻打淮南的芍陂，诸葛恪攻打六安，朱然包围樊城，诸葛瑾、步骘取柤中。

不管是全琮、诸葛恪、朱然，还是诸葛瑾、步骘，都是东吴军界的重量级人物，如今被悉数派上战场，造成了很大的声势。可见孙权是下了血本的，一定要捞足了好处，占足了便宜，才会撤兵收场。

东吴兵来势汹汹，不怀好意，该拿什么策略应对呢？曹魏的朝堂之上出现了分歧。

司马懿虽然已经六十三岁了，依然老当益壮，主动请缨杀敌。他之所以这样做，一来，通过这场战争重新夺回自己失去的权力，二来，好好教训一下东吴兵，让他们知道曹魏的便宜不是好占的。

但以曹爽为代表的一帮人也精明得很，好不容易把司马懿架空了，如果再让他领兵南下杀敌，建立军功，自己岂不白忙乎一场。所以他们极力反对派兵南下，理由是：东吴兵远道而来，不可能很快就能把有重兵防守的樊城等重镇攻下来。当东吴兵攻城受挫后，自然会拍拍屁股走人，根本就用不着派兵南下。

看着这帮人为了维护自己既得的权势，竟然把敌人的侵略描述得如此轻巧，司马懿非常愤怒，他大声斥责道："边城受到侵犯，我们却安坐在朝廷之上，边疆不安定，百姓心中就会产生疑惑，这是国家的大忧患。"（边城受敌而安坐庙堂，疆场骚动，众心疑惑，是社稷之大忧也。）

司马懿的怒斥让大家清醒了许多，现在大敌当前，应该一致对外，暂且把内斗搁置起来，否则就会凉了老百姓的心，江山也不再稳固了。

眼见朝中大臣们都倒向了司马懿一边，曹爽也没办法了，毕竟众怒不可犯，他还得继续在朝堂上混呢。

于是，司马懿带兵南下杀敌成为定局。

其实，曹爽还有自己的小九九，毕竟司马懿已经是六十三岁的老人了，他能禁得起这番折腾吗？也许这是他的一条不归路，最好死在南下抗敌的路上。于是曹爽便天天祈祷司马懿有去无回，最次也得摔一跤，得个脑血栓什么的。

但曹爽想错了，这是他的一厢情愿，司马懿一向注重修养身心，虽然已经六十多了，但身体依然健朗得很，对他来说上阵杀敌是小菜一碟。

司马懿统帅三军出征了，当重新跨上战马后，久违的兴奋感让司马懿感到无比幸福。如果可以选择的话，他宁愿天天在沙场征战，也不愿在朝堂之上勾心斗角。但自由往往是相对的，即使是位高权重的司马懿也没有绝对的自由，所以他非常珍惜这次难得的征战机会，一定要让自己嗨个够。

六月，司马懿统率各路人马南下，拉开了与东吴四路大军作战的序幕。

我们知道，司马懿一向在关中、陇西和蜀军作战，还远征过辽东的夏侯渊，却没有去南方作战，更不要谈经验了。这是一次全新的尝试。不过司马懿不惧东吴兵，凭着多年征战的经验和自己勇者必胜的信念，他相信自己一定能带领将士们凯旋而归。

北方士兵去南方作战，最大的挑战是能否克服水土不服的问题，如果不能适应南方炎热潮湿的天气，很容易瘟疫横行，到时候不用敌人打自己就被疾病打败了。曹操在赤壁之战中失败的一个原因就是军中盛行瘟疫，士兵的战斗力严重下降。如今，司马懿统帅三军南下，必须速战速决，不能再走曹操失败的老路。

当司马懿率领大军到达樊城边时，遇到了包围樊城的东吴将领朱然。在战场上，只有知己知彼，才能百战不殆。所以了解敌军的作战意图非常重要。司马懿命轻骑兵前去挑战，试探朱然有何反应。结果朱然不敢贸然迎战，只是一门心思地围困樊城。

司马懿从朱然的反应明白，这次东吴虽然浩浩荡荡，大举北伐，但实际上雷声大雨点小，只是想占些便宜罢了，并不会和魏军决战。

这下就好办了。

既然你东吴兵不想和我拼命，我偏要摆出一副和你拼命的样子，能把你吓跑最好了，如果不能，就把你打回老家去。

司马懿让三军将士就地休整，并开始精选精锐之师，招募不怕死的勇士，严明号令，摆出一副要攻打东吴军的拼命架势。

眼见曹魏的援军要和自己拼命，朱然心虚了。因为他接到的命令不是和魏军决战，而是能捡便宜就捡，占不到便宜就跑。

你司马懿老儿想拼命，我朱然可不想这么早就把自己玩完了，我还要多活几年呢。于是朱然下令军队连夜撤退。

这下该司马懿乐了，这东吴军真是太差劲了，没想到真被自己吓跑了。不过，我曹魏的土地岂是你想来就来，想走就走的？随便闯入我曹魏国境，就要付出代价。

司马懿下令三军猛追逃跑的东吴兵，一直追到三州（荆、豫、扬）的交界处，追上了朱然的大军。东吴军本来已经做好回家老婆孩子热炕头了，哪里会想到司马懿竟然率领大军一路追杀，结果被杀了个人仰马翻，只得丢下一万多具尸体和无数船只物资，狼狈逃回到东吴。

其他三路人马听说司马懿亲自出马并且把朱然的大军杀得大败而归，便都乖乖地主动撤退了。

司马懿又一次胜利了，虽然杀得有些不太过瘾，但他再一次用实际行动证明自己是三国一个不可战胜的军界人物。

这个胜利也说明了年龄不是问题，只要你够强够硬，你的威望便可以让敌人闻风丧胆，瞬间崩溃。

远离权力争斗的漩涡，做自己喜欢做的事

司马懿凯旋了，曹爽苦了。

曹爽的祈祷没能变成现实，这让他明白，原来世间没有救世主，老天爷也是不靠谱的，只能靠自己继续拼了。若想真正在风头上压过司马懿，必须搞懂军事，否则只有个大将军的头衔，手里没有枪杆子，一切都将是空谈。

就在曹爽为如何才能牢牢掌控军界挠头时，司马懿正风光无限，相当滋润。朝廷为了表彰魏军将士前线英勇杀敌，天子派遣侍中常侍在宛犒劳大军。而且在秋七月，又给司马懿增加郾、临颍封邑，与之前的四个县合在一起，食邑共有万户，子弟有十一人为列侯。

有些人一旦身居高位就容易忘乎所以，把尾巴翘到了天上，不把任何人放在眼里，这只会为自己树立更多的对手，从而加速自己的灭亡。但司马懿不是这样的人，虽然功勋声望与日俱增，但他更加谦卑恭让。因为他明白低调才是最牛的炫，只有踏踏实实做人、兢兢业业工作才不至于引来众人的羡慕嫉妒恨，才会让自己的仕途更加平坦。

司马懿是这么想的，也是这样做的。

因为太常常林是同乡中德高望重的长者，所以每当司马懿见到他时都要下拜。另外，他还经常告诫子弟："做人千万不可骄傲自满，这是道家所忌讳的，四时还有推移变化，我又有什么资格来承受这些呢？只有谦逊再谦逊，低调为人处世，也许才能免除灾祸。"

低调务实是司马懿做人的基本格调，正因为这样，他才积聚了良好的口碑，这给他带来了更多意想不到的收获。

正始三年（242年）春，天子曹芳追封司马懿的先父京兆尹司马防为舞阳成侯。司马懿知道小孩子曹芳是想不到追封自己父亲的，背后一定有曹爽在操纵。对于曹爽的这种讨好行为，司马懿有些吃不准，难道是要握手言和？但这不像是权力欲极其强烈的曹爽的作风，也顾不了那么多了，先接受再说，毕竟这不是一颗炸弹，看看你曹爽小儿会有什么把戏。

接下来的几个月，日子过得比较平静，不见曹爽有什么大的动作。难道是自己多虑了？司马懿不这么认为，对曹爽的防备没有丝毫减弱。

司马懿是一个闲不住的人，每天重复着听政议政的日子这让他倍感乏味，相对于每天开会来说他更喜欢亲自办一些看得见的实事。

虽然司马懿人在朝中，但心已经飞出去了。与其在朝中每天吵吵嚷嚷，还不如到地方修一些水利工程，给老百姓一些实惠。于是，司马懿再一次想到了兴修水利。他在这年三月奏请凿通广漕渠，引黄河之水流入汴河，灌溉东南大片坡地，从而使淮河以北能大面积耕种。

司马懿要主动离开权力中枢？这是曹爽做梦也想不到的，他这几个月正为司马懿在朝中碍手碍脚，自己不能大幅度动作而郁闷呢，没想到司马懿竟然主动要求要到地方上去。

到地方上锻炼几年，积累些政绩，然后回到中央就会被提拔。虽然这套程序一般只适合有潜力的年轻人，但没有人规定就不适合老年人。如今司马懿主动提出来要到地方上锻炼，没有理由不批准。所以曹爽举双手赞成。

于是，司马懿领命到淮南一带兴修水利，他当年在关中就干过这个行当，所以也算个老手了，兴修水利的差事自然干得有声有色。

没有了司马懿的朝堂成了曹爽的一言堂。他放开手脚开始大量撤换官员，把自己看着不顺眼，或和自己不是一个战线的人统统换掉。结果，像高柔、王观、孙资、蒋济等一批老臣都被请下台，远离了权力中枢。

经过曹爽这么一折腾，曹魏的朝堂变得乌烟瘴气，怨声载道。放眼天下，只有司马懿能与曹爽抗衡了。于是这些失意的官员找到司马懿哭诉，希望他能主持公道。

司马懿当初躲得远远的，就是为了图个清静，不想陷入权力争斗的漩涡。再说现在的曹爽风头正猛，还没有到了能一击即溃的程度。司马懿要等怨气积聚得更重一些，他一出手便能把曹爽彻底扳倒。所以对于这些发牢骚诉苦的官员，他只是采取了安抚的方式，并没有有所动作。

初生牛犊也怕虎，没有对手的寂寞

对于朝堂上的权力争夺，司马懿可以睁一只眼闭一只眼，但对于任何敌人有危害百姓的行为，他都要让敌人付出应有的代价。

在此之前，吴国派遣大将诸葛恪驻守于皖，东吴兵经常侵犯边境城镇，百姓深受其害。司马懿的忍耐是有限度的，他便把目标对准了诸葛恪，想亲自带兵去攻打屡犯魏国边境的诸葛恪。

诸葛恪，字符逊，琅邪阳都（今山东沂南）人。蜀丞相诸葛亮之侄，吴大将军诸葛瑾长子。从小就以神童著称，深受孙权赏识，弱冠拜骑都尉，成为太子孙登的侍讲（老师）。

诸葛恪的聪明不是吹出来的，他实在是有那么两把刷子。

有一次，孙权宴请群臣，让人牵出一头驴来，在驴的脸上挂了一个长标签，写上：诸葛子瑜。因为诸葛恪的父亲诸葛瑾面孔狭长像驴的面孔，所以孙权才搞了这么一出，活跃一下气氛。诸葛瑾非常难堪，但不知道该如何反击，毕竟开玩笑的是孙权，惹不起啊。只能挤出一丝笑容，傻站在那里。

此时诸葛恪却上前一步，跪下来说：“给我一支笔，我要再写两个字。”

孙权已经笑得肚子都疼了，一个小孩子能搞出什么名堂，便让左右给诸葛恪笔墨。

诸葛恪接下去写了“之驴”两个字。

在场的人都惊叹诸葛恪才思敏捷，于是孙权便把这头驴赐给了诸葛恪。

儿子不仅给自己解围，还得到了孙权赐予的礼物。这是非常了不起的成绩，所以父亲诸葛谨对这个儿子刮目相看，还对人这样评价自己的儿子：“恪不大兴吾家，将大赤吾族也。”

后来，诸葛恪任丹杨太守，平定山越。不仅为东吴提供了充足的兵源——山越人，而且还在山越人居住的山岭发现了大量矿藏，丰富了国用。

诸葛恪解决了让东吴头痛多年的山越问题，孙权大喜，册封诸葛恪为威北将军、都乡侯。于是，诸葛恪率军驻守在皖城一带，把皖城建成了防守曹魏进攻的第一道防线。

虽然诸葛恪是东吴政界和军界的一颗新星，但司马懿不惧，他的原则是，谁侵犯曹魏的边境就把谁打得屁滚尿流。

很快，司马懿奏请攻打诸葛恪的奏折就送到了曹爽面前。

你这个老头，不好好修水利，怎么老想着要军权打仗呀。曹爽纳闷了，他真有些看不透司马懿这个人啊。

既然司马懿有这个想法，就得群臣讨论讨论，朝廷就是否出兵展开了一番争论。

朝中的大多数官员认为敌人据守的城池非常坚固，又囤积了粮食，就是想引诱我军前去攻打。现在孤军远攻，他们的援兵一到，我军就陷入进退两难的境地，此战不可胜。

司马懿却坚持自己的观点，理由是：东吴兵擅长水战，现在可以借助攻打他们的城池，来观察他们如何应对。如果发挥他们的长处，弃城逃跑，我军将不战而胜。如果东吴兵敢固守，湖水冬天浅，船无法行驶，不得不放弃水战而自救，这是他们的短处，我军取胜的几率非常大。

换一个角度看问题，便会有全新的发现。司马懿已经画了一个大饼，貌似唾手可得，能不吃吗？

曹爽虽然一万个不乐意司马懿再次带兵出征，但多数大臣已经被司马懿描绘的美好前景所征服，便都倒向了司马懿一边。曹爽集团只能干瞪眼，怪自己的军事水平技不如人。

结果，司马懿又获得了带兵出征的机会。

上次轻而易举就击退了东吴四路大军的围攻，司马懿没玩过瘾，这次的对手是在东吴颇有前途的新秀诸葛恪。都说初生牛犊不怕虎，应该有机会和诸葛恪好好过几招吧。但接下来发生的事让司马懿大失所望。

正始四年（243 年）秋九月，司马懿统帅各路人马进击诸葛恪，当大军到达皖城附近时，不仅没遇到东吴兵的抵抗，而且远远看见皖城的城门是大开的，更不可思议的是皖城上空还冒着青烟。

这摆的是什么龙门阵？难道诸葛恪又在和我玩当年诸葛亮玩的“空城计”？但城门口也不见人员进出，城头更是看不见弹琴的诸葛恪。

当初太过谨慎，上了诸葛亮的当，这次不会了。

司马懿下令一队轻骑兵进城一探究竟。

不久，骑兵回报，摆在魏军面前的的确是一座空城。

原来，诸葛恪听闻司马懿率领大军前来攻打皖城，便当机立断焚烧了积蓄的财物，弃城逃跑。理由是：这司马懿老儿把我叔叔诸葛亮都缠死了，我岂是他的对手？留着青山在，不怕没柴烧。你这糟老头，我以后再陪你玩。

结果，司马懿不费吹灰之力就拿下了皖城。虽然胜利了，但司马懿却高兴不起来，他反倒怀念起和诸葛亮对决的那段日子，难道普天之下再也找不到一个旗鼓相当的对手了吗？司马懿突然感到一种前所未有的孤独。

又一次不战而胜，虽然在别人眼中司马懿已经成了不可战胜的神话，但他依旧那么低调，没有因为军功而飘飘然。

司马懿认为赶跑敌人容易，要真正消灭敌人关键在于积蓄粮食。于是，他下令军队就地驻扎，开始大规模屯田，不仅让人拓宽了淮阳、百尺两条水渠，而且还修整了颍水南北的坡地，这样一来可以灌溉的土地面积达到了一万多顷。

在他的不懈努力下，淮北地区遍地都是粮仓米库，从寿阳到京城洛阳，一路都设有典农的官员和屯田的军队。

司马懿不仅能打仗，搞经济建设也是一把好手。但朝中的官员却认为司马懿有些老糊涂了，放着中枢权力不要，偏偏喜欢和土地打交道。就连曹爽也被司马懿搞晕了，难道这个老头儿真的对朝政大权不感兴趣了吗？

这个问题暂且回答不了，当下曹爽有一个比较头疼的问题：司马懿两次率军作战，让他在军界的位置更加牢固，而自己虽然身为大将军，但却没有真正能拿得出手的军功，这很难服众的。

曹爽见司马懿对东吴作战两战两捷，而且都不费吹灰之力，便开始琢磨：是你司马懿名声在外太过强大？还是敌人见了我曹魏的旗帜就乖乖投降了呢？曹爽非常自恋地认为后者才是主要原因。既然东吴是软柿子，那没有了诸葛亮的蜀汉也强不到哪里去，想到这里他的手开始痒痒了。如果自己也能建立军功，那么在朝中的地位就会更加稳固。

于是，曹爽萌生了伐蜀的念头。

行军打仗不是游戏，更不是儿戏

正始五年（244 年）春正月，司马懿从淮南回到京城，天子派人持符节慰劳大军。建立军功者能享受到如此荣光，曹爽的内心越发无法平静：司马懿能做到的事，我曹爽照样能做到。

此时，尚书邓飏、李胜等人为了让曹爽建立军功，增加在朝中说话的分量，并让威望声名流布天下，劝他去讨伐蜀国。这正合曹爽之意，所以他下定决心要讨伐蜀汉，发誓要把这场伐蜀的处女战打得漂漂亮亮。

一直以来，这外面打仗的事都是由司马懿出马，他因为在外征战而牢牢把握了军权。手里有了枪杆子就不怕曹爽在朝堂上蹦跶。如今，曹爽要亲自讨伐蜀汉。一来，是想建立军功，让自己有更高的威望；二来，是想夺回司马懿手中的军权。

曹爽的这点儿伎俩瞒不过司马懿的眼睛，如果没了军权，那司马懿就什么也不是了，所以司马懿也不会眼睁睁地看着曹爽把自己手中的救命稻草再无情地剥夺而去。他极力反对曹爽的伐蜀行动，理由是：蜀道艰险无比，气候也多变无常，讨伐蜀汉只会徒劳无功。为了增加说服力，司马懿还列举了当年曹真伐蜀失败的例子。

不得不说，司马懿阻止曹爽伐蜀有一定的私心，但他的所述也是客观存在的事实。蜀汉已经多年没有主动进攻曹魏，兵力强壮，粮草充足，与其说魏军是前去攻打，还不如说是前去送死。

虽然司马懿苦口婆心地劝阻，但曹爽却意志坚定，发誓要继承先父曹真的遗志，用胜仗来告慰先父的亡灵。

眼见魏军将士将踏上不归路，司马懿却毫无办法。为了把损失降到最低，司马懿请求随军出征，以便可以随时出谋划策。但司马懿高估了曹爽的胸怀，曹爽用一个很干脆的字：不，回绝了司马懿的请求。

虽然曹爽把司马懿排除在这次伐蜀行动之外，却任命司马昭为征蜀将军随同前往。跟着没谱的领导上阵杀敌，司马昭心里有些乱，毫无头绪，便去请教老爹。

“父亲，我该怎么办？可以装病不去吗？”

“扯淡，装病你还嫩了点儿，大将军的命令，你敢违抗？”

“可我心里没底呀。”

“不急，你只需要记住一个字：撤。”

司马昭想问详细些，但司马懿却闭口不言，留些空间让儿子自己揣摩吧，毕竟战场上的事情瞬息万变，一个将军不能靠死命令活命。

结果，夏侯玄被任命为征西将军、假节，都督雍、凉州诸军事，任命李胜为将军长史，负责出谋划策，当然，还有征蜀将军司马昭。讨伐蜀汉的领导班子基本确定了，接下来就该动真格的了。

为了一举击溃蜀军，曹爽集结了十万多人，从骆谷口（今陕西秦岭之谷）进入蜀地汉中，进驻于兴势山。当时蜀在汉中的兵力不满三万，从双方兵力对比情况看，魏军是蜀军的三倍多。仗着兵多将广，曹爽的尾巴翘起来了，他自信满满，做好了迎接掌声和鲜花的准备。

虽然魏军在兵力上占据绝对优势，但也有不容忽视的劣势，比如长途跋涉的劳困和地形条件对己不利等致命因素。还有，当时关中氐、羌一带的运转输送工作供应不上，牛马骡驴累死了不少，负责运送的百姓及夷民苦不堪言，在道途上哀号哭泣。（转输不能供，牛马骡驴多死，民夷号泣道路。）

如果是一个明智统帅，不会不顾忌这些不利因素，但曹爽对此置若罔闻，他认为十万人足以踏平一切障碍，取胜是指日可待的事情。

魏军大举进攻给蜀汉造成了不小的威胁，因为当时汉中只有不到三万士兵，本以为曹魏忙于内斗和对东吴动武，没想到曹爽来了这么一手。蜀军一下子乱了，诸将纷纷建议放弃关隘，退守当年诸葛亮修建的汉城、乐城两个堡垒，保存实力，等待援军到来，再与魏军决战。

兵法上说："作战中确知敌人难以战胜，就应及时撤退以保存实力。"所以，撤退也是一种策略。但把地盘让给敌人，在自家院内燃起战火，即使等援军到来能成功击退魏军的进攻，也会给自己造成很大的损失。何况，退守汉城、乐城并不见得就能取胜。

大将王平认为这样做不妥，因为如果退守汉城、乐城，魏军就有机会攻打关城了。关城一旦失守，成都就危险了，蜀汉也就危在旦夕了。所以，他建议凭借险要地形坚守待援，即使耗到一兵一卒，只要能坚守到援军到来，就是胜利者。

最后，王平力排众议，提出利用兴势山的险峻分兵据守的防御计划：派遣护军刘敏等领兵据兴势拒敌，并在绵延百余里的山岭上插满旗帜，以壮军威。自己则率军在后，兼防魏军分兵从黄金谷（兴势东）来攻。

一切布置妥当后，已经能望见魏军前锋雍州刺史郭淮的军队了。郭淮望见漫山遍野的旗帜，一时判断不出蜀军的人数，不敢贸然进攻，便就地扎营，等待大军到来后再做打算。

当十万魏军陆续走出骆谷后，地形的限制化解了魏军人数上的优势，没了优势，如果贸然攻打以逸待劳的蜀军肯定会吃亏的，于是曹爽下令扎下大营，看看情况再说。虽然被兴势山挡住了前进的步伐，曹爽却认为困难只是暂时的，前途是光明的，但他怎么也想不到这里注定会成为他的伤心之地。

蜀军的疑兵和险要的地形让魏军止步不前了。趁魏军犹豫之际，王平决定搞一次夜袭，给魏军制造一点儿恐怖气氛。他选中的魏军营地的主将正是司马昭。

深夜，司马昭正被眼前的困境折磨得无法入睡，他想到了父亲口授自己的那个字：撤，一下子恍然开朗。父亲真是有先见之明，就目前的情形来看，能全身而退就算是胜利了。

司马昭想着想着便进入了梦乡，梦见自己率军撤退，被蜀军追杀，眼见就要被砍于马下，突然被营帐外的吵闹声惊醒了。他擦擦头上的冷汗，问身边的卫兵外面发生了什么事。

卫兵满脸慌张，回答道："蜀军夜袭。"

司马昭没有乱，他不仅下令全军将士严阵以待，胆敢逃跑者杀无赦，而且亲自披挂上阵指挥魏军迎战前来偷袭的蜀军。

带了几千人的王平见魏军已经有所准备，偷袭的目的难以达成，便下令撤退。

就这样，司马昭以最小的损失成功破除了蜀军的夜袭行动。

再看曹爽，看着自己一字长蛇阵的营地，再看看面前的崇山峻岭和隐藏在山中的蜀汉守军，他开始挠头了，难道自己当初一拍脑袋决定伐蜀是错误的？

当曹爽反思自己的鲁莽行为时，司马昭建议："如果蜀国大将军费祎占据险要地形进行防守，我们前进却得不到交战的机会，强攻硬打又不可能奏效，必定会陷入前所未有的困境中。所以当务之急是急速撤军，以后再寻找战机伐蜀。"

这十万大军还没摆开阵势和蜀军厮打一番，就这么匆匆撤退，我曹爽的面子往哪里摆？所以，曹爽没有听取司马昭的建议，死撑着不撤，妄图能出现有利于自己的转机。

前线作战不利的消息让司马懿如坐针毡，如果再这样下去十万魏军就危险了，自己的儿子司马昭能否安全退回来也是个问题。不能再这么坐着了，必须要做点儿什么。直接劝说曹爽退兵有难度，只能动员他手下的大将退兵了。于是，司马懿给夏侯玄写了一封书信："当年武皇帝与刘备征战汉中，差点儿一败涂地，您不是不知道。如今蜀军已经占据兴势，易守难攻，你们进不能进，后路再被包抄的话，必然全军覆没，到时候恐怕连负责任的命都没有了。"

虽然夏侯玄不是被吓大的，但司马懿的分析非常在理，如果后路被蜀军包抄的话，十万魏军将面临被包饺子的危险。

于是夏侯玄也极力劝谏曹爽撤军，曹爽见大势已去，若再一意孤行的话，很可能会众叛亲离，便极不情愿地下令大军撤退。

五月，费祎得知魏军将要撤退，便率军绕道占据三岭（即沈岭、衙岭、分水岭），试图切断魏军的归路。

魏军遭到截击后，曹爽慌了，难道真的如司马懿所料，自己连同这十万魏军将葬身在这崇山峻岭中吗？不会的，曹爽坚信自己能带领魏军将士杀出一条血路。

于是，曹爽亲自督战，经过一番苦战后，魏军丢下不计其数的尸首，终于逃回关中。

虽然在军事行动上失败了，但曹爽并不郁闷，因为他相信，只要自己能活着回到魏国的朝堂之上，就一定有机会彻底扳倒司马懿，自己也终将会成为魏国的第一权臣。

【第十二章】
夺权，夺的就是枪杆子

不懂装懂害死人，急流勇退真英雄

一山不容二虎，在曹魏的朝堂之上，只能有一个人说了算，所以曹爽把司马懿当成了眼中钉，想着法儿地“修理”他，恨不得把他赶回老家种地去。

正始六年（245 年）秋八月，曹爽又来了个大动作，他下令裁撤了中垒营和中坚营，把这两营的兵力归属弟弟中领军曹羲统领。要知道，中垒营和中坚营本来隶属于中护军，归司马师领导，这明显是杀鸡给猴看，继续从司马懿手中剥夺更多的权力，而且这两营宫廷武装力量在曹叡时期就设置了，怎能说改就改呢？

眼见曹爽给自己下猛药，司马懿急了，对此提出强烈反对意见。

“这是先帝旧有的军制，岂能随便更改？”

“太傅多虑了，改革总要除陈布新。”

司马懿还想说什么，但曹爽已经很不耐烦了。这次谈话就此中止，虽然司马懿提了反对意见，但没有起到丝毫作用。除了抗议和保留意见之外，司马懿似乎什么也做不了了，只能任凭曹爽宰割。

人的贪欲是无止境的，眼见司马懿没什么实质性的反应，曹爽的胆子越来越大了，他把自己的脏手伸向了司马懿一直主管的东南防务上。

正始七年（246 年）春正月，吴军进犯柤中，为了躲避战火，内地各族居民万余家北渡沔水，跑到沔北来寻求一方净土。安置避难的百姓是司马懿的工作，为了能让百姓吃得饱穿得暖，还有地方可住，司马懿忙前忙后，生怕有照顾不到的地方，寒了百姓的心。

这本来是一件很普通的事情，但因为曹爽的介入，让事情变复杂了。

"太傅，听说沔北新增了不少避难的百姓？"

"是的，吴军进犯柤中，百姓为了避难逃到了沔北。"

"这不好吧，从哪里来的还应该回到哪里去。"

"大将军，沔南近敌，如果把百姓再驱赶回去，一定还会招致敌祸，老夫觉得应该暂且把百姓留住，等等看再做下一步决定。"

"太傅的目光短浅了，现在若不能很好地守卫沔水以南地区而把百姓留在沔北，这不是长远之计。"

至此，司马懿明白曹爽不是真正关心避难百姓，而是特意来找茬，给自己制造麻烦的。在这种非常时刻，为了夺权竟然拿百姓的生命开玩笑，真是无耻至极。司马懿控制住心头的怒火继续发表意见，妄图说服曹爽。

"老夫不认同大将军的言论，大凡事物放在安全的地方就安全，放在危险的地方就危险。兵书上说：'成败，形也；安危，势也。'形与势，是驾驭众人的纲要，不可以不认真对待。如果吴军用二万兵力截断了沔水，用三万兵力与沔南的各路人马对峙，一万兵力在柤中横行，怎么办？"

司马懿有理有据，本以为能说服曹爽，但秀才遇到兵，有理说不清。对于司马懿的三寸不烂之舌，曹爽用无赖的态度加以对待。

"多说无益，让他们回沔南去吧。"

曹爽撂下这句话后，便拂袖而去，把司马懿晾在一边不管了。

这是什么人啊？做人竟然做到这种地步。

司马懿晕了，彻底晕了。

现在还没到与曹爽撕破脸的时候，所以司马懿只好违心地执行命令。沔南流民骂骂咧咧，非常不愿意回到沔南，但胳膊再粗也拧不过大腿，只能被迫回到沔南。

结果，如司马懿所料，吴军果然攻破柤中，掳掠了一万多户魏国居民，满载而归。

不懂装懂害死人，对于曹爽的行为真是无语到家了。但曹爽却并没有因此而自责，反而因为将了司马懿一军而沾沾自喜。老百姓在他心中远远没有权力重要，不把老百姓当回事儿的人注定在权力的宝座上待不稳当。

曹爽不仅插手司马懿负责的事务，而且还要扫除一切阻碍他在洛阳大展拳脚的人。

如今，司马懿在朝堂之上已经说不上什么话了，但还有一个人不时地制造麻烦，让曹爽很不爽，这个人就是郭太后。

郭太后出身西平（今西宁），其家为河右大族，她是大户人家的小姐。曹魏黄初年间，西平全郡反叛，结果被残酷镇压，郭氏“遂没入宫”。后来明帝曹叡即位后，非常喜爱郭氏，先封夫人，再立为皇后。齐王曹芳即位后，尊她为皇太后。

由于曹芳年纪比较小，所以比较依赖郭太后，有时候郭太后的一些话往往对曹芳的决策产生直接的影响，这是曹爽不愿意看到的。所以他又把目标对准了郭太后。

但郭太后对未成年的养子曹芳有名正言顺的监护权，贸然对这位重量级的人物下手，是不是不妥呢？

何晏、邓扬、丁谧之流建议直接把郭太后迁到永宁宫，与皇帝分居，这样就可以将曹芳完全置于曹爽的控制之下。

但曹爽对此还是有所顾忌的，万一惹怒了群臣，将不好收场。何晏、邓扬、丁谧这样反问：“大将军辅政八年了，有谁敢说个不字？再说，朝中内外还有谁能和大将军抗衡？”

是啊，如今自己就是曹魏的老大，还怕一个老女人不成？

于是曹爽立马迁太后于永宁宫，专擅朝政，再也没有人能左右曹爽集团的势力了。

再看司马懿，没有了郭太后在皇帝身边为自己说话，他感到危机正在步步逼近。毕竟在皇权至上的时代，他的处境是十分危险的。如果曹爽对司马懿起了杀心，很可能借助一道皇帝诏书，在一夜间就能完成，从此世间就再也没有司马懿这个人了。司马懿对此心知肚明，所以他不得不放弃正面抗争，准备找个理由淡出朝堂之上的权力之争，先避避风头，然后伺机东山再起。

搞政治的人心肠都比较狠毒，要么不做，要做就要斩草除根，不留后患。如今司马懿想离开，但曹爽未必会让他活着离开，毕竟司马懿是一个隐形的强大对手，把他放到哪里，都不让人放心。

就在司马懿苦苦思索告退的理由时，一个噩耗传来。

正始八年（247 年）夏四月，夫人张春华病逝，时年五十九岁。

陪伴自己一生的另一半就这样离开了人世，独留自己在人间饱受酸甜苦辣，这个噩耗让司马懿痛心不已。在悲痛之余，司马懿突然眼前一亮，这是个机会，也是个绝好的理由。想不到夫人临死还要帮自己一把，想到这里司马懿的心又是一阵疼痛。

于是，司马懿以夫人去世，悲痛难当，身体衰竭无法理事为由，向朝廷递交了辞呈。曹爽虽然对司马懿递交的辞呈半信半疑，但这是人之常情，再看看司马懿满头的白发，他最终打消了顾虑，因为他不相信一个行将就木的老头在没有一兵一卒的情况下还能掀起多大的风浪，于是批准了司马懿的辞呈。

司马懿光荣退休了，再也没有人能阻止自己了，曹爽可以肆无忌惮地为所欲为了。

任何一个政权都离不开监督，如果没有了强有力的监督机制，就会逐渐腐败，最终土崩瓦解。如今朝堂成了曹爽的一言堂，虽然他成了曹魏真正的老大，但这不见得是一件好事。物极必反，月盈则亏，等待曹爽的不会是什么好结果。

等待时机，父子搞政变

曹爽把持朝政，兄弟几人不仅掌管禁兵，还在朝中安置了许多亲信党羽，多次修改制度。

因为曹爽集团的骨干何晏、毕轨、夏侯玄、丁谧等人是玄学流派，有自己的政治主张。当曹爽掌握大权后，他们不仅发起了旨在超越汉儒魏法的玄学清谈，还出台了一些实施其政治学说的政策，进行政治改革活动。这些与

传统儒家名教观念相悖的举动严重触犯了司马懿为代表的世家大族利益。所以当时有人编了一首歌谣说:“何、邓、丁,祸乱京城。”

眼见好端端的朝堂被曹爽这些人搞得乌烟瘴气,一些德高望重的老臣实在看不下去了,便也效仿司马懿选择了离开。如中书令孙资、中书监刘放、司空徐邈等等。曹爽早就看不惯这群老顽固了,巴不得他们统统下岗,于是很爽快地批准了他们离任的请求。

处在权力巅峰的曹爽,生活越来越荒淫,在九年春三月,黄门张当私自放出掖庭后宫才人石英等十一人,充当歌女,送给曹爽淫乐。玩女人玩到了宫里,可见曹爽骄横到了什么地步,简直是无法无天。不仅如此,他的衣食和仪式排场几乎和皇帝相同,皇宫御用器物充斥其家。

照这样下去,只会惹得天怒人怨,迟早会出事的。曹爽的弟弟曹羲多次劝谏,但曹爽根本就听不进去,依然我行我素。

曹爽吃喝玩乐,享受着人生,嗨到了极点,那么司马懿又在干什么呢?

虽然赋闲在家,但司马懿并没有闲着,而是密切关注着朝政的变化,准备再就业。因为不服输的司马懿不会就这么轻易把自己奋斗一生的成绩拱手让给曹爽。

这段日子,司马懿忙着接待那些退下来的老臣们,听他们诉说内心的苦闷。对于这些昔日的老同事,司马懿热情地和他们叙旧聊天,但很少谈及政治,因为他不想被曹爽抓到把柄。不过,从这些老臣们的言谈中,司马懿感觉到了越来越强的一股怨气,时机在慢慢成熟,曹爽的好日子要到头了。

若想解决曹爽集团,唯一的途径就是武装政变,而成功的武装政变必须要具备两个条件,一是时机,二是武装力量。先说时机,司马懿相信不久就会出现一个消灭曹爽集团的天赐良机,再说武装力量,这是司马懿最头疼的问题,因为司马懿手中没有军队,一个赤手空拳的老头如何敌得过曹爽集团?

司马懿就是有再强的军事能力,也是白搭,毕竟巧妇难为无米之炊。思来想去,司马懿只有找任中护军的儿子司马师来帮忙了。上阵父子兵,这种事,除了找儿子,司马懿实在是想不到还有谁可以信任。

司马师沉着坚强,有雄才大略,是司马懿最看好的儿子。不过,关于武装政变的事司马懿从来没有和儿子们透露过，只是自己默默地盘算着等待着。如今为了不至于让儿子们太过于吃惊，他准备把自己的想法一点一点地说给儿子听。

“如今的朝堂，乌烟瘴气，天下人怨声载道。”

“父亲说的是，都怪那个曹爽，一手遮天，再这样下去的话，魏国就危险了。”

“那我们该怎么办？身为帝国的子民，总不能眼睁睁地看着帝国衰败下去吧。”

“父亲有什么想法？孩儿谨遵教诲。”

这铺垫铺得差不多了，司马懿决定亮出自己的底牌。

“政变。”

本以为司马师会很吃惊，没想到他不仅没有吃惊，反而很兴奋。看来，这父子俩是想到一块儿去了。

“父亲，早就该这么干了，就等您号令了。”

看到儿子很支持自己的想法，司马懿很高兴，但接着便又皱起了眉头，因为他徒有政变的念头，却没有政变的武装力量。当司马懿把这个难题抛出后，司马师神秘地笑了。

“我私下训练了三千死士，分散在民间，需要时便可以把他们全部聚集起来，别人都不知道这些人是从哪里冒出来的。”（阴养死士三千，散在人间，至是一朝而集，众莫知所出也。）

没想到儿子把工作做到了自己前面，司马懿很高兴，有这三千死士，武装政变便有戏了，于是他赶紧让儿子着手联络这批死士，只要时机一到，便开始发动政变。

骗你没商量，把“装病”进行到底

曹爽坐在曹魏首辅的位置上已经过了第九个年头了，没有了司马懿和郭太后的牵绊，他的自信几乎要爆棚，嚣张到了极点。他已经不满足摆弄曹芳这个傀儡了。自己也姓曹，也是皇族的后代，也有资格坐在皇帝的宝座上，

于是产生了废除君主的想法，并与何晏等人密谋，企图篡夺皇位，并且已经计划好了时间。但最近曹爽的右眼皮老跳，他心里总是不踏实，因为有一人只要喘气，在他心头就是一个阴影。

有些人生来就不会被轻易遗忘，虽然司马懿已经退休了，但他的威望和影响力让曹爽无法忘记他。尤其是得知那群主动退下来的老臣们经常和司马懿聚在一起喝茶闲聊后，曹爽更加怀疑了，他隐隐感觉到一股强有力的势力正迎面袭来。

这个老家伙到底在干些什么呢？曹爽急切想探明司马懿的近况。无独有偶，何晏等人也因司马懿而隐隐感到不安，也建议派人探望一下司马懿的病情。

巧的是，李胜正好得到了荆州刺史的官位，准备前去上任。于是曹爽便派李胜以道别的名义前往太傅府探望司马懿的病情。

在太傅府，为了确保这次政变能万无一失，司马懿正和司马师进行秘密策划。突然，一个下人前来禀告：李胜前来拜访。

看来，曹爽小儿对自己还是不放心啊，你既然派人前来刺探，正好让老夫给你演一出好戏。

李胜来到司马懿的卧室后，看到司马懿脸色苍白、头发散乱，有种奄奄一息的感觉。不禁暗暗吃惊：怎么回事？一年不见，昔日威风凛凛的太傅怎么会病成这样？难道这老家伙是故意装的不成？

面对李胜疑惑的神情，司马师低声说："李大人，不瞒你说，因为母亲的去世，父亲日夜思念，哀痛成疾，再加上往日征战留下的旧伤复发，已经躺在床上半年多了，估计将不久于人世了。"

"公子节哀，太傅大人一定能挺过这个难关的。"

一番简单的寒暄后，李胜再次转向司马懿。

虽然司马懿退休了，但作为晚辈，该行的礼还是要行的。李胜行礼后，说："太傅，多日不见一向可好，蒙皇上厚爱，派我担任本州刺史，特地来向您辞行。"（李胜是荆州人，所叫荆州为本州。）

司马懿明白这是试探，所以装作没有听见，不接李胜的话茬。话虽然可以暂时不说，但总得做点什么，把这戏接着演下去。

于是，司马懿把李胜当成了空气，自顾自地进行一系列高难度的动作表演。

首先，司马懿假装要穿衣服，当身旁的侍女把衣服递给司马懿的时候，司马懿想接衣服，但双手抖个不停，不听使唤，根本就拿不住衣服。按现在的医学诊断很可能是“帕金森综合症”，全身的肌肉僵硬，连姿势也不能保持稳定。

李胜看到这里，还是半信半疑：这老狐狸是故意表演给我看，忽悠我呢吧。

接着，司马懿进行了难度更高的表演。他用颤抖的手指了指自己的嘴巴，示意肚子饿了。旁边的侍女领会了意思，马上给司马懿端来一碗粥准备喂他吃。司马懿缓缓张开嘴，闭上了眼睛。侍女舀了一小勺粥喂进司马懿半张的嘴里，但司马懿的嘴并不闭上，仍然半张着，任凭粥从嘴角流出来，流得满胸口都是。侍女见状，赶紧拿起手绢给司马懿擦拭。而司马懿仍旧保持这个症状，面部僵持、口舌偏瘫，就像今天的老年痴呆症和中风一样。

看到这里，李胜算是完全相信司马懿已经病入膏肓了，真想不到在曹魏曾风光无限的一个强人竟然会落得个这样的下场，真让人心酸。

站在一旁的司马师一直观察着李胜脸上的表情，见火候差不多了，便俯身对司马懿说：

“父亲，李大人来看望您了。”

司马懿的目光有些迷茫，他哦了一声后把头转向了李胜，本想坐起来说话，但身子挺了挺，却一点儿也动不了。

“太傅，不用动身，保养身体要紧。”

司马懿轻微点点头，算是给予了回答。

“太傅，我以为您是过去的风痹复发，没什么大碍，没想到竟然病到这种地步。”（众情谓明公旧风发动，何意尊体乃尔！）李胜说完，眼角有些湿润，他看到司马懿现在这个样子心里有些难过。

司马懿见自己的目的基本达到了，心里无比窃喜。不过这戏还没完，还得继续演下去。这次司马懿改用语言了。

司马懿想说话，但干张嘴，却发不出声音，胸膛急促地起伏，几乎要上不来气了。侍女见状，赶紧揉胸捶背，好一阵功夫后，司马懿才渐渐平息了下来。他故意将声音调得低沉嘶哑，给人奄奄一息的感觉，说道："李大人，我年老多病，来日不多。你将要去并州任职，真是委屈你啦，并州靠近胡人，一定要做好防备工作啊。恐怕以后不能再见面了，把犬子司马师、司马昭两兄弟托付给你，还要你和大将军多多担待。"（年老枕疾，死在旦夕。君当屈并州，并州近胡，善为之备。恐不复相见，以子师、昭兄弟为托。）

说完这一席话，司马懿又是一阵急喘气，大有要马上完蛋的感觉。

"老太傅听错了，我不是去并州，而是去本州任职。"（当还忝本州，非并州也。）

"哦，你刚到并州？"（君方到并州。）

李胜有些哭笑不得，司马懿连交谈都成了问题，还有什么好防备的，于是凑到司马懿的耳边大声说："要去荆州。"（当忝荆州。）

司马懿做出恍然大悟的样子，说道："惭愧啊，老朽年老昏聩，没听明白你的话。李大人德高年壮，既然是去荆州，那就要好好建立功勋。还有，老朽再次恳求李大人多多关照我的两个犬子啊。"（年老意荒，不解君言。今还为本州，盛德壮烈，好建功勋。）

司马懿说完，情不自禁地流下了眼泪，混着鼻涕弄得满脸都是，侍女赶紧上前擦拭。

李胜感觉司马懿好像是在交代后事，现在他完全相信司马懿已经病入膏肓了。俗话说，将死之人，其言也善。他顿时对司马懿产生了怜悯之情，对一个不久于人世的老人还有必要防备吗？就让他慢慢死去，得个善终吧。

司马懿已经说得够多了，满脸都是疲惫之态。李胜见司马懿不能过多劳累，便起身告辞，在门口还对送行的司马师承诺："让老太傅好好静养身体，你们兄弟俩如果遇到了难处，尽管来找我。"

司马师赶紧道谢，二人依依惜别后，李胜便离开了太傅府。

看着李胜远去的背影，司马师彻底服了，想不到老爹的演技如此高超，看来自己还有很多东西要学习啊。

等李胜离开后，司马懿从床上一跃而起。当年连曹操都能骗得过，何况一个小小的李胜，轻车熟路的司马懿有足够的信心能骗得过对方的眼睛。接下来，就等政变的绝佳时机了，只要曹爽兄弟同时出了洛阳，就可以动手了。

李胜在司马懿面前实在是太嫩了，他不仅没有识破计谋，而且还同情起了司马懿。在曹爽的府第，面对曹爽一干人等的询问，李胜如实回答道："太傅言语混乱，指南为北，不能自由活动，仅剩一口气，形与神已经分离，将不久于人世，不值得我们担心了。"（司马公尸居余气，形神已离，不足虑矣。）

众人听后开始欢呼雀跃。因为只要司马懿这个老家伙不兴风作浪，就再也没有人能够动摇曹爽集团现有的地位了。

看着大家兴高采烈地样子，李胜却一点儿也高兴不起来，他喃喃自语道："太傅的病没得救了，再也不能发挥什么作用了，令人伤感。"（太傅不可复济，令人怆然。）

既然司马懿已经构不成任何威胁，就没必要再把他当个人物了。于是，曹爽更加有恃无恐，对司马懿不再防范戒备，这正好为司马懿发动政变留足了时间。

高平陵之变，吃了我的给我吐出来

万事俱备，只欠东风。

如今，不仅一大批老臣都倒向了司马懿这一边，而且社会舆论也非常有利于自己，种种迹象都表明曹爽不得人心。最重要的是担任中护军的儿子司马师掌握着部分朝廷的军队，而且还偷偷召集了"死士三千"。不仅人心倒向自己这边，而且还有部分武装力量，相信自己的这次政变一定会取得成功。

现在司马懿只差一个机会，只要曹爽出了岔子，就可以一举击垮对手，把本该属于自己的一切重新再夺回来。

司马懿在默默地等待着，等待着……

在曹爽最张狂的时候，兄弟几人经常结伴出城打猎游玩。

桓范曾告诫道："大将军日理万机，你的几位兄弟掌管禁军，怎能一起出城呢？如果有人关闭城门，谁放你们进来啊？"（总万机，典禁兵，不宜并出，若有闭城门，谁复内入者？）

曹爽大声反问："谁吃了豹子胆，敢这样做？"（谁敢尔邪！）

桓范不再多言。因为地球人都知道，世上还有一个人叫司马懿。

从此曹爽兄弟不再同时外出。

如今，司马懿已经病入膏肓，不再构成威胁，所以曹爽兄弟不再惧怕有人会关城门了。正因为放松了警惕，所以才犯下了致命的错误。

嘉平元年（249 年）春正月甲午，天子曹芳按照惯例到高平陵（今河南洛阳东南）祭扫先帝曹叡的陵墓。曹爽与其弟中领军曹羲、武卫将军曹训、散骑常侍曹彦都随驾前往。曹爽集团的核心人物全部出动，洛阳成了一座不设防的城市。

这是一个好消息，司马懿苦苦等待的机会终于出现了。

好吧，就是今天了。能否赢取这场豪赌不仅取决于司马懿的周密计划，还取决于曹爽的态度，因为他和天子曹芳在一起，如果他不缴械投降，那这件事就棘手了。

不过，箭在弦上不得不发，实在是找不到比这更好的机会了。于是身着盔甲的司马懿决定豪赌一把，他下令发动政变，按计划行事。

首先，司马父子关闭了洛阳城的各个城门，全城戒严，严禁任何人随意走动。然后，司马懿让司马师把兵屯于司马门，他则直奔朝堂，召集百官，宣布政变。因为司马懿父子在政变前已经在洛阳城进行了串联，所以太尉蒋济、司徒高柔、太仆王观等重臣都纷纷表示赞同，配合司马懿出谋划策。其他大臣一来惧怕司马懿的武装力量，二来对曹爽的专权也颇有不满，便都站在了司马懿这边。

眼见朝堂基本被控制住了，接下来就是夺取曹爽和曹羲的军权了。司马懿命令高柔假节、代理大将军一职，以王观代理中领军。

司马懿还拍着高柔的肩膀说：“你就是周勃了。”周勃当年平定吕后之乱，为安定汉室天下做出了不小的贡献。高柔深感责任重大，便同王观一同奔赴军营，宣布接管所有的武装力量。虽然曹氏兄弟在洛阳城中留有数量可观的军队。但群龙无首，宣布接替的人又是朝廷三公九卿，这些官兵找不到理由反抗，便都成了司马懿政变的军事力量。

洛阳城基本控制在了自己手中，接下来就该宣布曹爽的罪行，让天下人共讨之。该由谁来宣布呢？如果司马懿直接出面，似乎有些不妥，而天子曹芳又不在城中。最后，司马懿决定让郭太后出面，毕竟她现在是洛阳城中最大的人物。

于是，司马懿一干人等齐聚永宁宫请旨，司马懿列举了曹爽若干罪名，最后总结为：曹爽乱国，理应撤职。郭太后对曹爽早就看不惯了，所有毫不犹豫地力挺司马懿，授权他成立一个“专案组”，查处曹爽集团的不臣不法行为。

得到太后的支持，司马懿更加有信心扳倒曹爽了。现在最关键的是争取天子曹芳的支持，只要让曹芳平安回到洛阳城，这次政变就可以画句号了。但曹芳年幼，万一曹爽挟持天子以令诸侯，那局面就不好控制了，现在只能尽力争取曹芳并祈祷曹爽不会这样做。

接下来就要和曹爽直接对决了，究竟谁会成为最后的胜利者，还是个未知数。

司马懿与太尉蒋济领兵到武库领取兵器，以便出洛阳占领洛水浮桥，与曹爽直接对话。司马懿做梦也想不到从朝廷到武库的路上竟然暗藏着杀机。

事情是这样的。

当司马懿和蒋济带兵赶往武库时，突然发生了严重的交通堵塞，大军迟迟不能向前挪动一步，碰巧的是堵塞的路段恰恰在曹爽的家门口，问题便来了。

外面的吵闹惊动了曹爽的家人，曹爽的妻子刘怖担心出什么事，推开窗户一看，吓了一跳，因为她看到司马懿端坐在战马上正指挥士兵疏通交通呢。天啊，司马懿不是卧病在床多时了吗？怎么会生龙活虎地骑在战马上呢？

刘怖预感到事情不妙，便顾不上什么礼节赶紧跑到大厅对负责保卫工作的将领说：“曹爽在洛阳城外，而司马懿在搞兵变，这可如何是好？”（公在外。今兵起，如何？）

“夫人不必为此忧心。”（夫人勿忧。）

只见，留守的兵将严世说完便拿起弓箭跑到了门楼上，准备射杀兵变的首脑人物司马懿。如果没有意外的话，司马懿就会这么不明不白地死在曹爽的门口，那么兵变自然就宣告失败了。

就在这关键时刻，另一个人的出现救了司马懿一命。

当严世气冲冲地离开大厅后，另一位守将孙谦预感到情况不妙，便尾随严世也上了门楼。眼看严世已经瞄准了骑在马上的司马懿，只要射出这一箭，也许三国的历史就要改写了。

孙谦赶紧上前一步，拉住严世的右手说："天下事，还未见分晓。"（天下事未可知。）

意思已经很明白了，司马懿和曹爽究竟谁会笑到最后，还是个未知数，如果现在就把司马懿射杀了，不会有什么好结果的。

严世也很倔强，他应该是曹爽的心腹，在他眼里谁和曹爽作对谁就应该死。所以他根本就听不进孙谦的话，还恶狠狠地说："不要管我，我要射杀这个老贼，报效大将军。"

说完，严世继续搭箭、满弓。

而孙谦眼疾手快，赶忙又一把拉住了严世的手。严世这次是真急了，把孙谦撞倒在地后，再一次搭箭、满弓，而孙谦也不示弱，从地上爬起来，再一次奋力拉住了严世的胳膊，箭也掉在了地上。（三注三止，皆引其肘不得发。）

等严世捡起箭准备再射时，道路已经疏通，已不见了司马懿的影子。

严世很生气，踹了孙谦一脚。

孙谦没有生气，反倒乐呵呵地说："我救了将军一命。"

即使杀了孙谦也于事无补，严世仰头长叹："大将军，我严世对不住你啊。"

就这样，致命的一箭没有射出去，这是司马懿的万幸，而曹爽的噩梦从此便开始了。

司马懿等人赶到武库后，给手下的兵将分发了兵器，接着出城屯兵于洛水浮桥，准备迎接天子回城。

为了对曹爽等人展开强大的心理攻势，司马懿写了一个奏折，大意是："先帝在临终前对国家大事深感担忧，我拍着胸脯承诺：只要自己还活着，曹魏就不会发生不测。如今大将军曹爽背弃了皇上的诏命，毁败国家的法典，任人唯亲，胡作非为，企图谋取皇位。结果，天下大乱，人人自危，陛下的地位也不安稳。昔日赵高擅权，秦国最终灭亡；吕氏、霍氏被及时除灭，汉朝江山得以永固。陛下应该借鉴这些经验，拨乱反正。皇太后已经授权我全权负责此事。曹爽兄弟的兵权已经被依法剥夺，不能再跟随皇上，如敢逗留，便军法从事。我现在带病把军队带到洛水浮桥，以防不测。”

司马懿在洛阳城搞得轰轰烈烈，城外的曹爽兄弟有什么反应呢？

当拜谒祭奠完毕后，曹芳的车驾开始返城。走到半路忽然得报：洛阳城门紧闭，司马懿在洛水浮桥屯兵，已经造反了。

什么？李胜不是说司马懿只剩下一口气了吗？怎么还有力气带兵造反？只有一个答案，李胜被忽悠了。可恶，这个老家伙怎么就不死呢？偏偏和我作对。他在府中装病潜伏，原来就是为了这一天啊。早知道这样，当初就该把司马懿老儿给做了。天下没有卖后悔药的，既然事情已经发生了，还是想想该怎么应对吧。

曹爽急得团团转，实在是没辙，竟然去问天子曹芳，曹芳的反应是：“不会吧？是不是搞错了。”

真是病急乱投医，这么大的事去问一个孩子，能得到解决的办法吗？不用脑袋想都知道不可能。

无奈之下，曹爽和三个弟弟商讨应急的办法。就在这节骨眼上曹爽收到了司马懿给天子曹芳上的奏折。打开一看，把这四兄弟吓坏了，不管是哪一条罪状都是死罪，这还了得，赶紧藏了起来，不敢让曹芳过目。

既然回洛阳城是送死，那就先不回了。束手就擒不是我曹爽的风格，既然你司马懿不让我活，那我就和你拼个你死我活。于是，他决定暂且在伊水南驻扎，并且派兵砍伐附近的树木制作成鹿角，建立防御性营地，还发动洛阳附近的数千屯田兵护驾。

最后的救命稻草

刚刚建好营地，便见有一个人骑马从远处奔驰过来，来者不是别人，正是大司农桓范。一见是桓范，曹爽好像吃了一颗定心丸，不再那么慌乱无章了。

这桓范是何许人也？为何会起到这么大的作用呢？

桓范，字符则，沛国龙亢人，曹魏忠臣，有文才，善丹青。建安末入丞相府，与王象等共撰《皇览》。历任羽林左监、中领军、尚书、征虏将军、东中郎将、兖州刺史等职。虽然他的资历比较老，但仕途不顺，直到投到曹爽门下后才升任三公之一的大司农。一度为曹爽出谋划策，号称“智囊”。

虽然桓范的能力很强，但在曹爽集团中处于相对边缘的地位。主要是因为他性格刚毅，耻为人下，与同僚的关系搞得很差。所以，尽管桓范对曹爽很忠诚，但始终不能真正融进曹爽集团。曹爽只是在需要他时才会找他，平日里对他敬而远之，尽量躲着他。

司马懿在发动政变时，桓范应该也在洛阳城里，他是怎么从戒备森严的城内逃出来的呢？

原来，司马懿心中也是有“智囊”桓范这个人，在发动政变后，特意派人请桓范前往宫中，并许诺他代理中领军的职位。

虽然司马懿想尽力拉拢桓范，但未必就能如意。

起初桓范觉得既然城门已经关闭了，只能暂且屈居在司马懿手下了。但他的儿子得知父亲将要面见司马懿后，便极力阻拦。

“老爹，你糊涂了，你是曹爽的人，司马懿会放过你吗？再说皇帝是在城外，谁胜谁负，还说不准呢。”

儿子的话让桓范突然感到眼前一亮，对啊，你司马懿说曹爽谋反，但曹爽也能说你司马懿谋反，而且曹爽手中有天子曹芳这张王牌，胜算的几率很大。而司马懿很可能被困在洛阳城，成为一盘死棋。

于是，桓范决定把自己的命运交到了曹爽手中，他先是悄悄取了大司农印章，然后骑马直奔平昌城门而去。

此时城门已经关闭，桓范能逃出去吗？

这个不急，因为他手中还有一颗棋子没用呢。

守卫平昌城门的将官是他一手提拔的司蕃，怎么也给他三分面子。

当桓范快要接近平昌城门时，高举手中的假诏书，大声喊道：“我奉诏出城迎见皇上，赶快打开城门。”（有诏召我，卿促开门！）

司蕃有些糊涂了，他接到的命令是紧闭城门，连一只苍蝇也不要放出去，怎么现在又有诏要放人出去呢？虽然桓范对自己有恩，但也不能走后门，这可是掉脑袋的事情啊。为了慎重起见，他没有下令立即打开城门，而是要先验一验诏书再说。

“大司农大人，让在下看看诏书，再开城门。”

“好小子，翅膀硬了，长本事了？没有我的提拔，你会有今天？胆敢怀疑我？”（卿非我故吏邪，何以敢尔？）

吃水不忘挖井人，我司蕃怎能做这种忘恩负义的人，再说桓范手中又有诏书，我岂能不开城门。

于是，司蕃在桓范的训斥声中下令打开了城门。

桓范纵马出了城门，反倒觉得有些过意不去了，便回头对司蕃说：“太傅造反，我给你指条明路，跟我走吧。”（太傅图逆，卿从我去。）

司蕃听到这种话，当下就蒙了。这是什么世道，自己怎么稀里糊涂地就被利用了呢？洛阳城是呆不下去了，为了活命他便紧追桓范而去。但两条腿怎么能跑过四条腿呢？追着追着，就不见了桓范的身影。没办法，只好找了个地方躲了起来，等事态明了后再作打算。

再怎么说，这桓范也是冒着生命危险从洛阳城逃出来的，单凭这一点，曹爽就不能怠慢了这位“智囊”人物。

曹爽见到桓范的第一句话就是：“这下有救了。”

桓范也很自信地说：“按老夫的计划行事，必定让司马懿父子人头落地。”

曹爽等人眼巴巴地望着桓范，等待着他的高见。

“洛阳是回不去了，我们只有把天子带到许昌，然后向天下发布勤王诏书，等四方援兵到来之时，就可以取司马懿的人头了。”（以天子诣许昌，征四方以自辅。）

挟天子以令诸侯，曹爽等人对这一招并不陌生，想当年曹操就这样做过。如今，曹爽有这样的魄力吗？

桓范本以为自己的提议能得到曹爽的认可，毕竟这是目前唯一可走的一条路了。但他错了，他高估了曹爽。

再看曹爽，也是满脸的失望，本以为“智囊”冒死逃出来能让自己顺利进入洛阳城内，没想到却是让自己挟天子以令诸侯。这事儿对他来说太大了，他还没有心理准备。本以为这辈子都会在朝堂上呼风唤雨，没想到半路上让司马懿搅了这么一下。他在心里已经把司马懿这个老狐狸杀了千百次了。但真正让他挑起大梁和司马懿大干一场，他又蔫了。

桓范见曹爽满脸的疑问和不解，知道想说服他的难度非常之大。便把希望寄托在了曹羲身上，毕竟，曹羲曾劝阻过曹爽生活不要那么荒淫奢侈，应该是一个有主见的明智之人。

为了能把这四兄弟从梦中叫醒，桓范提高嗓门对曹羲说："司马懿要拿你们开刀了，局势已经很明了了，这是你死我活的斗争，来不得半点含糊。你平时读的书都读到哪里去了？你们曹家的门户在今天要倒闭啦。"（事昭然，卿用读书何为邪！于今日卿等门户倒矣。）

但任凭桓范喊破了喉咙，也没有人回应他。众人好像泥塑一样，唯一不同的是还有呼吸。怎么办？难道就这样拱手把权力交给司马懿吗？这是桓范所不能容忍的。

既然吼不管用，那就来软的，求吧，求这几位爷爷能采取措施，挽回败局。

桓范满脸堆笑，极力争取曹羲："你是担心人马不够，还是担心饿肚子？这都不是问题。你在城南还有一营人马，洛阳的典农中郎将（职权如太守）也在城外，召唤军队就不是个事儿。而且许昌也有武库，武器问题也不用担心。还有，我不只是一个人逃了出来，还顺手把大司农印章带出来了，天下的粮草任由你调配。我们要人有人，要粮有粮，还怕干不过那司马老贼？"（卿别营近在阙南，洛阳典农治在城外，呼召如意。今诣许昌，不过中宿，许昌别库，足相被假。所忧当在谷食，而大司农印章在我身。）

虽然桓范费尽了口舌，但曹爽兄弟依旧无动于衷，不做任何表态。面对这样的领导，桓范抓狂了，不是一般的抓狂。

天堂还是地狱，关乎生死的抉择

接下来，再把镜头拉近到司马懿，看看当蒋济告诉他"智囊"桓范竟然从戒备森严的洛阳城跑了出去，他是何反应。

虽然司马懿心中有些慌乱，却没有表现在脸上，反而故作轻松地说："曹爽和桓范的关系并不亲密，而且这二人不是一个层次的人，曹爽就如同一匹劣马，只贪恋食槽中的那点儿食料，根本就不能理解桓范的长远计谋。”（爽与范内疏而智不及，驽马恋栈豆，必不能用也。）

其实，司马懿也未必相信自己所说的话，他之所以这样说主要是为了稳定军心。接下来，他能做的就是祈祷曹爽舍不得妻儿老小，更不愿意挟天子过颠沛流离的生活。

当得报驻扎在洛阳城附近的曹爽一干人等没什么动静后，司马懿放心了，正如他所料，目光短浅的曹爽没那么大的胃口。如今只要把曹爽争取过来，让他顺利回到洛阳城，这场政变就可以画句号了。

就在司马懿想着如何与桓范争夺曹爽时，正巧有人禀报抓住了曹爽的两个心腹——侍中许允、尚书陈泰，问如何处置这二人。司马懿让人把这两个俘虏带到自己面前。

“你二人为何深夜在洛阳城外溜达？”

“太傅大人，我等是奉大将军曹爽之命前来查探洛阳的情况。”

司马懿一听，有戏，看来曹爽还在摇摆不定，这是一个向他宣传政策的绝好机会。

“说实话，曹爽辅佐少主，功不可没，他所犯的过失也没什么大不了的，处罚仅限于免去官职罢了。”

这二人一听司马懿这么说，乐了。毕竟，都是在曹魏帝国当臣，有什么大不了的矛盾要刀剑相向啊。于是，二人屁颠屁颠地回去复命了。

做完这件事后，司马懿觉得给曹爽下的药还不够猛，应该再找一个他信任的大臣前去当说客。于是，又把殿中校尉尹大目找来。

“听说你是曹爽最信任的人，你和他的关系不错？”

“太傅大人，我们只是一般的工作关系，望大人明察。”

“没别的意思，希望你能给曹爽带个话，他所犯的罪最多不过是免官，希望他不要有太多顾虑，能早日回到洛阳来。”

原来是让我当说客啊，还以为这老狐狸因为我和曹爽走得近要给我一刀呢，吓我一跳。

尹大目擦了擦额头上的冷汗，准备告退。

“慢，我司马懿可以指洛水发誓，绝不违背誓言。”

见司马懿一副信誓旦旦的样子，尹大目放心了，曹爽应该不至于丢了性命，自己也无忧了，便赶紧出城前往曹爽的临时营寨。

看了《投名状》，知道兄弟不可靠。其实誓言不过是一句话而已，在利益面前，誓言脆弱无比。谁会因为曾经说过的一句话而和金钱权势过不去呢？如果尹大目明白这个道理，相信他就是死也不会劝曹爽回洛阳城的。可惜的是，他把誓言看得太重，被司马懿的真诚表演欺骗了。

司马懿已经放出了两枚重量级的烟雾弹，但觉得还是差些什么。为了保险起见，他又找来蒋济商量，看还有没有更好的办法能让曹爽乖乖投降。蒋济建议再给曹爽写一封信，声明主张，给他一颗定心丸。司马懿觉得此举可行，便让蒋济代笔，劝曹爽尽早回到洛阳城。

于是蒋济写信给曹爽，称司马懿只是想将他们免官，劝告他尽早交出权力投降，可以保他们爵位富贵。信件写好后，派人快马加鞭送出了城。

凡是能想到的司马懿都做了，接下来就看曹爽会不会上钩了。

冬天的夜来得比较早，在营帐中的曹爽感到寒气逼人。这让他越发思念在洛阳的日子了，不仅冻不着饿不着，还有那么多双眼睛仰视着自己，那是何等荣光。不知道洛阳城现在怎么样了，派出去的人也该回来了吧。

就在曹爽冻得无法安然入睡时，他盼望的两个人许允和陈泰终于回来了，而且还带来了司马懿“只罢官，不杀人”的好消息。

虽然这是曹爽所期盼的，但在官场厮混多年的他知道，有时候说出的话未必能当真，所以他还在犹豫：这司马老儿是不是又在忽悠我呢？这老头的演技实在是太高超了，不能轻易相信他，还是多留个心眼好。

这时，尹大目也来了，气喘吁吁地对曹爽说：“大将军，回洛阳吧，太傅说了，只罢官，不没收财产，更不会杀人，他还指着洛水发誓，决不食言。”

曹爽的眼睛亮了，他一向都比较信任尹大目，如今他从洛阳城前来报信，不像是在演戏。照这样看来，这次司马懿只是想夺权，不会拿自己怎么样的。

就在曹爽犹豫之际，蒋济的亲笔书信也送到了他的手中。即使司马懿要滑头，这忠厚长者蒋济不会逗自己玩吧。

曹爽实在是不想离开洛阳，他在那里经营多年。他不敢想象，如果离开洛阳，他会落魄到什么样子。于是，他内心对司马懿的疑虑渐渐消除了，开始打算重回洛阳。

不得不承认，人多力量大。

桓范单凭一己之力想劝说曹爽到许昌“挟天子以令诸侯”，无疑是困难重重。但他不想眼睁睁地看着曹爽往火坑里跳，还在做着最后的努力。

既然无法用当下的紧迫情况说服曹爽，那就用历代宫廷政变的典故来说明问题吧。

桓范援引古今众多典故来论证回洛阳就是自寻死路，但他的一番苦口婆心并没有能左右曹爽的决定。虽说真理往往站在少数人一边，但少数人只能眼睁睁地看着众人背离真理而毫无办法，这是一种莫大的悲哀。对桓范来说这更是关乎生死的一场大考验，可笑的是自己的生死完全取决于曹爽的一个决定，难道这就是命？桓范第一次感到如此无助。

再看曹爽，到底是回不回洛阳，这确实是一个问题，他的头也因此越来越大，毕竟这是一次关乎生死的抉择。

一边是桓范坚决反对返回洛阳城；一边是许允、陈泰、尹大目带着司马懿的承诺力挺自己重回洛阳城。

何去何从？

曹爽决定一个人静一静，便丢下争吵不休的众人，回到了自己的营帐。

这一夜注定是一个无人入眠的夜晚。

不仅曹爽一干人等在黑暗中煎熬，洛阳城内的司马懿也一宿没睡，因为曹爽大将军的选择将决定司马懿一家老小是生还是死。

看着满天的星斗，披衣坐在窗前的司马懿第一次感到这么无助。把自己的命运让别人来掌控，这不是好玩的。司马懿不仅祈祷曹爽等人能回到洛阳城，而且发誓像这种让别人来掌控自己命运的事情再也不干了。

五更时分，天蒙蒙亮，曹爽的营帐终于有了动静。

只见满眼通红的曹爽提着刀健步走了出来。是把刀举起召唤天下诸侯勤王呢？还是把刀扔掉，回到洛阳，任凭司马懿摆布呢？

如何抉择，只在一念之间。

曹爽四下看看众人，非常干脆地把刀扔在地上，选择了回归洛阳城。他说：“太傅不过是想要我兄弟手中的权力罢了，虽然官位保不住，但我还是侯爵，辞官回家做个富翁是没有问题的。”（司马公正当欲夺吾权耳。吾得以侯还第，不失为富家翁。）

听到曹爽的如此短见，桓范欲哭无泪，他喃喃自语道：“曹真是个大好人，但他的儿子们怎么个个都是牛犊子啊。受你们这些浆糊脑袋的连累，我要被灭族了。”（坐卿，灭吾族矣。）

桓范已经心灰意冷，只能听凭命运的摆布了。

其实他不是一个人在战斗。

此时，斩杀守关之兵投奔曹爽的司马鲁芝、主簿杨综也苦苦相劝：“大将军身居首辅，挟天子以令诸侯，谁敢说个不字？您为何要往绝路上走啊？这让人不解，更让人心痛啊。”（公居伊周之任，挟天子，杖天威，孰敢不从？舍此而欲就东市，岂不痛哉。）

虽然桓范多了一些帮手，但曹爽意已决，根本就听不进这三人的谏言。他下令让从驾群臣和卫队向洛水行进，准备进入洛阳城。

既然选择了投降，就得给胜利者有所表示。曹爽随即将司马懿弹劾自己的表章上奏了曹芳，主动说：“请陛下下诏免去臣的官职。”曹芳平日里对大将军曹爽言听计从，如今曹爽主动辞职，他搞不懂这到底是为什么，也不理解其中的利害关系，于是将曹爽解职。曹爽梦想着用大将军印绶换取后半生安定富足的生活。

就这样，高平陵事件在到达最高潮的时候戛然而止。

当司马懿在洛水浮桥上望见曹爽一行人时，多日悬着的心终于落下来了，他知道，自己终于可以享受这胜利的果实了。

这一年，蜀汉的姜维一筹莫展，对于灭曹大计无半点良策；东吴的孙权老迈无志，满足于江南的山清水秀；而七十一岁的司马懿却创造了一个奇迹，把强大的政敌曹爽拉下马来，再一次向世人证明了自己是三国时代的强人。

成者为王败者为寇，被宰割的失败者

毫无疑问，在这场权力争夺战中，司马懿赢得了这次豪赌。有胜利者就有失败者，桓范就是一个极其失败的人，他因站错了队伍落得个里外不是人，开始为自己未卜的前途忧心不已。

一根筋的曹爽为了做个有钱人，拿自己的生命去冒险，铁定是死路一条，自己有必要陪他殉葬吗？可普天之下莫非王土，自己又能逃到哪里去呢？即使蜀汉、东吴接受自己，桓范也不会考虑，因为做一个叛国者不是他的追求。

思来想去，桓范觉得既然当初选择站在曹爽这一边，便已经无法回头，只能陪曹爽一条道走到黑了。唯一的希望就是司马懿能网开一面，饶自己不死。

成者为王败者为寇，失败者永远只有被宰割的份儿。在你死我活的权力争斗中，失败者是没有任何地位和发言权的，唯一的归宿就是悄然从人们的视线中消失。

可惜桓范没有选择逃亡，否则他至少可以多活些时日，如果遇到天下大赦，没准又能得个自由身。

在洛水浮桥北，桓范见到了骑在马背上的司马懿，赶紧下车跪在司马懿马下，磕头不止，连话也顾不上说，直到磕得头破血流。（下车叩头而无言。）

桓范试图用这种方式获得司马懿的谅解，司马懿倒也宽宏大度，笑着说："桓大夫这是做什么，快起来吧。"（桓大夫何为尔邪。）

回到城中后，桓范心里还是七上八下的，他虽然希望司马懿能原谅自己，但当司马懿放他入城后，又觉得这事儿不靠谱，摸不透司马懿到底有何企图。

其实司马懿恨不得马上送桓范上路，但政变刚刚结束，需要稳定一下大家的情绪，对于这些差点儿把自己置于死地的政客们，有的是时间处理他们。

不久桓范便接到命他官复原职的诏书。这是真的吗？难道自己是以小人之心度君子之腹？他屁颠屁颠地来到宫阙之下谢恩。

这时平昌门守将司蕃觉得逃亡之路没个头，便前去自首，声称：桓范矫诏出城，还大喊太傅造反，自己被骗开门，又未能追赶得上，前来请罪受罚。

人不为己，天诛地灭，为了自己的余生不再担惊受怕，司蕃毫不留情地把恩人桓范供了出来。

当鸿胪寺（官署名）的人把这个消息报告给司马懿后，司马懿非常兴奋，因为他找到了杀桓范的正当理由，能把这个曾经差点把自己逼到绝路上的人送到地狱，是一件很爽的事情。

桓范以为得到了司马懿的宽恕，还梦想着能看到司马懿的笑脸，但等待他的是毫无选择的绝路。

司马懿非常气愤地问："诬告别人造反，应该判什么罪？"（诬人以反，于法何应？）

旁边的人回答道："依照法律，诬告者反受其罪。"（科律，反受其罪。）

"好，就这么办。"

司马懿的话剥夺了桓范继续活下去的权力，左右卫士上前把桓范捆成了粽子，押解下狱。

没有了官位，又被定上了造反的罪名，押解桓范的卫士自然毫不留情。桓范对卫士说："轻一些，不行吗？我好歹也算个义士。"（徐之，我亦义士耳。）

到此，桓范算彻底醒悟过来了，想在司马懿手下活命，简直是痴人做梦。司马懿之所以迟迟没有动手，只是在寻找一个理由罢了。

既然知道自己将不久于人世，也就没什么好怕的了。毕竟自己也曾抗争过，只不过差了那么一点点，如果曹爽肯听自己的话，现在被捆的人就肯定不是自己了。

政治斗争是异常残酷的，从踏入官场的那一刻起，桓范的命就不完全属于他了。如今一切都结束了，桓范做好了迎接死亡的准备。

就这样，桓范成了第一个交付廷尉严惩的曹爽集团成员。

司马懿虽然判定桓范为死刑，但对几个小人物却表现出了极大的宽容。曾和桓范一起力谏曹爽不可回洛阳的司马鲁芝、主簿杨综竟然因祸得福，被升了官。司马懿这样做的理由是：各为其主，不得已而为之。这样的人不能杀，反而要嘉奖，以此勉励部下为主子效忠。

做着同样的事，却有截然不同的命运，这让桓范情何以堪？

桓范被捕入狱的事件让曹爽的心提了起来。

自己已经没了官职和权力，只想做个富翁，难道这司马老儿连这点愿望都不让自己实现吗？

曹爽本来对司马懿派人监视自己的一举一动非常不满，现在与桓范比起来，反倒觉得自己很幸运，起码不用遭受牢狱之苦，还能看到第二天的太阳。

原来，被免去官职的曹爽兄弟回到家后，发现自己被软禁了。不仅有八百多个民兵团团围困大将军府，而且在大将军府的四角还建起高楼密切监视曹爽兄弟的一举一动。不用想，这自然是司马懿的杰作。

每天连门也不让出，若想出去，还得有太傅司马懿的特批，而搞一个特批比登天还难，这日子过得真叫一个憋屈。

被软禁的曹爽计穷愁闷，按理说他应该卧薪尝胆，深刻反思自己的行为，以便伺机反扑。但被剥夺了自由的曹爽不这样想，反倒自个儿寻乐子，完全没把自己的不利处境放在心上，纨绔子弟的无知和幼稚暴露无遗。

有一次，曹爽实在闲得无聊，便拿着弹弓到后园打鸟。府外高楼上的民兵看到曹爽在玩弹弓，纷纷呼喊："故大将军往东南方向走了。"听到叫喊，曹爽明白了即使在自家后园打鸟也要被监视，这还有什么乐趣？便怏怏不乐地回到了自己的卧室。

这日子何时是个头啊？也不知司马懿到底是什么态度。想想当初经过洛水浮桥时，本想和司马懿、蒋济打个照面，可是他们看都不看自己一眼。这让曹爽郁闷了很久，他迫切想搞明白司马懿到底想怎么处理自己。当想到被捕入狱的桓范和他劝谏自己不要回洛阳的话后，曹爽心里开始打鼓了，他感觉自己现在就像是砧板上的肉，随时都会有人来宰割。

越来越重的危机感让曹爽提心吊胆，与众兄弟商量后，决定写信问问司马懿到底是个什么情况。

当然这种事不能直接问，得委婉一些，于是曹爽决定试探一下司马懿，看他是否给粮食吃，如果给的话，就说明暂时无忧。

司马懿打开曹爽的来信，上面写道："太傅大人，我招惹祸端，诚惶诚恐，应受灭族之刑。之前派家人去领取口粮，至今未见踪影，存粮所剩无几，希望能恩赐一些粮食，以便度日。"（贱子爽哀惶恐怖，无状招祸，分受屠灭，前遣家人迎粮，于今未反，数日乏匮，当烦见饷，以继旦夕。）

司马懿二话不说，马上派人送来大米一百斛和充足的肉脯、盐豉、大豆等。看到司马懿送来这么多粮食，曹爽兄弟都很高兴，认定他们肯定是死不了。

其实，司马懿另有想法，他要找到足够强硬的证据彻底打垮曹爽集团，如果饿死了曹爽兄弟，岂不便宜了他们，也无法向群臣和百姓交代啊。

司马懿是这么想的，也是这么做的，他早就进行了对曹爽集团势力的罪证搜集工作。屠刀早已举起，怎会轻易放下，势必要将曹爽集团势力连根拔起。

纸里包不住火，只要你做过，迟早都会被人发现。

这不，经过全力调查和搜捕，司马懿最终把目标锁定在了曾同曹爽来往密切的宫内黄门官张当身上，准备从这个太监身上找一个突破口。经过严刑拷打，张当供称曹爽兄弟和何晏、邓飏、丁谧、毕轨、李胜等人暗中操练士兵并预谋在三月造反。

这是一个天大的好消息，凭借“造反”的罪名就可以依法将曹爽集团一举铲除了。于是司马懿下令将曹爽兄弟和何晏、邓飏、丁谧、毕轨、李胜等统统逮捕，与桓范一起入狱。当然作为参与者张当虽然做了坦白交代，但并不能免去罪责，一同被关了起来。

谋反之人，罪该万死，没有任何可以缓解的余地。接下来，只要由三公九卿等高官“廷议”点头通过，就可以把这些人送上刑场了。当然这只不过是走过场罢了，既然曹爽等人被扣上了造反的帽子，就是神仙也救不了他们了。

本以为“廷议”就是走走过场，没想到还真有人顶着风头替将死之人曹爽求情。此人就是朝廷高官蒋济。他之所以站出来，是因为当初他曾许诺曹爽可以活命，而且曹爽的老爹曹真很了不起，看在这个情面上也不应该斩尽杀绝呀。

蒋济说：“曹真是曹魏的功臣，怎能绝后，让曹真的在天之灵不得安宁？希望太傅大人不要断了曹真一脉的香火。”

哼，我还没有老糊涂，什么香火不香火，我岂会给曹爽留个种，让他在二十年之后暗算我司马懿的后代子孙？

法律是冷酷无情的，在法律面前人人平等。司马懿本着斩草除根的原则，毫不留情地否决了蒋济的请求。

于是在与公卿朝臣廷议后，司马懿给曹爽谋反集团定了如下罪行，并当众宣读：“春秋之义，‘为人臣子者，不得叛乱谋反，若要逆乱，就是无赦死罪，必得诛杀’。曹爽作为皇室的支属，世代蒙受殊宠，受先帝握手遗诏，作为首辅大臣竟然包藏祸心，蔑弃顾命，与何晏、邓飏、张当等人图谋逆反，篡权夺位，桓范也是同党，都应该以‘大逆不道’之罪论处，按律夷三族（父族、母族、妻族）。”

当日，曹爽、何晏、邓飏、丁谧、毕轨、李胜、桓范、张当被一字排开，以大逆不道罪斩首，并夷灭三族。一时间，人头落地，血流成河。那场景叫一个惨，看得人心惊胆战，噩梦连连。

随着曹爽集团势力被连根拔起，司马懿走到了历史的前台，曹魏的军政大权全部落在司马氏家族手中，魏帝曹芳对此只能唯命是从。虽然以前是听曹爽的，现在是听司马懿的，只不过是换了个人而已，没什么大的变化，但对曹魏来说却有着不同的意义，因为司马懿姓司马不姓曹。

正始时代悄然结束了，嘉平元年到来了，新的时代会有新的变化吗？

【第十三章】
适可而止，有些事要留给儿孙去做

我是忠臣，宁做臣子不做王

做任何事都要付出代价，搞政变更是如此。如果成功了，就会得到数不尽的荣华富贵；如果失败了，付出的将是血的代价。

司马懿是幸运的，作为胜利者，自然会享受到最热烈的掌声和最美丽的鲜花。

这次政变的追随者也都获得了大小不同的奖赏，如，高柔进封万岁乡侯，蒋济进封都乡侯。在这里对蒋济要多说一句，这位仁兄竟然上书拒绝封赏，因为他觉得自己失信于曹爽，颇为自责，没想到四个月后竟然因为内疚一病不起，离开了人世。

作为首功的司马懿，该封什么呢？身为太傅的他几乎爬到了官场的最顶端，在他面前只剩一把龙椅了，找一个更高更好的职位封他实在是不容易。

如今司马懿在朝中独揽大权，再也没有人能与他抗衡了，他是不是真的想跨出那一步，改朝换代当皇帝呢？

也许司马懿现在就缺一把柴了，于是百官决定添一把柴，帮司马懿跨出这至关重要的一步。结果在这年二月，出现了百官上书奏请册封司马懿为丞相的一幕。另外，还请求增封颍川之繁昌、鄢陵、新汲、父城，并前八县，邑二万户，享有上奏不署名的特权。（奏事不名。）

我们知道，秦始皇建立三公九卿制，以丞相、太尉、御史大夫为三公，而丞相一职最为重要，丞相之下设立九卿，统理百司，可谓一人之下，万人之上。而到了汉末，丞相一职已经变了味道，成为具有政治野心人物代立的一个手段。如董卓、曹操、曹丕都任过丞相一职。

司马懿何等聪明，对于群臣的意图心知肚明，但丞相这个职位太过敏感，会把自己置于风口浪尖的危险境地。再说自己没想着篡权，之所以要扳倒曹爽集团，是因为看不惯他的做法，挽救曹魏政权罢了。

所以司马懿的回答很简单，就一个“不”字。

这下，轮到百官纳闷了，这老头玩什么啊？怎么不顺着杆子往上爬啊？难道是在玩谦虚？于是百官再次上奏，大有一种不达目的不罢休之势。仿佛曹魏离开了司马懿，就会亡国一般。

曹芳很无奈，只好再次封司马懿为丞相。司马懿也毫不含糊，再次拒绝。朝中百官被司马懿坚决不做丞相的态度彻底搞晕了。

是群臣以小人之心度君子之腹？还是司马懿觉得火候未到？

这些问题没人能回答，只有司马懿自己明白。于是群臣继续配合司马懿，奏请封他为丞相。

这帮大臣是怎么想的？怎么非要把丞相这个烫手的职位强加于自己身上呢？

这下轮到司马懿头疼了。为了堵住百官的嘴，也为了表明心迹，司马懿这样上书朝廷：“臣受先帝顾命，忧深责重。消除奸凶，赎罪而已，谈不到功绩。而三公之官，是圣王所制。至于丞相，始于秦政，汉代因袭。如今三公之官皆备，何必要复设丞相走秦汉的老路？老臣不建议设立丞相一职，何况是为老臣所设，更不可，否则天下人会怎样看待老臣啊？”

从司马懿的奏折来看，他没有取而代之的意图，对曹魏忠心不二。事不过三，既然司马懿不要丞相这个职位，百官只能作罢。

不过你手中有多大权，就要配多大的官衔。百官总觉得司马懿权倾天下，一个太傅不足以代表他手下所拥有的权势，于是想着法地给他扣高帽子。

到了年底，百官再一次做着尝试，试图给司马懿再加几项殊荣，联名上奏：加九锡之礼，朝会不拜。

前面已经提到过，九锡是中国古代皇帝赐给诸侯、大臣有殊勋者的九种礼器，是最高礼遇的表示。而且被授予九锡的人，都心怀不轨。如，王莽被西汉授九锡，后废汉室建新朝；曹操被东汉授九锡，其子曹丕建立曹魏；孙权名义上降曹魏被授九锡，数年后叛离魏朝称帝建东吴。所以，“九锡”几乎成了篡逆的代名词。

如果加九锡之礼，那无疑就是向世人宣告，我司马懿不久将改朝换代，天下再没有魏国。但我司马懿已经七十一岁了，这是个危险的年纪，保不准哪一天躺下就再也起不来了。即使建立了一个新帝国，又会因为自己的死去而让华夏大地陷入纷争战乱中。与其做一个篡权的逆臣，还不如保持一贯的忠诚本色，落个忠义之名。

所以，司马懿再一次选择了放弃。

天下人对权势都有一种与生俱来的渴求，做人上人是大多数人的梦想。如今司马懿偏偏要放弃这种殊荣，难道他真的是周公？如果真是这样，在这三国乱世中，能保持一种自始至终的忠诚，真是难得。

既然司马懿对丞相之位和加九锡都不感冒，那么就随他去吧，百官便不再强求了。虽然司马懿是一个臣子，但朝中的大小事都是他说了算，曹芳只不过是一个摆设罢了。

殚精竭虑，一把手就要有一把手的样子

既然是曹魏帝国的一把手，就得有一把手的样子。为了曹魏帝国更好的向前发展。司马懿向大臣广泛征求治国意见，比如，王昶就上书陈述应该改革的五件事：第一是崇道笃学，抑绝浮华，让学子们进入太学学习；第二，把考试作为准绳，选拔人才；第三，不要频繁调动官员，官员有治绩就增位赐爵；第四，让官员清正廉洁，不能做买卖与老百姓争利；第五，杜绝侈靡之风，崇尚节俭，上下尊卑要有所差别，使民风归于朴实，等等。

司马懿不仅在治国方略上狠下功夫，在人事上也做了一定的调整和调动，尤其是对地方军事统帅，进行了必要的调动。因为若想稳固现有的地位，手中的大权不至于旁落，必须牢牢掌握兵权，这样才能睡个安稳觉。

虽然扳倒了曹爽，但曹爽在军界还有两大势力不得不防。一个是西北的夏侯玄，一个是在东南的王凌。必须消除这些危险因素，让曹魏如铁桶一般，坚不可摧。

先看夏侯玄，因为被调到西北当征西将军、假节、都督雍凉诸军事，所以，身在长安的夏侯玄远离了洛阳，没有受到高平陵政变的影响。当政变结束后，他才得知曹爽被杀，曹魏的天变了。

怎么办？自己身为曹爽的表弟，又手握重兵，司马懿的刀已经举了起来，他会放过自己吗？答案是不会，就看司马懿如何下手了。

就这样胆战心惊地过了一段日子，夏侯玄终于接到了朝廷的诏书：调回中央担任大鸿胪，委派郭淮（司马懿的心腹）担任西北防区的统帅。

该来的终究还是来了。

看着手中的委任状，夏侯玄左右为难。

如果抗命，就是和曹魏帝国为敌，没有正当理由如何和司马懿斗？如今接受调令回到洛阳，是否会有去无回呢？

司马懿只是想要自己手中的兵权，还是想要自己的命呢？

夏侯玄猜不透司马懿的心思，但至少可以把握自己的命运，如果回到洛阳，就成为笼中的老虎，再也没有选择的余地了。

何去何从，必须尽快做个决断。

夏侯玄的叔叔夏侯霸，现任征蜀护军，他得知司马懿要调任夏侯玄时，认为这就是一场鸿门宴，必定有去无回，所以极力劝阻夏侯玄不要上了司马老儿的当。

虽然夏侯玄心里也对到洛阳任职没底，但他又能怎样？公然和朝廷对抗，胜算不大，那么只能逃亡叛国了，从此背井离乡走上一条逃亡之路，也不是最好的选择。

最后夏侯玄决定赌一把，赌司马懿只看重他手中的兵权，不会要他的命。于是收拾一番后便前往洛阳任职。到洛阳后，司马懿没有给夏侯玄穿小鞋，夏侯玄的小日子过得还算不错。

后来，夏侯玄因卷入谋杀司马师的阴谋中而被司马师杀害，惨遭夷灭三族之祸，这当然是后话了。

眼见夏侯玄不听自己的话，前往洛阳任职，夏侯霸认为此举无疑是羊入虎口。当司马懿解决了夏侯玄后，肯定也不会放过自己的。

不能坐等别人宰割，必须要找条活路。

于是夏侯霸想到了出逃，有三个地方可供选择，一是东吴，二是蜀汉，三是少数民族控制的地区。

东吴太远，没等逃出去就可能落入司马懿的手中了，所以去东吴行不通。少数民族控制的地区太弱，生活也比较落后，也去不得。那么，只能去蜀汉了。虽然父亲夏侯渊被蜀汉的黄忠砍下了脑袋，与蜀汉有不共戴天之仇，但在自己生命受到威胁之际，可以暂且搁置仇恨，求同存异，谋求出路。

所以，夏侯玄前脚去了洛阳，夏侯霸后脚就逃到了蜀汉。

得知夏侯霸叛逃后，司马懿马上任命徐质为讨蜀护军，任命邓艾为南安太守，从而稳定地方局势。

虽然曹魏白白损失了一员大将，但这也没什么大不了的。重要的是，司马懿牢牢控制了曹魏西北防区的军权，这才是他最想要的结果。

夏侯玄不再是问题了，接着看东南的王凌。

王凌，字彦云，太原祁（今山西祁县）人。他是汉司徒王允的侄子，今年快八十岁了。早年就和司马懿的哥哥司马朗、贾逵等人结为好友。曹叡死时，他为征东将军、假节、都督扬州军事，是曹魏东南战区的最高统帅。

这样手中握有重兵的将领自然会被人重视，所以曹爽对他积极笼络，由于王凌破吴有功，又把他提升为车骑将军，开府仪同三司，进封南乡侯。

这位老将军的大名如雷贯耳，司马懿也早有耳闻。

第一次真正引起司马懿对这位老将军的关注，还是在和蒋济生前的一次对话。

在闲聊中，司马懿曾经问蒋济："王凌这个人，怎么样？"

蒋济回答："王凌能文能武，儿子王广又胜过王凌。"

本来是一个客观评价，但事后蒋济就后悔了："我说的这句话能灭人全家啊！"

的确，对一般人来说，这句话没什么大不了的，因为事实就是如此。但对司马懿就不一样了，他不会容忍如此有能力的人掌管曹魏东南战区，这是一个潜在的威胁，必须除之而后快。从此，司马懿就派人密切关注王凌等人的一举一动。

当时王凌的外甥令狐愚也做到了兖州刺史，他曾是曹爽的长史，因此王凌和令狐愚二人都把曹爽看做朝中的大靠山。

当司马懿发动高平陵之变时，王凌的确有北上勤王的打算，只是曹爽选择了不同的道路，结果成了司马懿的刀下之鬼。

眼见司马懿在朝中指手画脚，王凌很生气，曹魏帝国的命运岂能由司马懿来掌控？他发誓一定要寻找机会，扳倒司马懿，让曹魏帝国重新走上正轨。

司马懿曾把蒋济死后空出的太尉一职让给王凌，但这并不能满足王凌越来越大的胃口，所以他对司马懿的拉拢并不在意。这更加加重了司马懿的关注，他隐隐感到了这个比自己大好几岁的老将军的不安分，一定会有不好的事情发生。

政变不是儿戏，闭门造车的老将军

司马懿的预料是非常准确的，王凌并不安心于现有的地位，他把司马懿看做是篡夺曹魏大权的奸臣，发誓要铲除司马懿。但司马懿掌控的政府是合法政府，手中又有曹芳这张王牌，而自己却没什么能拿得出手的。

所以，若想公然和司马懿对抗，又不失民心，只能另立一个皇帝，另搞一个中央，这样才有胜算的可能。王凌认为曹芳就是司马懿手中的傀儡，让曹芳当曹魏的皇帝，迟早要亡国。而楚王曹彪年长又有才，是最理想的帝王人选。于是便有了在许昌立楚王曹彪为皇帝的念头，要彻底搞垮司马懿。

造反这种事，必须要找帮手，一个人是很难办成的。王凌便找外甥令狐愚商议，令狐愚也是个野心颇大的人，一听舅舅要搞兵变，像打了鸡血一样兴奋，自告奋勇联络楚王曹彪。

嘉平元年（249 年）九月，令狐愚派遣亲信张式以监察亲王为名到曹彪的府上拜访，对曹彪说："我家主公派我来问候王爷，希望王爷致意于王，天下事未可知，愿王珍重！"

曹彪是曹操的儿子，已经五十六岁了，如果能在自己的有生之年过把皇帝的瘾，今生也无憾了。曹彪知道令狐愚的背后是一代名将王凌，手握重兵，很有希望把这件大事办成，于是很爽快地答应了。

这条线牵上以后，各种兵变前的事情都在有条不紊地进行着。

这种搞兵变的事，成功了会改写历史，有享不尽的荣华富贵；失败了就只能人头落地，还要被夷三族。

为了争取更多的力量，王凌派人前往洛阳，把秘密进行的事告诉了在京城为官的儿子王广。这消息如晴天霹雳，王广愣在那里，半天才反应过来，说出的第一句话是：“完了，王家要被灭门了。”

因为他在京城亲眼目睹了司马懿的铁腕手段，虽然父亲也是一代名将，但远远不是司马懿的对手。好在事情还没有败露，还有挽回的余地，王广便赶紧给父亲修书一封：“废立皇帝，是天下大事，父亲不要制造祸端，惹祸上身啊。”（废立大事，勿为祸先。）

虽然王广极力劝阻父亲不要往绝路上走，但王凌哪里听得进去，常年在东南只手遮天，养成了他骄奢的习气，这就好比井底之蛙，看到的永远只有井口那么大的一片天。

王广虽然指望不上了，但咱还有儿子王飞枭、王金虎，个个武艺精湛，足以堪当重任。说句不好听的话，如果兵变失败的话，咱还可以到东吴避难。

所以，不管怎么想，王凌都觉得这买卖不会赔本，高风险才有高回报，拿自己这把老骨头拼一把，死而无憾了。

本来一切都按照王凌的计划在顺利进行着，但突发的一个变故把王凌打了个措手不及。在关键时刻，令狐愚病死了。

说什么好呢，人不走运喝凉水都塞牙。

没有了左膀右臂令狐愚的张罗，这兵变的事儿大打折扣没那么顺利了。这还没完，更要命的事儿还在后面呢。

令狐愚的突然病死起了连锁反应。

当时，正在京都司徒府上报兖州政务的幕僚杨康听到自己的主子病死的消息后非常害怕，他本来就不看好令狐愚与王凌的政变计划，如今令狐愚一死，大大降低了王凌政变成功的几率。如果失败，自己将会跟着陪葬。

人都有自私的一面，为了活命，杨康决定做一回叛徒。于是，他立刻向司徒高柔举报揭发王凌和令狐愚的计划。

这还了得，高柔赶紧把这个情况报告给了司马懿。

司马懿未雨绸缪，早已派人密切关注王凌等人的举动，已经探得了一些蛛丝马迹，所以听到高柔的报告并没有过多吃惊。

王凌终于露出了马脚，但他位列三公，又没有具体证据，一时还不能把他怎么样，暂时只能静观其变了。不过为了进一步搜集证据，也为了削弱王凌的势力，司马懿特意派心腹黄华为兖州刺史。

对于司马懿的部署，王凌毫无所知，反而因为一件事而沾沾自喜。他派人夜观天象，发现：荧惑（火星）守南斗。这是一个吉祥的预兆，便高兴地对众心腹说："斗中有星，当有暴贵者。"这更加坚定了他另立新君的决心。

如今，司马懿缺一个强有力的证据，把王凌绳之于法；而王凌缺少一个理由，一个调动兵马的理由。

就这样僵持了近一年的时间，机会来了。

嘉平三年（251 年）春，东吴的孙权已经七十岁了，为了防止曹魏在自己死后大举进攻东吴长驱直入，他给子孙设置了一道防线，下令封锁涂水。

其实，在弱肉强食的社会，只有自身足够强大，才能获得一席之地，否则即使别人给你准备了金山，到最后也会坐吃山空的。孙权的子孙再也没有他当年火烧赤壁的气魄和胆识，可怜他的一番苦心了，东吴最终也没能逃脱被灭亡的命运。

虽然孙权在做无用功，但却给王凌创造了机会。他立马上奏朝廷，请中央发下统兵的"虎符"，以便调动扬州大军好好教训一下东吴。其实教训东吴只是个幌子，王凌真实的目的是借机掌握兵权，发动政变。

司马懿什么大风大浪没见过，这点儿小把戏岂能瞒过他的眼睛？便找理由拒绝了王凌的请战要求。

王凌很无奈，除了骂骂娘之外就是摔摔东西，竟然没有对此多想一想。聪明人应该能从蛛丝马迹中感到危险在步步逼近，但王凌无疑不是个聪明人，也许是膨胀的自信蒙蔽了他的眼睛吧，反正对司马懿的拒绝也没多加考虑，反倒打起了新任兖州刺史黄华的主意。如果能把黄华拉入自己的阵营，那无疑是如虎添翼。

毕竟是快八十岁的老头子了，有时候想事情不过脑子。想把黄华拉下水，这不是一厢情愿吗？只要查查这个人的底细（京城有做官的儿子），就能猜得出黄华是谁的人。但王凌没有暗中搞调查，就派心腹杨弘去游说黄华，希望这位新任兖州刺史能共同举事，还嘱咐杨弘许诺一大堆看不见摸不着的荣华富贵。

杨弘奉命前往兖州刺史府，走一路想一路，越想越觉得老将军有些闭门造车，这政变不是儿戏，是一条要被夷灭三族的不归路，难道要跟着老将军一条道走到黑吗？

经过激烈的思想斗争后，杨弘决定做一回小人。

当杨弘说明来意后，黄华很明确地说了三个字："不可能。"

"王凌是自取灭亡。"

黄华有些晕了："大哥，你啥意思？你到底是哪一边的？"

"刺史大人，我是反对王凌政变的。"

"早说嘛，何必搞得这么复杂呀。"黄华舒了一口气。

于是，继令狐愚意外病死后，又一件出乎王凌意料的事发生了。

本来是派杨弘拉黄华下水的，没想到杨弘和黄华把自己即将叛变的事联名上奏给了司马懿。这是什么世道，见过做人无耻的，但怎能无耻到这种地步。你不干可以退出，怎能把我给卖了啊，无语了。

王凌郁闷到了极点，想砍人。

本来，在嘉平二年（250年），七十二岁的司马懿因为长久患病，身体便越来越差，已经不能上朝奏请了，每当发生大事，天子曹芳都要亲自到司马懿的太傅府前来询问。

当收到杨弘和黄华的联名书信后，司马懿突然来了劲头，为抓住王凌的尾巴，可以收拾这个不安分的老家伙而兴奋不已。

最后的征战，拔掉最后一根毒刺

眼见父亲要带着病体出征，司马师和司马昭看不过去了，纷纷请求代父出征。但司马懿却坚持要亲征。因为在他眼中，王凌虽然快八十了但身经百战，不是一般人能镇得住的，只有自己亲自上阵才能确保拿下王凌。

兵者，诡道也。

为了稳住王凌，司马懿不仅在出兵前特意请求皇帝下诏赦免王凌的罪行，而且还亲笔给王凌写了一封书信，表达了对王凌的谅解之情。

夏四月，司马懿调集数万人马，从水路南下，向王凌的驻地州治寿春（今安徽省寿县）进发。

再看王凌，得知司马懿的大军将至时，开始犹豫不决，是打还是逃，一时拿不定主意。

不过，没有朝廷的旨意，扬州的重兵是调不动了，虽然可以调配郡县的兵力，但如何和朝廷的精兵强将对抗？所以，王凌更倾向于逃到东吴，毕竟这预谋政变是夷灭三族的重罪。就在他收拾细软，准备携带全家老小投奔东吴时，收到了朝廷的特赦令和司马懿的亲笔信，这让他喜出望外，以为这些纸张能保命，便不再有南逃东吴的念头了。既然朝廷给了自己特赦令，为何还要派大军前来？他甚至觉得朝廷派大军前来很可能是谣言。所以，王凌又梦想着能继续在东南过他的逍遥日子。

当朝廷的大军只几天工夫就出现在王凌眼前时，他有些心虚了。这司马懿是在搞什么鬼啊？早听说你身体欠佳，为何还劳师动众带兵前来呢？

难道之前的书信承诺都是幌子？当王凌想到这一点时，他出了一身冷汗。如今，司马懿在朝廷一手遮天，造一份诏书不过是举手之劳。

狡兔三窟，自己为何就不懂得多留一条后路啊，如今南下逃到东吴是不可能了，打又打不过朝廷的正规军，只好来客气的，希望能出现一线生机。

既然已无胜算，为了避免寿春城遭受战火，王凌决定负荆请罪，取得司马懿的真正谅解。他先派主簿王彧带着朝廷颁发给自己的印绶、节钺到司马懿军营中谢罪，同时自己也来了个五花大绑，坐着小船到司马懿所在的大船前等候处理。

看到司马懿现身船头后，王凌扯着嗓子大喊：“太傅大人，别来无恙啊？”

“王将军可好？怎么绑了？谁这么大胆？马上给王将军松绑。”

这句话让王凌看到了希望，难道是自己错怪司马懿了？

“太傅大人如果想见我，写封信就行了，我难道还敢不去？何必带领军队

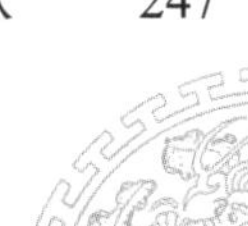

亲自走一趟呢?”(卿以折简召我，我敢不至邪，奈何引大军来乎?)

司马懿笑着说:“只怕王将军不是一封书信就能随便请得动的。”(因卿非折简可召之客耳。)

话中有话，只不过是没有点破罢了。

面对阴晴不定的司马懿，再看看他带来的大军，这分明是来收拾自己的，王凌感觉上当了，他歇斯底里地冲司马懿大喊:“太傅说话不算数。”(太傅负我。)

司马懿收起假意关心的面孔，语气冰冷地说:“我宁负卿，不负国家!”

说完，便令军士把王凌绑了。

完了，王凌知道自己彻底败了。本以为能改朝换代，开创一片新天地，没想到还没开始，就结束了。不甘心啊，但面对虎视眈眈的司马懿又能如何?罢了，只怪自己太过相信司马懿这个老狐狸了，否则现在早就逃到东吴避难了。

结果，王凌再次被五花大绑，由六百步兵、骑兵押送到京城洛阳，等候发落。

在押送的路上，王凌坐在囚车里，有些搞不懂自己当初为何会有政变的念头，毕竟是快八十岁的老头子了。既然曹爽的红旗倒了，就应该拥护司马懿，如果真那么做了，岂会有今日之难?

一念之差，便是阴阳两隔。没办法，做任何事都要付出代价，只是这个代价太大了，夷灭三族，多少人因为自己的一个念头即将要丢了性命。

想到这里，王凌突然觉得自己罪孽深重，这条命早该交到阎王爷手中了。

在囚车上，情绪极度低落的王凌看到贾逵庙时，大呼:“贾梁道!我王凌是大魏的忠臣，你在天之灵一定知道吧。”(贾梁道!王凌是大魏之忠臣，惟尔有神知之。)

当年，刚入丞相府时，王凌、贾逵、司马朗三个年轻人走到一起，结下了深厚的友谊。如今贾逵和司马朗已经不在人世了，只有王凌还活着。当见到贾逵庙时，那种没有知己的孤独感充斥在王凌心中，便不由自主地喊出了这句话。

虽然王凌如同行尸走肉般活着，已经没什么意义了，但好死不如赖活着，他还觉得司马懿也许会看在自己和司马朗的情分上饶自己一命。

为了验证一下司马懿的态度，王凌向司马懿要钉棺材的钉子。如果司马懿不给，说明自己还有生的机会；如果司马懿给了，说明自己玩完了，再无活着的希望了。

结果，司马懿毫不犹豫给王凌送来了一大堆钉子。意思已经很明显了，你王凌可以安心上路，不要担心没人给你钉棺材。

既然毫无生的希望，王凌便开始选择如何死去，这点儿权力他还是有的，而且早有准备。他摸索了半天，终于从怀里摸出一个小药瓶，服毒而死。

王凌一死，与他有关联的张式、反派杨康等余党全被缉拿归案，被夷三族，王凌集团就这样被一网打尽了。另外，楚王曹彪是这次谋反案的主角，自然难逃法网，也被赐死。

为了便于管理，不再出现这样的事情，司马懿奏请朝廷，把所有的宗亲诸侯都召集到邺城，不仅禁止他们互相交流，而且还设置监察官员，严密监视这些贵族们的一举一动。这下曹家的这些高高在上的王侯们都成了“囚徒”。这是没办法的事，只能乖乖听命，因为手握大权的人是司马懿，而不是曹芳。

三十年河东，三十年河西。想当年曹操在位时是何等威风，如今在朝堂上吆五喝六的是司马家族的人。风水轮流转，有时候有些事情是人力不能为的。

虽然司马懿此番出战，没开一枪一炮就平息了一场预谋的叛乱，没什么可以炫耀的，但朝廷依旧对他大加封赏。

司马懿回到洛阳后，天子曹芳派使者持节，策命司马懿为相国，封安平郡公，孙及兄子各一人为列侯。司马懿前后食邑五万户，司马家族被封侯者达到十九人之多。可谓权倾天下，无人能及。

对于相国和郡公这样的职位，司马懿依然坚持原则，坚决不要，力争做一个忠臣，保持晚节。

这趟收拾王凌之行，虽然没费什么劲儿，但司马懿已经感觉自己身体吃不消了，能活着回到洛阳，已经算是一个奇迹了。结果，刚一回到京城便病倒了，这次是真病了。

躺在病床上的司马懿，知道自己时日不多了。虽说儿孙自有儿孙福，但做长辈的总希望给他们创造最好的条件。司马懿也是如此，虽然自己已经病入膏肓，但还在盘算着司马家族的未来。

如今，太尉的职位由弟弟司马孚担任，儿子司马师任职卫将军（军界的四号人物），司马昭任职安东将军，是许昌军区的最高军事统帅。而魏国境内再也没有一支力量能撼动司马家族的地位了。相信自己死后，司马家族一定不会衰败，而会更加兴旺发达。

自己已经尽力为儿孙们打好了基础，接下来会如何发展就看儿孙们的了，自己再也插不上手了。

六月，司马懿的病越来越重了，已经下不了床了。夜里，他还梦到贾逵、王凌作祟。难道是自己杀人太多，阎王小鬼来索命了？

来吧，此刻的司马懿已经没有什么牵挂，能早日到阎王殿报到，不用再受病痛折磨，反倒是一种解脱。

嘉平三年（251年）秋八月戊寅，司马懿在洛阳病逝，时年七十三岁。谥曰文贞，后改谥文宣。天子素服临吊，并且追赠相国、郡公。

按照司马懿的遗嘱，他被简单安葬在洛阳东北八十里处首阳山，不修坟头，不竖墓碑，而且在下葬时，穿着平常的衣服，也没有任何器皿陪葬。

还有一点让人琢磨不透：司马懿特意嘱托后人，司马家族的任何死者都不得和他合葬。

司马懿身前是孤独的，死后还要坚守那份孤独，他要把孤独进行到底。虽然他没有做皇帝，但有王者的做派，而且正是因为他打下的良好基础，后辈儿孙才结束了三国乱世，统一了中国。从这点来说，司马懿是真正的三国终结者。

人已去，楼已空，身后事任由世人评说回味，做人做到这个份儿上，足矣。